传播学视野下的新闻语言羡余现象研究

李豪题

李杰 著

上海三联书店

羡余现象讨论

——序李杰的《传播学视野下的新闻语言羡余现象研究》

于根元

李杰的新著《传播学视野下的新闻语言羡余现象研究》就要出版了。这不是李杰的第一本书。李杰的第一本书是比较全面地论述新闻传播语言的。现在这一本是专门讨论新闻语言羡余现象的专著，而且是主要从传播学视角来看待这个现象。我主张新老问题的研究都需要面面俱到。但是论述新问题可以面面俱到，这为以后自己或他人的进一步研究做好准备。论述老问题要一点突破，这一点，会牵一发动全身或者牵一发动半身。李杰的第一本书，谈的虽然不完全是新问题，可是对于他自己来说是比较新的问题，而且重大问题上有所突破，所以谈得比较全面还是可以的。现在这一本是进一步专门研究的书，按理说是第一本的支脉和突破，可是和第一本关系不是很大，可以说是一本新著。说关系不是很大，但还是有一些关系的。

我还主张给人写序，可以主要说好话，可以主要说一些批评性的话，有好说好有不好说不好。还可以是另外一种情况：主要是讨论一些问题，我今天就采用这个方式。李杰其实也是借用新闻语言来说到其他语言的羡余现象的。

我认为新闻语言和别的语言有不同又有联系，各种语言合在一起组成语言。不存在一种预想的语言，而各种语体的语言是预想的语言的变体。那是一种本末倒置。在不久前的一次座谈时，有人问到文艺性电影是一种什么语体。另外一位专家说：文艺性电影是一种综合的语体。我们不好说它是哪一种语体。后来我想了一想，说综合语体还是过泛了。文艺性电影总可以大概说它属于某种语体的。很多语体里会有别的语体的身影，但是它用了别的语体的身影，不好说它是综合语体，这里有个重叠和等同的关系，身影毕竟是身影。

我认为所有的语言里都有所谓的“羡余”。我读一些小说，我会被一些大家笔下某些人物没完没了的翻来覆去的话所吸引。有人批评我说有的话不要说得那么多，要像居里夫人提炼镭那样多少多少里面提炼出一点点来。我并不以为然。有人说四个字的是有道理的，别人批评说那不是比两个字的多出两个字吗？我觉得说两个字的看起来是经济了，可是听的人却更费脑子了。经济账要综合来算。说白话比说文言一方面要费力，一方面总体来说又不费力。

我们说某件事情，总是经常要联系来说。某些事情所联系的都是差不多的，所以说到甲要联系这个事情，说到乙又要联系这件事情。这不是“羡余”了吗？你不联系怎么办？有人还故意要联系呢。所以，研究“羡余”要结合这种种情况来研究。

还有，语言里有的是人的有声的，有人把这个说成是语言，其他是非语言。现在许多人不这么看了，认识到有声语言和别的语言都属于语言，不是语言有广义和狭义之分。新闻语言还有音响、布景等等，还有更多的花样，现在许多人也都认为是语言了，同样不是语言有广义和狭义之分。

我既然用了讨论的方法，就不免远一点，可能讨论的跟李杰现在这本书里所说的没有多大关系。只要开阔读者的思路就好。我也是一种意见吧，不一定对的。

李杰是我大家乡的人，用力又很勤，我很高兴为他现在这本新著作序。我为他作序，还有一个意思，就是今后一般不为人作序了，特此声明。

［于根元先生，担任过《中国语文》杂志社编辑、教育部语言文字应用研究所副所长、《语言文字应用》杂志主编。现为中国传媒大学教授、中国应用语言学会（筹）常务理事、国家语委咨询委员会委员。］

目　录

第二编　传播信道视角的新闻语言羡余现象

第三编 接受者视角的新闻语言羡余现象

绪论

一、本书研究的相关理论背景

本书研究的理论背景是传播学及其分支新闻(传播)学。

传播学是研究人类一切传播行为和传播过程发生、发展的规律,以及传播与人和社会的关系的科学(蔡铭泽 1993：25)。由于传播学内部的自我传播一般认为是心理学的研究对象,因而本质上看,传播学主要研究"社会传播",故也有人将其定义为"研究社会信息系统及其运行规律的科学"(郭庆光 1999：6),其内部的人际、组织以及大众传播三大领域中,以大众传播学为主。它成形最早,且为构建整个传播学提供了最多的材料,可以说,大众传播学的原理和方法,与传播学基本相同,也即,正是通过大众传播学,总结出一般传播的普遍规律,才提升出传播学的宏观理论。(蔡铭泽 1993：27)

传播学内部,大众传播学始终居于主流,前者的理论主要适用于后者,许多情况下两者往往说的是一回事,或者说大同小异不分彼此(李彬 2003：23),两者的原理与方法基本也相同(以至于人们往往混用这两个概念)。(张国良 2011：24)

新闻学与大众传播学关系密切。从源头上说，新闻学是大众传播学的源头。前者是后者的背景学科（李良荣 2011：240），而现代社会新闻传播又无疑是大众传播的主体和核心（袁军 2000：29）。

新闻学与新闻传播学一定角度上看，两者是等同关系。复旦大学宁树藩认为，新闻学有广狭两义：一是以报纸等新闻媒介的活动为研究对象，是广义的概念；二是以新闻传播为研究对象，是本来意义上的新闻学，是狭义的概念。① 传统的研究是广义概念的新闻学，即重视新闻的应用，不重视其实质、自身的运行规律的探讨，对狭义概念的新闻学研究较少。广义新闻学研究新闻的性质业务等问题，难以说明传播的过程，侧重点是记者编辑等传播者，对传播效果、受众的特点较少考虑；狭义新闻学则研究整个传播过程，包括传播者、内容、渠道对象、效果，特别重视反馈。作为本来意义上的狭义新闻学，就相当于新闻传播学。

新闻传播学（即狭义新闻学）与大众传播学，两者是特殊和一般的关系，甚至有人将后者称之为现代新闻学。两者的研究对象大致相同，均研究大众传播媒介所传播的信息及其传播规律，不过大众传播学研究的是通过大众传播媒介进行的所有的信息交流活动，新闻（传播）学研究的则是人类信息交流活动中有关新闻方面的信息传播。

传统新闻学（即广义新闻学）的局限是显而易见的，必须有所突破。那就是要从信息传播的角度出发，吸收信息论特别是广义信息论和大众传播学的研究成果，并注意到机械物质的信息传递与新闻这种有机的、社会的信息传播之间的本质区别，根

---

① 转引自黄旦《新闻传播学·序》，杭州大学出版社，1997 年版，第 1 页。

据新闻的内在规律来研究新闻信息的传播过程。既然传播学的核心是大众传播学，而后者又以新闻传播为主体和核心，且新闻传播学与传播学也存在着一定的差异（如研究领域的宽窄、方法有别），为使本书对新闻语言的相关研究得到更为直接的理论指导和借鉴，拓宽研究的广度和深度，我们选择新闻传播学作为考察新闻语言羡余现象的主要理论基础及视角，必要时亦兼及（大众）传播学理论。

二、新闻语言羡余现象研究综述

1. 新闻与新闻语言

所谓新闻，其定义繁纷复杂，内涵多样。随着现代科学的发展，尤其是信息学与传播学的诞生，新闻逐渐有了如下界定（以几家有影响的观点为例）：

新闻是经由新闻传播媒介传播的，为广大受众所关心的新近发生的事实或情况的信息（蔡铭泽 1993：59）；

新闻是被及时、公开传播的新近发生的重要的事实信息（黄旦 1997：157）；

新闻是新近发生的，受到相当数量社会成员关注的事实的报道或反映世界最新变动的，受到相当数量社会成员关注的信息（李永健，展江 2003：5）。

……

尽管各家所给的定义有所不同，但其核心都是一个：新闻是信息。即没有信息不成其为新闻。

据此，我们认为，新闻语言是新闻信息的载体，是汉民族共同语的一种变体，它通过新闻媒介向人们报道新近发生的事实、传播具有新闻价值的信息时使用的语言。① 它通常是指新闻作品的语言，涵盖新闻媒介上各类新闻文体的语言，如消息、通讯、评论等；也可以指新闻语体的语言，即所谓的报道语体，如仅指消息、通讯等狭义的新闻作品的语言，而排除评论语体，如新闻评论。本书为集中研究新闻语言的本质属性与特征，将其限定在狭义的新闻语体的范畴之内，一般指消息语言，必要时涉及通讯语言。

2. 新闻语言羡余现象研究综述

(1) 语言及语言信息的羡余性

“羡余”本是汉语中一个古老的词语，跟语言文字联系起来却是不久前的事情。羡余现象是语言学家 20 世纪新揭示的语言的三个本质特征之一。自“redundancy”这个外来词引入汉语后，有译为“羡余性、羡余现象，剩余信息、多余信息”的，也有译为“冗余性、冗余信息、冗余现象”的。两套术语前者为中性色彩，后者为贬义性质。术语的不同，反映了学界对“羡余”这一语言现象的不同看法(本书采用绝大多数学者认可的中性色彩的术语“羡余”，并以此替换前人研究成果中使用的同一性质的“冗余”)。1987 年以前，我国还没有严格意义上的语言羡余现象的研究，虽然在语言规范研究领域也曾涉及，但都是作为语病处理的，除了赵元任、吕叔湘等人论及以外，其余就不多见了。1987

---

① 转引自段业辉《新闻语言学》，江苏教育出版社，1999 年版，第 3 页。我们认为，严格地说，新闻语言有广狭两义：广义的是指能传达新闻信息的所有符号系统(包括语言符号和非语言符号)的集合，例如报刊新闻的文字，以及部分形象性的语言，包括编辑手段、照片、图画、图表等；广播新闻中的有声语言，以及音响、音乐等；电视新闻中的有声语言、音响、音乐和视觉形象(包括屏幕文字)的综合。狭义的是仅指传达新闻信息的语言符号。本文限指后者，必要时具体指明新闻信息的类属。

年,伍铁平和韩陈其率先论述了汉语中的羡余现象。上世纪 90 年代中后期,渐渐地研究领域有所扩大,具体涉及词汇、语法、文字、修辞等层面。羡余现象的利弊逐步得到阐释,并得到学界的认可。

我们认为,语言羡余的研究,必须区分语言符号本身的羡余和言语使用中的信息羡余这两类不同的现象。前者是静态的羡余,如词汇层面,一般的使用者不易察觉;后者是动态的羡余,涉及句子以上的层面,通常存在于言语交际中,必须考虑其存在的语用功能。新闻语言的羡余现象大多涉及后者。

(2) 语言及其信息羡余现象的研究

1) 语言羡余现象研究

语言学领域,已有众多的学者探索了羡余现象,且大多侧重于静态的研究,但对于"羡余"这一术语的界定和分类仍有争议。学界一般认为,"羡余"是形式上的羡余成分,如语法上的形态成分等。语言中的羡余现象,通常是指语言形式超过了所表意义的需要,语形相对于语义有所剩余的情形。我们赞同邵洪亮(2015: 37)的观点:羡余现象如果全面考虑语义、句法和语用上与非羡余形式的一致性,那是最为严格意义上的羡余。然而,按照语言表达的经济原则,此种情况是很少见的。而目前对羡余的研究主要是从基本语义(真值条件意义)的角度作出界定的,即承认羡余形式和与之对应的非羡余形式之间可以存在语用及节律上的区别。

关于语言羡余的分类,学界的看法亦有分歧。我们认可潘先军(2012: 22)的观点。他认为,应该是其表现形式的分类,有狭义和广义之分。所谓狭义羡余就是语言形式没有对应的语义内容,如"既然"的"既"没有语义,仅有形式。即某些词汇成分或句法结构成分在语义结构中没有意义。多出现在词汇层面，人们在使用中已经觉察不出羡余成分的存在，是一种隐性羡余（不表义的就是羡余成分，比较明确）。广义的羡余是指语言成分重复表义，就是同一语义内容有多个对应的语言形式。这儿的语义可以是词汇语义，也可以是句法语义，甚至可以是语段、语篇语义。也就是语义通过语言形式在一定程度上进行了某种意义上的重复，仍是语言形式大于语义内容的一种表现形式。（潘先军 2012：29）以词汇和句法层面为例，潘先军将羡余分为复现、对应、标记等三类形式。其中复现式又分为同指式（含同形、非同形，此类词语中的羡余成分不明确）和蕴涵式（画线成分均是羡余的）：

A. 复现式

a. 同指　同形　妈妈、爷爷；安装、爆炸

非同形　门当户对、严惩不贷

b. 蕴涵　目睹、雪白；

美丽的倩影、凭空捏造

B. 对应式　电影院，影院；条形码，条码

我的母亲，我母亲；开车的人，开车的

C. 标记式　芭蕾舞、卡宾枪；酒吧、车胎

小心摔倒，小心别摔倒；好容易找到工作，好不容易找到工作

其中复现式中的同指式又分为同形成分的语义同指和非同形（异形）成分的语义同指。蕴含式是指一个语言成分的全部意思已被另一个语言成分所包含。对应式是指两个语言形式存在原式和变式两种类型而意义相同，在对应的情况下前者衍生出羡余成分。标记式是指语言形式所添加的语义标记并没有增添

新的语义成分，此标记就成为羡余成分。（详参潘先军 2012：28—39）

由于上述广义羡余，与狭义羡余的隐性状态相比，属于显性羡余，有时会被质疑其存在的合理性。其中的羡余成分是语言结构中词汇的羡余语素和固定短语、句法中的羡余结构成分。但何者是羡余成分有时难以决定（如上述例子中的同指式词语），这是值得关注的现象。

就羡余存在的语言单位来说，可以位于语素（字）、词、短语（句法结构）、句子、语段（句群）、篇章等各个部分中，前人的研究大多集中在前四个层面，唯有（句群）、篇章的考察较少（潘先军 2012：140）。而这两个部分正是言语系统的动态表述的范畴。

2）语言信息羡余现象研究

羡余信息的概念源自信息论（information theory）。申农（Shannon）提出了"羡余信息"的概念，一般指信息传播中超出最低需要量的多余信息。该理论认为，言语交际活动是一种信息发送和接收的过程，发话人为"信源"，听话人为"信宿"，信源通过"信道"发出信息，最后信宿接收到信息。该过程构成了一个通信系统。整个信息的传送过程如下图：

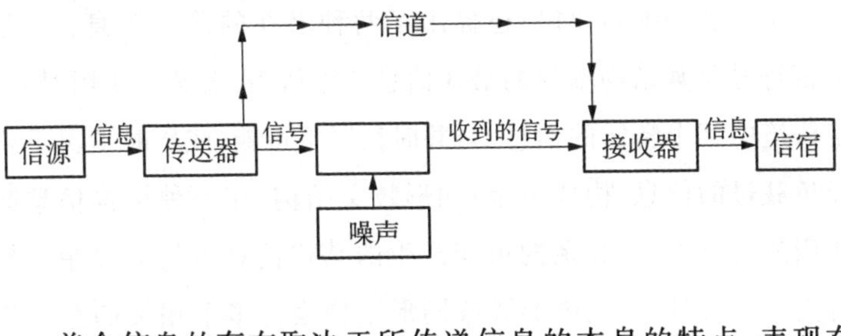

羡余信息的存在取决于所传递信息的本身的特点，表现在信息的相关（信息代码包含的内容彼此的联系，一部分可以预测

另一部分)及重复(信息出现的概率大小决定重复的程度),亦是信道抗噪声干扰之所必需。随着信息论的广泛运用,人们对羡余信息的研究和认识不断发展和完善。相关研究已经从一般的通讯系统,扩展到人类的交际系统。而且,学者们已将与交际目的无关的信息也视为羡余信息。目前,不同领域对羡余信息的认识逐渐趋于一致:量的方面,羡余信息是超过一定量的信息,这个量与交际目的和场合有关。质的方面,羡余信息是一种相对于一定量而言的旧信息、已知信息、可推测信息、无关信息。功能方面,羡余信息有有用无用之分,主要决定于不同的认识主体和交际目的。由于信息的羡余是一种动态羡余,其大多涉及言语表达的超句层面。除了语言符号本身所具有的羡余信息(如重复表义所带来的信息)外,其界定具有相对性、针对性(陈戈 2005)。交际过程中,某个信息是否羡余要根据不同的传递者、接受者和编码过程、不同语境来判断。(龙又珍 2010)对某些人来说是羡余的信息对另一些人来说就不一定是。例如对发信人(信源)而言,羡余信息是不符合其交际目的的信息。对于收信人(信宿)来讲,羡余信息为其不需要或无须讲明的信息。(陈戈 2005)

王德春(2002:243)还提出了两种潜在的羡余信息:一是语言符号及其结构本身的潜在信息。他认为,多义词使用时,一定语境中某个特定的信息,与共时情况下可能,或历时情况下曾经负载过的信息,构成羡余;同形歧义结构,在一种结构信息起作用的情况下,与其余的可能产生的结构信息也构成羡余。换言之,王著把同一词语形式或同形结构表达多个相关的意义作为该语形的羡余意义(一形多义)。二是语言符号的编码形式在语境中产生的潜在信息。王德春(2002:244)认为,与语境不一致的编码形式均可产生潜在信息，该信息如果并非说写者所传递的信息，都是羡余信息。它们有时是听读者由于自身的个别因素（环境、心理、感情、性格、习惯、经历等）而联想出来的。这是某种编码形式所表达的理性信息以外的附加信息，即语境中产生的言外之意。

羡余信息的分类及研究，可以从传播效果考虑，亦可以从传播过程着眼。前者分为有效和无效两类；后者分为传送系统的信源（发话人）、（信道中）信息（语言符号）、信宿（接受人）三个不同环节中的羡余信息（潘先军 2012：20）。

关于羡余信息的有效无效问题，上文已经提及。已有的研究对羡余（信息）的性质曾经褒贬不一，有认为是多余的、累赘的，有认为有用的、必需的，也有认为虽然多余但约定俗成的只能承认它是合理的。（龙又珍 2010）事实上，按照信息论的观点，语言（信息）的羡余是难以区分有用无用的，具体要看传、受双方的需求。

从信息传递过程看，羡余信息是必需的，主要用以补充噪声的干扰所带来的信息损耗。若是仅传递最少需要量的信息，信息接受者在进行信息解码时会遇到困难，甚至不能理解。如此就会影响信息反馈。语言是信息的载体，羡余信息在语言中表现为羡余成分。目前比较一致的看法是，语言的羡余是合理的“多余”，而“累赘”是一种语病。保留羡余是“求繁”，遵守的是信息的足量原则，而删除累赘是“求简”，是语言表达的经济原则在起作用。而难以确定的是，所谓合法合理的界限是模糊的，繁简是相对的。邵洪亮（2015：36）认为，根据语言表达中的足量和经济原则，语言的羡余有其存在的理据，即具备一定的语用功能，包括情态功能（亦称人际功能，即强化语义表达）和篇章功能，但对于这种功能的辨别带有一定的随意性，甚至是一个习惯问题，必要时须借助于频率统计。另外，从信息传递角度考虑，有效羡余的判别，起决定作用的还是语用，只要具备一定的语用功能，就是有效羡余。有效羡余包括约定俗成的结构、用法以及为达到特定的表达效果而使用的重复、诠释、修饰等。而无效羡余是重复啰嗦的结构错误或文字游戏，除非其具有戏谑、游戏、夸张等语用功能，对于语言载体本身而言价值不大。

关于传播过程中的羡余信息，信息论认为，传输系统中信源（发话人）、信道（语言符号）、信宿（接受人）三个环节均会产生，但迄今为止，语言学领域的羡余现象研究基本上停留在第二个环节中，即语言的静态层面，而对于一三两个环节中动态层面的信息羡余现象尚缺乏系统全面的探讨。除了翻译和言语交际领域，学界较少关心涉及传送、接受双方的羡余信息的语用功能。其原因在于，信息论的创立给通信提供了理论基础，而且为自然语言的研究提供了分析手段，但信息论目前只是解决了统计（概率）信息问题，未能涉及意义信息和有效信息，似乎它们对任何传收双方都是不变的。而实际上这两类信息是分别指信源发出的信息所包含的意义，以及被信宿收到后所产生的实效、效用（同样的信息对于不同信宿在不同时地具有不同的价值）。而两者涉及到信息发出者和接受者主观方面的信息定量，亦即双方的主观意图和目的而决定的信息量。（李传全 1996）我们认为，传受双方的意图、目的正是判定各自发出和接收的信息是否羡余的决定因素。

综上所述，语言学领域的羡余和基于信息论的信息羡余应有所区别。前者关注的是静态的语言，特别是书面语中语义与表达形式的脱节现象，就是语言形式相对要表达的语义来说是羡余的，可以是语音、语法等形式上的羡余，更多的是语言符号（即书面语）羡余，其研究焦点是不表义或重复表义的语言形式。而信息羡余存在于动态的言语交际层面，研究焦点是信息的内容和数量（当然亦包括语符本身意义的复现，但更多的是非重复信息），跟语用功能的有效无效相关联。必须保证传递效果（如补偿损耗、具有情态篇章功能等）时就必须出现羡余信息，有效无效的判断标准是，能否具有一定的语用效果。但这种效率的度量具有一定的条件性、可变性，其规律不一定是刚性的，尚需要进一步探索。此外，传播过程中羡余信息的考察目前还仅仅停留在静态（信道）语言符号层面，没有置入动态的传播语境下予以考察。

(3) 新闻语言的羡余现象研究

新闻语言实际上也是一种交际语言，只是其交际对象是虚拟的、不固定的大众群体。新闻语言的羡余现象研究属于语言羡余的应用领域。学界对于交际语言等领域中的羡余现象应用研究的成果，对新闻语言羡余现象的考察具有一定的借鉴作用。

1) 语言羡余现象的应用研究

语言羡余现象的应用研究，属于信息羡余的研究范畴，一般局限在外语教学、翻译、言语交际等领域，考察的问题有羡余的功能、表现手段与形式等。

学界认为，羡余的功能主要有：首先，在传播技术层面，羡余信息有消除噪音、清除信道的作用。信息传输方面，羡余是提高信息传输速率和保证信息传输正确性的根本途径，亦可以稀释信息浓度、拉长信息链，缓和传输超载而造成的信道堵塞，使两者达到平衡。（廖七一 1996）。

其次，在传播功能层面，昝连生（1993：125）认为，羡余信息可以帮助接收方预测未知信息，加强主观语气，生动有感染力，有情感信息。刘宓庆（2001：461—464）认为，羡余具有修辞作用，能补充审美信息。王德春（2002：458）认为，因编码形式与语境不一致，受众结合个人经历经验而产生的羡余信息，可以扩大信息量，强化社会功能，语言编码愈典型、概括，可能产生的羡余信息就越多，作品的信息量就越大，适应的社会面也越广，作用力也越强。如唐诗“夕阳无限好，只是近黄昏”的理解，就是这样。

由于汉语羡余信息弹性大，强制性弱（徐莉娜 2005），因此要防止羡余信息副作用，如出现太多，会引发歧义，喧宾夺主，降低交际效能。王德春（2002：236）认为，编码形式与语境有差异而产生的羡余信息，即言外之意，具有消极作用，会抵消正常传输的有效信息，造成信道堵塞。

羡余信息的构成（表现）手段与形式，潘文国（1997）认为，通常有词语伸展（如拉长语音语义板块，调整信息量，单音节词双音化，使用单、双音节等义词等）、重复编码（如使用同义合成词，反复修辞格）和停顿（口头禅，宕延词语）。赵刚（2004）认为，口语交际中可以使用重复编码、迂说（如使用委婉表达）、宕词（如插说，插入语，亦即传信语）、应酬语等。翻译界探讨句子层面的羡余信息，语义上一般涉及范畴词、修饰词，对称结构等。

2）新闻语言的羡余现象研究

羡余现象在新闻语言中的应用研究迄今为止很少有人涉及。其原因在于传统的新闻语言研究以广义的新闻学理论为基石，只考虑信道中语言编码的静态视角，没有从狭义的新闻学理论，即将新闻语言置于传播学的动态视角下予以考察。亦即，以往的研究侧重于语言的羡余，而非语言信息的羡余。具体说，就是仅仅从记者、编辑的写作角度考虑语言符号本身的意义是否重复、啰嗦，不考虑传播媒介、传播效果、受众的反馈等。因而将新闻语言的特征仅仅定位在简洁凝练的性质上，把羡余视为语病。而仅有的从传播学角度涉及这方面研究的著述屈指可数，主要也是针对广播新闻的传播特点而提出的。

吴缦、曹璐的《新闻广播研究》(1997：65)阐述过羡余的有关理论，首先是肯定了新闻语言存在羡余的作用，认为新闻广播需要保持较高的必要羡余度，尤其强调从听众出发提供必要的羡余信息，比其他媒体更重要。其次，提出了羡余的分类及相关原则。根据羡余与信息的关系，可以分为"绝对""必要"两种羡余。新闻广播的语用原则之一是"必要冗余"原则，与适度、有效信息原则相对立。绝对羡余对传播信息毫无作用，是必须废除的，必要羡余是理解信息所不可缺少的语言表述，其功能有：交代新闻事实的原因，体现真实可靠性，帮助理解新闻主体信息，揭示新闻价值，提高新闻质量。第三，提出了羡余信息的表现形式，交代背景、解释术语，提供辅助资料，提高新闻价值信息的铺垫，渲染材料。最后，提出调控羡余度的方式，重大新闻适当重播，在新闻中适当加以解释，或交代必要背景，有时甚至复述其中的重要内容。第四，提出调控羡余度的方法，认为广播媒体的羡余度要大于报纸。避免同音词引发歧义，剔除绝对羡余，提供必要羡余。该著虽然就新闻广播的羡余做了阐述，但对其他媒体的新闻语言的羡余研究有很大的启发，如报刊、电视新闻语言也应有相应的羡余理论及调控手段。

高有祥(2001)对广播电视有声语言的羡余度进行了探索，虽然不是专门谈新闻语言的，但对探索广播电视媒介的新闻语言羡余规律有所帮助。该文从有声语言的本质属性出发，论证了有声语言羡余信息的设置和适度原则，前者从语言特性出发分析了羡余信息的存在原因及事实，后者论述了羡余信息的设置和羡余度的把握。论述中列举了新闻语言的例子。

钱冠连（2002：190—194）认为，汉语的羡余信息除了句子之外，在超句体、段落、篇章中更多。同时论及了语言的羡余策略，就是释放适当的羡余信息，或者说掌握羡余信息的分寸。他指出，新闻报道中应使用较小的（羡余信息）容忍度。因为讲清一个事件（新闻报道），讲究的是确实、简练，啰嗦、冗长是报道的大敌；但为了避免错误或为了强调，也要多给一定的羡余信息。中国人民大学喻国民亦指出，为了提供给读者借以消化新闻信息的"酶"，消除相对熵，常常多费一些笔墨，这种羡余度对于信息的有效传播是必要的，当然，也应力避行文的唠叨。① 我们认为，出现此类羡余信息，实际就是兼顾了信道中信息的损耗，以及借羡余表达一定的语用功能。钱文、喻文的论述指出了新闻语言中羡余信息的调控目标，无疑是精辟的。

总之，新闻语言羡余现象的研究仅仅是少数学者零散地论及，尚缺乏系统深入的探讨，不利于新闻传播规律的总结，也不能为新闻业界最大限度地改善传播效果提供参考。

三、本书的研究思路及意义

1. 研究思路

1）新闻语言具有羡余性

新闻语言的特征之一是羡余性。而传统观点认为"新闻语言应是一味的简洁、精炼，似与羡余无关"的看法，并非是系统、全面的，亦与新闻传播的实际相脱节，应予重新审视。因为新闻

① 喻国民《新闻作品信息含量初探》，见《新闻学论集》8 辑，中国人民大学出版社，1984 年版，第 80 页。

语言所包含的信息功能,必须通过整个传播途径才能实现。上文已提及,新闻传播本质上也是一种言语交际,它是通过新闻媒介进行的大众传播,旨在向公众传递各类新闻信息,以了解和认识外部世界;并通过所提供的信息,影响公众以至整个社会,以求与受众共享信息,使受众能按传播者的意图行事。自然,有限的传播信道必须用最短的时间获得最大量的信息,不允许出现冗词赘语,否则会增大受众的接收成本;但同时新闻语言又是传播到位的信息,必须出现一定的羡余信息,主要包括补偿信道损耗信息,外加兼顾吸引受众的情感信息,凸显新闻事实的价值及社会导向功能的信息(如打通信道的铺垫信息、背景信息等)。可见,所谓新闻语言不应有羡余信息的观点,只是一种静态的新闻语言编码的视角,而从动态的、传受双方信息共享的传播过程的视角来看,新闻语言必须,也一定存在羡余现象,以兼顾传播者传送新闻信息的目的和接受者的接收效果,以及传播信道的特征。因此考察新闻语言的羡余现象,不能仅仅着眼于研究语符本身的语言学视角,更应采用新闻传播学的视角,注重语言信息的应用研究。新闻语言具有羡余性,正是新闻信息传播规律作用的结果。

2) 影响新闻语言羡余度的因素是传播语境

何自然(1997: 152)曾指出,语境对羡余度的影响最大。作为新闻传播这个特殊的语境,其影响羡余度的因素有多个方面。具体说,新闻传播是新闻信息通过信道从传播者到接受者的流动,其中有三个必不可少的要素: 新闻传播者、传播信道和接受者(受众)。[①] (黄旦 1997: 129—132)

---

① 原文为“接收者”,本书采用“接受者”的术语。前者从效果出发,仅仅指收到信息的人;后者是指新闻信息传播的对象(受众),是否接收到信息并不一定。

传播学理论认为，传、受双方是同等地处于主体地位。若要较为系统地考察新闻传播全程中的羡余现象，必须以综合的传播效果为标准，通过传播者、传播信道、接受者的视角，予以展开。据此，本书将新闻语言的羡余现象，纳入（新闻）传播学的视角下予以考察，主要讨论新闻语言的信息羡余，必要时涉及语言符号本身的羡余。

3）新闻语言羡余的考察对象与内容

本书考察的新闻语言羡余现象，主要是新闻信息的羡余，其界定标准是信息的性质，而非传统的语言符号载体本身。信息羡余的范围包括：①语义层面，其一是传统的语符信息复现类羡余，表现方式为重复表义，具体手段有语符编码中的语义同指式、蕴含式复现羡余，对应式羡余等；其二是非传播核心、传播目的（或效果）的信息羡余，表现方式多为非重复表义，具体内容有辅助信息羡余、背景信息羡余、虚假信息（含不客观信息）羡余、已知信息（含可推测信息）羡余、陈旧信息羡余、空泛信息羡余、无关信息羡余、侵权信息羡余等。②句法、语义、语用层面，语符编码中同形多义的信息羡余。③语用层面，语符通过语境衍生的信息羡余。

信息羡余（仅限语法信息）的度，主要取决于信息出现的概率和复现数量，就语言载体来说，亦即语言成分及其组合出现的频率和复现的比率，不同的新闻传播信道有不同的要求。

信息羡余按照是否具有传播效果，可分为有效羡余和无效羡余两类。具体决定于不同的传播主体、传播功能以及传播信道。

从新闻传播过程中的语用功能出发，所谓新闻语言羡余信息的内容包括：

a. 传播者为保证新闻信息传输到位、强化新闻价值和传播意图而发送的,重复类及非重复类信息,

b. 传播信道编码中为补偿信息损耗,满足传播主体的需求,而出现的重复类和非重复类信息,

c. 接受者对传播者编码时无意中发送的信息而产生误解的同形多义信息,

d. (由传播者发送的)不符合接受者目的要求的信息,

e. 新闻编码语言在解读中所衍生的信息。

其中(a)—(d)为语符字面的真值语义信息,(a)多为非传播核心的信息,(c)、(d)属于非传播目的的信息,多为非重复类信息,(e)为非语符字面信息,属于语用意义信息。

从传播过程中各要素的视角出发,本书考察的内容有:

传播者视角,主要研究具有吸引受众接收新闻的情感功能、强化新闻价值和传播意图功能,以及帮助受众解读新闻的认知功能的羡余信息,考察其构成羡余的手段。

传播信道视角,讨论信道编码中的信息羡余度问题。即概述信道编码中有关羡余现象的若干因素,比较不同媒介的信道中新闻语言复现信息的羡余度,个案考察视觉信道的报刊新闻语言为提高传播效果而进行的羡余度的调控。

接受者视角,主要研究新闻语言理解中可能产生误解的同形多义的羡余信息、不符合受众需求的羡余信息,解读时衍生的羡余信息。

2. 研究意义

新闻语言的羡余现象研究属于新闻(传播)学和语言学的边缘交叉学科领域,具有一定的创新性,其研究意义在于:完善新闻语言学的理论,寻找新闻传播中语言羡余现象的特征和规律,

促进汉语语言羡余策略的应用研究，为丰富新闻传播学和言语交际学的理论做出贡献。同时也可以帮助提高新闻工作者的理论素养，为新闻从业人员更好地调控新闻传播语言的羡余信息，改善传播效果提供借鉴，使新闻更好地适应社会发展的需要。

第一编

传播者视角的新闻语言羡余现象

引言

新闻传播是新闻信息通过信道从传播者到接受者(受众)的流动。虽然理论上说,作为传播主体的传者和受者处在平等地位,但事实上就目前大众传播事业的发展现状来说,仍然是传播者占主导地位,而受众的反馈信息和行为无法与前者等量齐观。因而在提高新闻传播效果方面,传者应该发挥更积极的作用。

新闻信息流向接受者,首先必须由传播者进行选择性编码,这种选择带有很强的主观性,其标准是某些社会因素,主要是新闻价值与社会(宣传)价值,后者亦称为新闻传播意图或新闻主旨,分别是满足社会广大接受者的一般需要与普遍兴趣,以及传播主体作为社会意识代言人自身利益的需要。前者的新闻价值是新闻信息的必备要素,而后者的社会(宣传)价值则是可有要素。如我国的晚报和党报就分别代表两类选择倾向。

从新闻信息的供求关系上看,传受双方是一种服务与被服务的关系。传播者扮演的是受众服务者的角色,具体说,就是既指传播者为接受者而存在,也指传播者的所作所为都是为了满足接受者的需要。为此,首先必须在新闻信息内容上使人感兴趣,使得接受者对传播的内容“理解、定向和娱乐”,以便于他们对新闻信息进行选择。也就是说,要切实担负起服务者的角色和作用，建立良好的人际传播关系，实现相同含义的交流；要在信任尊重情感关系方面下功夫，努力做到：题材的接近性和针对性，内容多样信息量大，尽量满足不同受众的要求，通俗易懂形式生动。当然这种服务是在严守新闻职业道德法律之下进行的，高层次高质量地满足整个社会进步的需要。

总之，传播者要服务好受众，完成职业使命，作为新闻信息的发送者，必须尽量提高新闻信息的价值和社会传播效果。而提高该价值和效果的方式之一就是采用羡余信息的手段。

言语交际学的研究表明，羡余信息是语用交际功能的一种外在表现，或者说是帮助实现语用信息。言语交际中，为保证信息接受的准确性，或者为实现某种交际目的或达到某种交际效果，交际者发出的超过最少交际需要量的信息，是一种积极的言语交际策略。新闻传播属于大众传播，因而本质上说，仍是一种交际活动，只是受众比较广泛而分散，虽然是虚拟的一个群体，但传播过程中作为主导地位的传播者，出于某种特殊的需要同样必须出现羡余信息，主要用以发挥情感功能、强调功能和认知功能。本编将从传播者视角出发，分别阐述具有上述三种不同功能的羡余信息。

第一章　具有情感功能的新闻语言羡余信息

在新闻传播的过程中，传播者作为与接受者进行信息交流的主导方，为了维持良好的传播环境，达到优质的信息传递效果，必须出现具有情感功能的羡余信息，主要用于打通信道，提高审美情趣。

一、打通信道功能的羡余信息

只要是信息的传播，无论是大众传播者面对隐性的受众，还是现场新闻中被报道的交际双方，发信者都有为寻求对方合作的特殊心理动态和情绪而产生的羡余信息。新闻传播也必须遵循这一规律，尤其是电子媒介传播的新闻更应该如此。由于广播电视新闻的传播媒介是视听通道，均需主要凭借声音传播信息，其音响介质可以传递丰富的情感，并通过相关的主持人或现场记者的寒暄、问候等言语成分予以承载。由于这些信息并非是应该传播的新闻核心信息，因而带有羡余性质。基于受众接收广播电视新闻具有较强的伴随性，常处于半收听（看）状态，此类必要的羡余信息，就可以将他们的注意力从无意转向有意，起到打通传播信道的功能。例如广播、电视新闻节目主持人或现场(直播)报道的记者在播报新闻之前的礼仪性质的串联词,有助于建立富有亲情的人际关系,为传播新闻核心信息铺路搭桥、创造条件。就像人们在讲话前须清清嗓子一样,表示要开始发言了,请提高注意力,做好准备。这样可以拉近新闻传播者和受众之间的距离。

本部分将主要考察新闻报道(尤其是电子媒介)起始部分的羡余信息,讨论它们在开通信道方面的使用方式。就广播电视新闻消息、通讯来说,由于没有标题,开头显得特别重要,常有引导、提醒受众收听(看)的串联词成分,均为羡余信息。传统纸质媒介的新闻也有类似信息。此类信息的主要类别有:

1. 非新闻事实的羡余信息

包括引导性及主观性两类。引导性的信息,通常是交代传播信源、称呼收听(看)对象,以引出新闻核心信息:

[1]中央人民广播电台!中央人民广播电台!现在播送刚刚收到的海湾局势的最新消息!据报道:北京时间今天上午10点40分,美英驻海湾军队开始对伊拉克实施军事打击!

[2]各位听众!你们好。今天是河南人民广播电台为您编排的节目,在这次节目里,播送故事,题目叫:"田三万"分家。

[3]听众朋友,节日期间荧屏丰富多彩,您是不是在电视机前度过了不少快乐的时光?(人物通讯,中央人民广播电台,午间半小时1991-2-19)

首例呼叫台号,次例直呼听众,这些非新闻核心事实的信息,属于辅助性的羡余信息,是十分必要的,旨在提醒关注即将播出的新闻信息。末例通过提问,引起听众收听的兴趣。

主观性的信息,亦非新闻核心事实本身,仍带有辅助性质,一般采用同形或异形同指复现羡余的方式予以呈现。通常通过设问、引语等手段,复现议论抒情性信息,可以更明确地揭示新闻的价值和社会功能,增强报道吸引、感染受众的力量。例如:

[4]祖国啊,母亲,谁不深深地爱着她?!但是,当我在对祖国边疆大门老山、者阴山前线采访以后,我要说,对祖国爱得最深沉的,是那些扛枪的战士,那些80年代扛枪的年轻人。(通讯,谁爱祖国最深沉,云南人民广播电台)

上述新闻,开篇画线的问题以及其后的说明,通过同一语形的方式复现相关的信息,强调了新闻人物崇高的情操,用以打动人心。

有时为了简洁,可以提出一个涉及新闻事件价值的关键问题,使通讯的主题明确,便于听众收听:

[5]各位听众:当一个人就要告别这个世界的时候,他心里会想些什么呢?您也许会觉得这是个十分古怪的问题,可是在今天的《人民子弟兵》节目里,我们向您讲的故事正是从这里开始的。(特写,一朵永不凋谢的鲜花,中央人民广播电台)

上述开头的画线成分,是通过不同的语言形式同指复现的羡余信息,提问尖锐,扣人心弦,使你听了以后还想继续听下去。

广播新闻开头运用的引语,可以选自古今诗歌、格言、谚语、成语和人物语言等,具有哲理性,可以有比较强的教育作用。此类信息能让人喜闻乐见。例如:

[6]听众同志们,中国有句老话:"人心齐,泰山移。"怎么才能做到这一点呢?记者最近到大港油田采访,从中悟出了一些道理,同时再次感受到了这句话的分量。(广播通讯的开头)

[7]我愿作一盏小小的路灯,

在人生的里程中,放射出一束光亮。

我愿作一盏小小的路灯，

无私地为人们照亮前进的征途。

听众朋友，刚才你听到的这首诗，就是刘岳华自己创作，自己朗诵的。刘岳华就像那盏路灯一样，以她崇高的理想、满腔的热情，通过文学创作抒写出一部部赞美祖国、赞美人民、赞美共产主义的诗篇，以顽强的毅力，克服了难以想象的困难，尽责于社会。她的美好的心灵，受到了人们的赞扬。（通讯，燃烧着共产主义理想火焰的姑娘，宁夏人民广播电台）

上述画线部分，都是引出下文新闻事件价值的重要信息，这一同指复现的羡余信息出现在开头，可以引发关注。

也有直接提醒受众，通过这样的辅助性羡余信息（下述画线部分）直接引出核心新闻事实：

[8]听众朋友，现在临时播出一条重要新闻，齐齐哈尔市昨天发生了一起芥子油毒气泄露伤人事件。请听本报记者和齐齐哈尔记者的现场报道。

2. 新闻事实中的羡余信息

此类羡余信息，主要是指延缓式导语（或标题）的部分内容，通常见于广播电视新闻中。这样的导语（或标题），一般将新闻六要素中有价值的核心信息置后处理，而先采用某些细节或部分情节来唤起受众的注意力，引发收听（看）的兴趣。这些起始部分的信息，虽与后续的某些信息同指复现，但此类铺路式的非核心羡余信息是必需的，负有自然、亲和的语用功能。它们可以是主体（人物）、事件（或某个细节）、地点要素等。

1）主体及相关人物要素

[1]今天，成都火车站出现了一支特殊的队伍，集体进站的民工手持一张“大票”就可以上车。这是成都火车站为方便民工

集体乘车采取的一项服务举措。(新闻联播,中央电视台)

[2]《大老齐成了“香饽饽”》这个题目怎么讲呢?是这样:“大老齐”是说一个姓齐的同志;“饽饽”本来是指吃的面食,这儿说的“香饽饽”,是个比喻,就是大家都喜欢的意思。大老齐成了“香饽饽”,就是说,大老齐这个同志,变成了一个非常受欢迎的人了。

那么,这位大老齐究竟是谁呢?他叫齐永臻,是辽宁省兴城县围屏公社农业技术推广站的助理农艺师……(大老齐成了“香饽饽”,辽宁日报1981-6-20,中央人民广播电台改编、播出)

上述首例,先说“特殊的队伍”,构成小悬念,随后通过“集体进站的民工”进行同指,形成信息的复现羡余;另有“这”同指上文,构成第二组信息的复现羡余,引出最重要的亮点“服务举措”。如若使用简洁表达就索然无味了:

[1]′今天,成都火车站采取了一项服务举措:集体进站的民工手持一张“大票”就可以上车。

上述次例是一篇通讯的开头,从一个侧面生动有力地反映了农村贯彻党的基本路线,落实党的政策,实行生产责任制后出现的深刻变化。它本是报纸新闻,改编为广播通讯后,开头复现的有关人物的羡余信息较消息文体可以多一些。通过拉家常,对“香饽饽”进行解释的方式,引出了“大老齐”这个受欢迎的农技员,亲切又自然,对听众有很强的吸引力,起到了很好的导向作用。

报刊新闻中也有以吸引受众的悬念方式引出标题的。对新闻的主体(人物),通常使用第二人称代词与名词构成同指,形成羡余信息。使用第二人称代词,修辞上属于比拟或呼告的辞格,能让受众在接受信息时,产生如闻其声、如见其形、如临其境的现场感受，强化了人们对新闻主体事物或人物的关切度。例如：

[3]**破产：撩起你的面纱**（通讯标题，《工人日报》1993-6-29）

[4]**合资饭店**

掀起你的盖头来（通讯标题，《中华工商时报》1997-2-28）

[5]**化肥，化肥，你在哪里？**（通讯标题，《鹰潭报》1986-8-25）

[6]**南极，请你作证**（通讯标题，《人民日报》1985-5-6）

[7]**彭加木，你在哪里？**（通讯标题，《福建日报》1980-7-5）

[8]**省长，化肥这事你得管起来**

陈俊生重申化肥生产流通秩序混乱问题必须立即制止

（消息标题，《中华工商时报》1996-7-6）

[9]**史小六，你不要命了**（消息标题，《北京晚报》1999-8-14）

[10]**乐山大佛，你好吗？**（通讯标题，《四川日报》2002-4-25）

[11]**海南的救命恩人，让我摸摸你的脸**（消息标题，《海南日报》2008-5-16）

上述标题，例3—6是用第二人称代词与名词同指新闻主体的拟人化手法，羡余信息的使用加深了受众对它们的关注度。例7—11，代词复指新闻（主体）人物，构成羡余，寄托了传媒对他们无限的情感。如例7是人们对科学家“彭加木”失踪而无果的无限关切之情，例8就新闻中有关“化肥”的事，用呼告复指“省长”责成其“管起来”，语言尖锐泼辣，催人深省。例9是对因担心无力付费而擅自溜出医院面临丧命的病人“史小六”的急切忠告。例10，用“乐山大佛”，借代峨眉山世界自然人文遗产保护区，通过“你”的同指，显得富有情意，亲切自然，寄托了人们对珍贵遗产的深切关怀和“物我共生”、“物我共存”的情怀。例11，用四川汶川大地震之际，生还者的话直接作为新闻标题，通过同指复现的羡余信息，以最朴实的话语表达了幸存者被解救之后的激动和对救援人员（“你”）的无限感激。

有时此类称代式同指复现的羡余，可以是代词先行，所代的名词在后的形式，这样的羡余手段，可以增加悬念，勾住受众的注意力：

[12]**不让我跳舞？瞧我断你电！**

以电逞霸的电力局长今番栽了（消息标题，《羊城晚报》1996－3－28）

[13]他在学校学习成绩优异，背母打工为母治病，事迹感人广为流传，受到省委书记徐光春的高度赞扬

“当代孝子”孝感天下（消息标题，《大河报》2005－7－4）

上述标题，首例通过情景模拟（“我”与人对话），以及副题中语义同指的羡余信息“电力局长”，犹如特写镜头，暴露了拿权腐败官员的嘴脸，比先名词后代词的常规顺序表达效果更好。次例，人称代词“他”的先行，吸引受众浏览下文，寻找构成羡余信息的先行名词。此种情况亦常见于通讯标题：

[14]**咱，天山的兵**（通讯标题，《中国青年报》1995－9－30）

[15]**她属于人民**

——悼作家丁玲（通讯标题，新华社1986－3－12）

[16]**他从乡下来**

——建设鞍山的人们之一（通讯标题，《人民日报》1953－3－5）

[17]**妈妈教我放鸭子**

——记湖北沔阳县彭场公社陈惠容的谈话（通讯标题，《人民日报》1983－12－12）

上述标题中，先行的代词均指代其后面的相关名词，两者构成语义同指羡余，均强化了相关的主体人物。

2）事件（或某个细节）要素

A. 事件要素

广播通讯开头引出的事件信息，可以是新闻事件本身，亦可以是先期引入的相关的传说故事。因其具有一定的情节性和曲折性，有时还富含新奇、趣味性，对听众具有较强的吸引力。此类信息，常通过具体描述和抽象范畴词构成语义同指的方式，形成信息羡余，以便给受众留下深刻的印象。例如：

[18]各位听众，上星期三，也就是1月13日，华盛顿下着大雪，天气非常寒冷，位于华盛顿市郊弗吉尼亚州的国家机场，仍然跟往日一样地忙碌。虽然由于下大雪，机场曾经暂时关闭了一段时间，可是到了下午四点钟，国家机场又重新开放，有一架佛罗里达州航空公司的737型客机在大风雪中起飞。起飞后的刹那间，这架飞机撞到机场附近波托马河之上的14道街桥的桥面上而坠毁。现在，由我来向各位谈一谈这架飞机失事和当时的两位英雄人物。（广播通讯的开头）

[19]在我国延边朝鲜族自治州境内的长白山地区，流传着这样一个故事：在很早以前，长白山下住着一户贫苦人家。家中只有母子二人，儿子王生非常孝敬母亲。春种、秋收、冬季打猎，抚养着妈妈。有一年，母亲害了病，王生没钱请医生，心里非常着急。村里有位老人告诉他，要治好你妈妈的病，就得上长白山哪！长白山上有最好的药。王生谢过老人，把要上长白山采药的事和母亲说了。母亲听说长白山有狼虫虎豹，就不要儿子上山。儿子为了给母亲治病，到底说服了母亲，背着干粮和猎枪奔长白山去了。王生走过了一座座高山，过了一道道大河，打败了一个个猛兽毒虫，走了21天，终于攀上了山顶。美丽的天池和群峰向他招手，他定睛一看，山上到处是白色石片。他就包了一些小石片回了家。妈妈高兴得流出了眼泪。王生把这些清凉彻骨的石片磨成细末，给妈妈喝了，妈妈的病很快就好了。

故事是真是假，因为年代久远无以考证，但朝鲜族人民尊敬老人确实是蔚然成风的。在这一地区有个独特的节日是其他地区没有的，那就是“老人节”。

记者在延边采访的日子，正赶上龙井县东盛公社过“老人节”。（通讯，老人节盛会，中国国际广播电台 1983－8－29）

上述文字，均是首先不惜浓墨重彩地详述一个故事，前者复现了飞机失事的过程，后者重在引出其价值“敬老”，并带出“老人节”的盛会；后用相关的范畴词语（画线部分）构成语义上的同指羡余，皆起到了引发受众关注新闻价值的效果，是成功的。

B. 事件中某个细节要素

借助于设问的修辞手段，通过疑问词与回答的焦点词语的同指羡余，复现事件中的某个细节。设置悬念，可以使报道的范围和对象通过羡余信息得以明确，吸引或便于听众收听。例如：

[20]养野鸡能赚钱。一只野鸡少说也能卖个六七十元，可是野鸡天生有个坏毛病，就是互相啄来啄去打架斗殴。唉，真是“鸡门”不幸啊。很多养野鸡的农民见到我也经常问我，有什么办法治好野鸡的这个“病”，其实我也不知道。但是这件事我一直记在心里，去年我在鄞州见到养野鸡的杨柄强，他也吃足了苦头，也为这件事头疼呢，整整半年多时间想了很多办法，终于有了结果，今天我把他的好办法告诉你。（电视专题，田野，宁波电视台）

[21]朋友，你到过扎龙吗？有人说，“南有卧龙，北有扎龙”。卧龙是人们所熟悉的，它在我国的四川省，那是珍贵动物熊猫的故乡。而扎龙呢，是在我国最北部的黑龙江省，它以众多的水鸟，特别是丹顶鹤在这里栖息繁殖而闻名中外。（通讯，欢乐的水鸟之乡，黑龙江电台）

[22]秋月，把它那银白色的光辉尽情地泻入莲花湖中。湖

岸上，竹林边，月华里，一个妙龄少女正斜坐在石阶上吹箫。她发髻高悬，身着古装，面容文雅、秀丽、端庄。箫声在驾着风儿飘荡，湖面掀动着细细的波纹，竹林发出了箫箫的低语，本来就十分幽静的园林，显得更加幽静了。

你也许要问：这少女是谁？是的，不少的人都曾猜测过，有人说是林黛玉，也有人说是莫愁女，其实猜得都不对，她只是一件普普通通的雕塑艺术品，是北京城里近两年立起来的几十座“城市雕塑”中的一座。（通讯，为首都“点睛”，北京人民广播电台 1984－10）

上述例子中，首例开头设置了悬念，谈及新闻事件——野鸡斗殴的治理，由此引出具体的办法。“办法”一词的多次复现，强化了受众的印象。次例的设问引出地点“扎龙”，引导关注丹顶鹤的繁殖地。末例开头是对一座雕塑形象（“少女”）的刻画和描绘，随后再次对其予以复指，强调了雕塑工艺的高超水平，给听众第一印象是美好的。通过设问带出“少女”这一羡余信息，突出表现了这一意图。

有时，设问在开头只是点出疑问点，回答的焦点内容，作为羡余信息，藏在下文，以吸引受众关注：

[23]听众朋友，您平生见过的最大的标语字有多大？最近，记者在湖北省郧西县可算是大开眼界了。今天的《焦点时刻》请听湖北台记者杨宏斌、彭树文采制的报道《“造林”还是“造字”》（广播专题，录音报道，湖北电台 2002－12－9）

[24]各位听众，一位农村的哑巴大娘迷了路，一时找不到亲人，那该多着急。

这位哑巴大娘不远走，还好说，可她实在是心焦，在哪儿都呆不住，这越走越远了。十三天的时间，足足跑了六个公社。这六个公社要是在她家所在的县，也好说，可偏偏大都在外县。你说，这可怎么办？哎，天下热心肠的人还是居多数。哑巴大娘居然很快和亲人团聚了。那么是谁为她找到亲人的呢？这就给大家说说。（消息，是谁为哑巴大娘找到了亲人，泗阳人民广播站1981）

上述首例的设问，引导听众直接关注新闻点“大字标语”有“多大”，为后面批评形式主义的行为竖起了靶子。末例揭示了事件中的尖锐矛盾：哑巴大娘在外县迷路，越走越远，找不到亲人，一下子把它展现给听众，引起听众关注、同情。由此牢牢吸引住受众来寻找解决这个问题的“谁”，跟着思路听下去。

3）地点要素

当地点要素具有重要的新闻价值时，亦可以采用同指复现的羡余方式予以强调，以此吸引受众关注。例如：

[25]沂水县有个诸葛城公社，诸葛城是个山地，那真是山连山，山叠山，山外有山，山上还有山，在这山当中，有这么一座山，东西长，南北窄，中间还有个弯，像个牛索头，索头弯里有个庄，名叫会仙院，提起会仙院，故事一大串……（通讯，吉林人民广播电台）

上述通讯是反映利用山区特点发展养猪事业的广播稿件，不到一百字的开头，重复了十一个“山”字，看似羡余过度，实际听起来非常顺口，可以让人加深对山区的印象，为更好地理解新闻事件的内容及其价值做好充分的准备。这是符合广播新闻开篇出奇，引人入胜的传播特点的。

二、具有审美功能的羡余信息

具有审美情趣的羡余信息，是指通过羡余手段构成，能带来美学功能的信息。传播者之所以不惜牺牲信道容量重复出现羡余成分，就是因为其借以负载的符码形式（包括语言符号及其组合结构)具有美的特征。不过这种在信息编码时有意附加的审美功能,必须服务于新闻事件的价值因素和社会(宣传)功能,也即要能吸引受众最大程度地领悟新闻事件包含的深刻含义。

新闻信息主要是以语言符号为载体的,而每个符号都是音义结合体,词是基本的语符单位,词语之间的相互组合形成了语句。语符载体的形式(包括语音和语法)所潜在的新闻美学功能,就是语音形式的节律美、语法形式的节奏美。前者主要表现为音节与音节之间的配合协调,形成朗朗上口的和谐韵律;后者主要体现在长短句、整散句的配合使用上,形成语法结构整齐划一的鲜明节奏。这种美感正是新闻传播者创造性地借助负载羡余信息的语言形式而附载的。

1. 具有音节协调节律美的语言形式

汉语音节的复叠,可以构成音节与音节之间的协调。凭借重复的音感,既能产生音乐美,又富于描写性或感情色彩。标题中常有这类绘声的词语,与音节复叠有关的语言现象有词语重叠,构词重叠和构形重叠。

先看词语的重叠。可以是重叠式复合词,亦可以是词语反复的修辞方式,均能使音调和谐优美,渲染气氛。例如:

[1]在军车路过时,她们(九江师专的女学生)拥出校门举起了她们的标语:"兵哥哥,真的舍不得您走!"(通讯,九江城哭了……,《工人日报》1998-9-16)

[2]**走近"瓷娃娃":打个喷嚏能骨折**(消息标题,《东方时空》2011-2-28)

[3]鸭鸭鸭 鹅鹅鹅 万千鸭鹅戏清波

巢湖加紧建设大型水禽基地(消息标题)

上述例1、2中AA式重叠音节构成的词语大多表示称呼或事物的名称。理论上说,AA可以用A替代,两者构成对应式羡余，显然前者多出了羡余成分，保留该成分，就是因为重叠的语音形式，增加了音节和谐的效果，并附有情感上的亲密、亲和的味道。例3对称的重叠词语与其后的“鸭鹅”复现，前者完全属于同形复现的羡余成分，但复叠的音节，不但自身和谐上口，而且“鹅”与“波”押了韵，自然流畅，声情并茂。另外，所押的韵是坡梭辙，声音比较轻快，很好地体现了内容的特点，适宜表达欢快之情。

再说构词重叠和构形重叠。前者是单纯词的组合方式，后者是语法意义的构成手段。构词重叠，可以是形容词、副词等，一般整体使用，拆开没有意义。

[4]**拳拳爱民心 悠悠公仆情**

市委、市府为民办实事回顾（消息标题，《深圳晚报》）

[5]**佳侣双双元旦迁新居**（消息标题，《新民晚报》1982-1-1）

上述新闻标题中，例4，主题的两个偏正结构表达的内容意义相近，构成异形同指式羡余，从经济角度考虑，保留一个即可，形容词“拳拳”“悠悠”亦可用“忠诚”“浓郁”等词语替代，但两个重叠形容词（其中之一为羡余成分）的呼应配合，在增强了党和政府重视民生情感的同时，极富音乐美感。例5“佳侣”自然是成双成对的，“双双”显然是蕴含式同指复现的羡余成分，从简洁角度看完全可以略去。之所以使用这个副词，除了强调双重“成对”（男女佳侣、新年新居）的意味外，音节重叠的修辞，更增加了对变化方式的赞美之情及乔迁的喜庆气氛。总之，叠音的功能不仅仅有情感的因素，更有美学的成分。

构形重叠，一般重叠之前的音节就是一个词，重叠后在增加了语法意义的同时，也传播音乐美感信息。它们可以是名词性、动词性、形容词性等词语的重叠。这些重叠形态，语音上圆润和谐，强化了表达效果。

［6］**小小手帕 创汇近亿**

上海将成立手帕进出口公司（消息标题，《解放日报》1981－10－17）

［7］**正正当当经营 规规矩矩赚钱**（消息标题，《深圳商报》1994－3－10）

上述标题的画线成分属于形容词的重叠，有性状程度加深或适中的含义。虽然首例“小小”可以代之以“小”，两者构成对应式羡余；次例的两个状中结构构成了异形同指的复现羡余，可以删除一个，但保留上述重叠成分，除有助于情感的表达外，均带来了音节悦耳的美感。

2. 具有语法结构节奏美的语言形式

任何语言的句子都是由一定的语法结构组成。连续的句子，在结构的排列上也有一定的审美要求。新闻语言的句式变化可以形成节奏美。朱光潜（1980：80）指出：“节奏主要见于声音，但也不限于声音，形体长短大小粗细相错综，颜色深浅浓淡和不同调质相错综，也都可以见出规律和节奏。”可见，分析句子结构的错落有致也是如此。

新闻作品中，语法形式不同的整散句配合使用，具有美学功能。一组句子的结构有相同或相似的特点，就是整句。反之，句式相异，长短不一，结构不齐的各样句子交错运用，谓之散句。整散句子，各有特色。

整句常采用语义同指式（多为非同形成分，较少同形成分）复现羡余手段，构成排偶形式，节奏鲜明，铿锵有力。消息标题中时有所见，通讯中用得更普遍一些。若将具有羡余信息、结构相同或相近的多个句子排在一起，形式的整齐美观使得语气得以加强，情感得以深化，在表达的气势上影响受众，可以加深对新闻价值和教育意义的理解。例如：

[1]**东一株 西一株 积木成林**

今一棵 明一棵 坚持有益（消息标题，《光明日报》1983-3-11）

[2]尽管吴吉昌不断进行斗争，但是缚在他身上的绳索还是越捆越紧。省科委发给他的科研经费他领不到手，[发给他]用于棉花试验的化肥给别人挪用了，[发给他]的抽水机具还没有运到就被别人半路劫走了……这年夏天天旱，棉叶开始打蔫。那些过去迫害吴吉昌的人又对棉田实行了断水、断电，逼得这个残疾的老汉只好跟小姑娘一起抬水救苗。（通讯，为了周总理的嘱托……，《人民日报》1978-3-14）

上述首例是标题，整齐的句子具有一样的节奏，易解易记，朗朗上口，给人美观对称的感觉。同样若是去掉由羡余成分构成的排比格式，使用类似"东西各一株"、"今明各一棵"等句式，在气势、审美效果上都要逊色。次例是通讯中的文字，记叙了农民科学家吴吉昌同林彪、"四人帮"顽强斗争、坚持棉花试验的事迹。"发给他……"连用三次，后两个是羡余成分，完全可以删除，丝毫无损理性意义的表达，但见报稿却借助繁复的语言形式，表述了吴吉昌所遭受的迫害和承受的不公平待遇，使得受众对倒行逆施者的所作所为产生切齿的痛恨。相同的结构伴着词语的反复，既拥有美感，又增强了语势，激发了上述情感。若是去掉第二、三个语义复现羡余（例句中的方括号为笔者所加）的词语，情感表达上将要逊色得多。

散句结构自由，形式多样，能避免句式单调呆板。多具有口语色彩，可以加强语言的表达效果。消息的主体常用此类句式。一般认为，通讯相对来说，使用整句的情况多一些，而消息使用散句的多一些。实际上，无论是哪一种句子，仅仅用一种句式传播新闻信息，效果肯定不好。缺少变化，就不可能有足够的吸引力，也就无法发挥语言的美学功能。

新闻语言中更多的情况是整、散句交错使用。提高美学效果的组配有三种情况，均有羡余信息的参与。一是整句为辅，散句为主。例如：

[3]从15日至25日11天内，蒋介石三至沈阳，救锦州、救长春、救廖兵团，并且决定了所谓“总退却”，自己住在北平，每天睁起眼睛向东北看着。他看着失锦州，他看着失长春，现在他又看着廖兵团覆灭。总之一条规则，蒋介石到什么地方，就是他的可耻事业的灭亡。（消息，东北我军全线进攻，辽西蒋军五个军被我军包围击溃，新华社 1948－10－27）

上述文字是消息中的一段，在散句概写的基调上，辅之以整句的详述。如此安排句式，形式上疏密得当，疾速有致，极具美学价值，既便于内容的表达，更有利于情感的表露，通过同一词语复现羡余而形成整句的铺陈，毕现人物情态，有力讽刺了蒋介石逆历史潮流而动的必然命运。有了整句的铺垫，散句戛然收尾，点明了议论之精华。这是重要内容借助于精美形式，并相得益彰的经典范例。

[4] **今天，我们豪迈受阅**

……

这是中国在21世纪首次举行国庆大阅兵。

铁阵，如山如岳。口号，如海如潮。受阅三军身上，流淌着红军、八路军和新四军的血脉。他们来自沃野平畴、深山密林、滔滔海洋、万里蓝天，汇集中国陆海空三军和人民武装警察部队、民兵预备役部队等全部武装力量的精华。

这是人民军队走过从机械化向信息化建设转型的10年风

雨征程，第一次向祖国、向世界全面展示新面貌、新阵容。

……

巾帼英豪，叱咤风云。15名中国首批女歼击机飞行员驾驭新型教练机飞来。中国的空中花木兰、云天娘子军，第一次飞过天安门广场，以浪漫激情写意蓝天。

空中受阅梯队，横跨长空75公里，雄风万丈，气势磅礴。

60年风雨，一甲子辉煌。56个方阵，象征56个民族。人民军队与共和国一起进步，一起成长，一起走向中华民族的伟大复兴。

此时此刻，追思与缅怀，光荣与梦想，决心与信念，在同一时空汇聚，都凝结在这情感的峰巅，抒写在这壮美的画卷！（通讯，《解放军报》2009-10-2）

上例，画线部分均富含复现羡余信息，构建骈偶形式，充分发挥了平面媒体的文字排列优势，借助整句形式与散句互衬，形成一种参差美，展示了我国国防建设震撼人心的画面和沧桑巨变，充分发挥了语言形式传情达意的优势。

二是整句为主，偶有散句参与其中：

[5]总有一种真情无限深沉，总有一种温暖血脉相连——

亲情手足，戛然生离死别，却从来没有阻隔共产党人手手相挽的深情。

美丽家园，瞬间桥断路绝，却丝毫不能斩断共产党人心心相印的厚意。

情切切，爱深深。灾区群众的泪，就是共产党人心尖上的血——

没有了姐妹，共产党人就是姐妹！

没有了兄弟，共产党人就是兄弟！

没有了父母，共产党人就是父母！

没有了儿女，共产党人就是儿女！

……

[6]总有一种责任冲锋在前，总有一种使命义无反顾——

和时间赛跑，困难重重，却从来没有羁绊共产党人感天动地大驰援。

与死神抗争，风险种种，却丝毫不能阻挡共产党人气壮山河大营救。

[7]1小时、1分钟、1秒钟……

和时间赛跑，共产党人紧急行动！紧急开进！

与死神抗争，共产党人紧急奔袭！紧急救援！

（通讯，永远和人民在一起，《人民日报》2008-5-31）

上述例子均摘自记述2008年汶川5·12大地震中，中国共产党人顽强奋战，与人民共患难、心连心事迹的通讯。首例，画线部分的每一组句子均富含语义同指复现的羡余信息，实际内容就是一个：共产党人与人民心连心，以及全力救灾。传播者不惜笔墨，铺陈复叠，通过整饬的句式，辅之以适当的散句，达到错落有致的审美效果，有力发挥了新闻报道的宣传功能。

三是整中有散，整散参半，构成交错配列的旋律节奏。例如：

[8]千里大堤千里兵。英雄的人民子弟兵，头顶烈日，身挡激流，日斗洪魔，夜卧长堤，肩负人民重托，在南北两个战场与特大洪水殊死搏斗；战沙市，保武汉，救九江，守大庆，斗哈市，演出了今年抗洪抢险最动人的壮剧。（通讯，气吞山河的历史画卷——1998年中国抗洪抢险纪实，《人民日报》1998-9-9）

上述文字是通讯第二部分“以钢铁之劲　挽狂澜于既倒”中的一段描写。这一语段，句式多样，富于变化；画线部分的整句，通过不同形的同义动词构成语义的同指羡余，嵌入首尾散句之中，这样的错综安排，让不同的句式交替使用，节奏鲜明，视之悦目，诵之悦耳。

如若将上述复现同一词语的整句，删除部分复现羡余的信息，改为简洁的散句表达：

[3]′从15日至25日11天内，蒋介石三至沈阳，救锦州、长春、廖兵团……他看着失锦州、长春，现在他又看着廖兵团覆灭……

[4]′铁阵，如山岳。口号，如海潮。受阅三军身上，流淌着红军、八路军和新四军的血脉。……

这是人民军队走过从机械化向信息化建设转型的10年风雨征程，第一次向祖国、世界全面展示新面貌、阵容。

[5]′情爱深深。灾区群众的泪，就是共产党人心尖上的血——

没有了姐妹、兄弟、父母、儿女，共产党人就是姐妹、兄弟、父母、儿女！

[8]′千里大堤千里兵。英雄的人民子弟兵，头顶烈日，身挡激流，日斗洪魔，夜卧长堤，肩负人民重托，在南北两个战场与特大洪水殊死搏斗；战斗、护卫在沙市、武汉、九江、大庆、哈市等地，演出了今年抗洪抢险最动人的壮剧。

原整句带有的强有力的气势、情感消失了，其与短句的配合也不协调，内容上亦无法跟有关的议论抒情信息合拍，当然也就毫无审美情趣。如此对受众的接收效果会带来很大影响。

总之，羡余手段在构成语言形式带来的美学功能方面具有不可或缺的作用，当然这种功能必须有助于彰显新闻本身的价值及传播的主旨。

第二章　具有强调功能的新闻语言羡余信息

新闻作为新近发生的事实的报道或叙述，既要反映事实，又要表达观点[①]；根据新闻传播学的理论，新闻传播事业有"报道新闻、引导舆论"的功能，而我国新闻传播事业是党和人民的"耳目、喉舌"，新闻在传播事实的同时，必定带有一定的倾向性。

潘先军(2012：121)认为，语言羡余性的动因，最终来自于说话的主观性。新闻语言在力求简明的基础上，适当采用羡余策略的主旨之一，即是在叙述客观事实的同时，体现主观倾向性，即"说话"(导向)功能。新闻的主观导向(评价、情感等)功能通常是借助事实来表达的，即采用"寓论断于叙事之中"。胡乔木曾说过，"我们人人都会发表有关的意见，新闻却是一种无形的意见。"此类意见一般是通过客观事实间接地蕴含其中，但有时为了强化新闻主观导向功能，这一蕴涵的主观信息，亦可以通过显性的语句予以复现，形成信息羡余。此类主观羡余信息的

① 传播学者斯蒂文·李特约翰认为：一个传播者总有两个层面的意图。信息性意图是为了让听话者知道某事，即起到告知性功能；而传播性意图则是使听话者意识到他说话的目的，即导向性功能。转引自陈力丹《解析中国新闻传播学》，上海交通大学出版社，2008年版，第326页。

呈现方式可以是蕴含式复现和同指式复现。前者采用的手段是将新闻事实蕴含的主观信息予以显性的复现，进行直接强调；后者是通过客观事实信息的同指复现予以间接强调。

一、通过蕴含复现直接强调的羡余信息

通过蕴涵复现的主观羡余信息，是指客观新闻事实的某个细节已经蕴涵或者可以预测、推断出某种性质，而传播者又通过相关的评价性语句（一般称之为议论性的文字信息）予以直接点明，由此构成语义复现的羡余信息，直接强调某种导向的传播意图。

此种蕴涵类羡余信息在不同的文体中所占比例各不相同。消息文体中使用较少。例如，几乎所有的新闻写作论著，都提出消息文本中应少用或不用形容词或副词，尽量少发议论，其原因就在于，消息侧重客观地叙述新闻事实①，而这两类词语带有较强的评论色彩。所谓形容词，是表示性质和状态的词，所谓副词是对动词、形容词性词语进行限制、修饰的词语，它们不同程度地带有给人物、事件或现象进行定性的倾向，与新闻的客观性相抵触。而通讯这种文体不同于消息，它除了客观叙述新闻事实外，还要以形象生动来感人，必须努力表现新闻事实的内在意义，显露其本质的、典型的、合乎规律性的东西，它们必须来自记者的思考和议论。由于受众接收新闻信息（也包括消息），主要是获取，而不是深入思考，记者就有义务对报道事实予以评价、分析与解释（戚鸣 2006：143），必须使用这类词语，以表达主观情感及态度。但无论是哪一种文体，使用形容词或副词，或议论

① 黎运汉等《汉语修辞学》（广东教育出版社，2006 年版，第 491 页）认为，形容词在消息中不宜多用，否则会使受众怀疑新闻事件的真实性。

性语句，都必须有客观事实已有的性状为前提，即前者的主观评价信息必须为后者的客观信息所蕴涵，两者具有羡余关系。这类以蕴含方式带有羡余性的主观评价信息可以出现在标题、导语、正文、结尾中，下面依次按照不同的新闻文体分别阐述。

（一）消息

1. 标题

一般来说，新闻消息的评价性信息不宜直接出现，而应该通过客观事实予以蕴含。但标题与正文不同，消息标题中出于导向意图，使用此类评价性词语相对要多一些。主要是形容词和副词，也可以使用议论性的语句。

形容词常充当定语、状语，往往使被它修饰的事物或动作行为意思更具体，而且常常是语义表达的重心所在，这是它的词汇（客观的、理性的）意义在发挥作用。与此同时，它还承担着非常重要的语用意义，即记者或编辑主观倾向的体现。例如：

[1]**惨哉**！

全家自杀（《晨报》1932-7-6）

[2]**神**！

胆囊切除不开腹（《广西日报》1994-6-29）

[3]**好啊**！诚实永存（《中国日报》1985-11-8）

[4]“医托”行骗，**可恶**！

医院示众，**妥否**？（《中国青年报》2000-12-1）

[5]**奇**！南县一杨树会发光（《羊城晚报》1983-5-5）

[6]**人格尊严不容侵犯**

长沙一智残人受辱获赔4000元（《中国青年报》2001-4-2）

[7]**北约野蛮轰炸我驻南使馆**(《人民日报》1999-5-9)

上述标题中的画线成分大多比较简短,甚至仅一字,属于羡余信息,它们将副题或主题中新闻事件蕴含的性质直接予以强调,与受众的认识发生共鸣。如第3个标题写一位年轻的售货员错找外宾顾客外汇,又自费高价登广告退钱的事情,记者情不自禁喊出"好啊"的赞叹,强调希望社会弘扬传统美德转变风气的主旨。当然新闻事件性质的判定带有的主观性有时也受制于一定的时代和对象,如微创技术普及后,例2中所谓"神"的说法也就不存在了。通常传播者注重的是引发关注,惊醒受众,起到宣传导向作用。此类蕴含的羡余信息,一般出现在新闻事件的性质不易认识的场合(如第6例),旗帜鲜明的表明态度(如第7例)。按理说大使馆任何情况下都是被保护的对象,因而"野蛮"两字是羡余的,但又是必须复现的体现主观态度的信息。

某些副词,如语气副词常带有预设,该预设就是一般的常理,而副词的语法意义正是与预设有关的某种主观情态,可以体现评价态度。例如:

[8]**农民办张结婚证 竟被收费千余元**(新华社1995-12-1)

[9]**药剂师心猿意马 活老鼠居然入药**(文汇报1980-9-23)

上述标题中,根据常理或道德法规,新闻事件本就蕴含着不合理的性质,而语气类副词"竟"、"居然"均表示出乎意料,该语法意义将事件与常理相悖的特点直接点明,即"办张结婚证收费千余元"、"活老鼠入药"不应该,显然,副词的语义是被新闻事件所蕴含的羡余信息,但副词的出现并非多余,而是强化了传播者的导向:所收费用不合常规,药剂师行为反常,有违职业道德。

标题中更多的情况是主题中出现议论性的语句,当需要鲜明地体现除恶扬善的导向功能时,即使新闻事件已经蕴含的常理，也应以羡余信息的方式直接点明：

[10]**人间佳话 金大妈资助陌路学子三年整**

感人故事 李志权学成立志偿还母子情(《金华日报》1991-4-17)

[11]**上海家化公司好气魄**

1200万元买回美加净(《解放日报》1995-4-27)

[12]**法官办案效率高**

第一天接诉状　第二天搞调查　第三天结案(《湖北日报》1985-1-23)

[13]4人喝了几杯饮料，要了几包小食品，娱乐2个小时，收费1857元——

杭城一家卡拉OK厅"狮子"大开口(《经济生活报》1991-9-24)

[14]规定收5元　实收100元

武汉订票收费真乱(《中国消费者报》2000-10-28)

上述标题中画线的议论信息均出现在主题中，例10—12是对客观事件的点赞，如弘扬好人好事，彰显守法经营及敬业精神；例13—14是对相关事件进行评判或评介，贬斥不法商贩及收费乱象。其中例13借用比喻手段，对引题所述的事实进行批评。上述所有标题，画线的评论信息均为相关的新闻事实信息所蕴含，具有羡余性。

如果新闻事件本身的性质比较显豁，可以让此类议论性的主观羡余信息置入引题中：

[15]边防战士的喜事

直升飞机代替了马拉爬犁

新疆北部哈芭沙至扎玛纳竹边防站试航成功(《解放军报》1979)

[16]运城市两国有企业改制太离谱

2.3亿元国资6410万元就卖了(《光明日报》2004-2-24)

[17]此事荒诞——

同是缴税 彩票中奖远低于勤劳收入(《中国青年报》2001-5-10)

上述前两例,主题中的事实显然是一喜一忧,引题是对客观事实意义的阐释和评判。后者尤其让人不平,“太离谱”只不过是代民而言。末例的引题,羡余的评述词语“荒诞”,可以帮助受众认识彩票缴税中的问题,对社会也有引导作用。

2. 导语

部分消息导语中,只要是为客观事实所蕴含的性质,不易为受众所理解或接受时,均可以通过羡余信息的方式直接点出。此类评价性的羡余信息,表达的方式有两类:

先叙后议。即在叙述客观事实的基础上,点出该事实蕴含的意义或价值所在。后者为羡余信息。此类情况比较常见:

[1]记者从市水利部门获悉,由于连年干旱少雨和生产、生活用水的急剧增长,本市地面水和地下水的水量都比去年同期下降。为保证首都各项事业的顺利进行,各行各业都要把节水工作当成大事来抓。(消息,节约用水是本市一项长期紧迫任务,《北京日报》1984-11-13)

[2]本报讯 留英博士沈浩,以专有技术作价510万元入股,占深圳市双德胜化工涂料有限公司17%的股份权,同时出任总经理。深圳市股资管理公司,市建材集团股份有限公司分别占50%和33%的股权。这是将有形资产和无形资产结合,个人技术入股与国有资本结合,变成新的资本组织形式的大胆尝试。(消息,个人技术入股国有企业 沈浩博士成了股东《中国青年报》

1997－10－2)

上述首例，水的用量增加而存量减少，据常理，必须节水是显而易见的，但为了引发受众关注这一点，传播者还是将这一蕴含的羡余信息直接提出，发出“节水”的号召(见画线成分)，达到了强化宣传意图的目的。次例导语将报道的新事物的价值(即画线的羡余信息)及时点明，高屋建瓴，深刻而有意义。

先议后叙。即先将事实蕴含的意义或价值提前亮出，后附上蕴含该信息的客观事实作为支撑论据，前者为羡余信息。让受众带着观点接收客观事实信息，更有目的性和针对性，导向性也更强一些。当然，作为蕴含式羡余的主观信息，必须简练明快。例如：

[3]本报讯　导弹要上天，人才是关键。为把有限科技力量攥成拳头，我军战略导弹部队今天组成了首批40名导弹技术专家方阵，这支队伍将在第二炮兵现代化建设中发挥特殊作用。(我战略导弹部队组成首批专家方阵，《解放军报》1997－6－26)

也有整个导语均是评价性的议论信息，带有羡余信息，而在消息主体部分才展开相关事实的叙述。此类情况一般出现于关系到国计民生的重大新闻事件的报道。例如：

[4]一个比建国前后土地改革和五十年代初期农业合作化更加波澜壮阔、影响更为深远的社会改革浪潮，正席卷中国农村大地。这个在联产承包责任制、专业分工的基础上发展商品生产的浪潮，使中国农村延续了几千年的自给半自给经济迅速改观，长期落后的农业变得生机蓬勃，农村的巨大生产潜力和社会主义制度的优越性开始得到发挥，一条通向农业现代化的康庄大道，已经展现在人们面前。(消息导语，新华社1984－10－2)

上述新闻，首先交代新闻事件的重大意义，随后叙述给改革浪潮带来广泛，深刻影响的种种事实。消息开头的议论，是以整个正文部分的叙述作为基础的，属于客观事实所蕴含的羡余信息。由于事件的意义不易立即为大众所理解，必须直接亮出。

3. 结尾

消息结尾中评价类的议论信息，一般是正文部分所蕴含的结论，水到渠成，出现这样的羡余信息有助于受众的理解和接收。例如：

[1] **党组织为马寅初彻底平反恢复名誉**

新华社北京 1979 年 7 月 25 日电 7 月中旬的一个上午，往日静悄悄的北京东总布胡同 32 号宅院顿时热闹了起来：中共中央统战部副部长李贵来到这里，拜访了 98 岁的著名经济学家马寅初先生。

会见在马老的卧室进行。马老坐在单人沙发上，在座的还有他的夫人和儿女。李贵副部长说："今天我受党的委托通知马老：1958 年以前和 1959 年底以后这两次对您的批判是错误的。实践证明，您的节制生育的新人口论是正确的，组织上要为你彻底平反，恢复名誉。希望马老能精神愉快地度过晚年，还希望马老健康长寿。"马老兴奋愉快地回答说："我很高兴。""20 多年前中国人口并不多，现在太多了。要尽快发展生产才行啊！"

李贵同马老谈到，五届人大二次会议的《政府工作报告》提出，要集中力量把农业搞上去，要做好计划生育工作，切实控制人口的增长。马老爽朗地笑了。他大声说：这个报告是对的，我完全赞成。这样看来，我这个老头现在还能有点用处！

马老下肢虽然瘫痪了，上肢还能自由活动。圆圆的脸上气色很好，皱纹也不多，花白的眉毛下面是一双炯炯有神的眼睛。除了耳朵有点背，他的头脑是清楚的。

<u>20 多年的是非终于澄清，冤案终于平反。实践宣布了公允</u>

的裁判：真理在他一边。

上述新闻，在叙述为马寅初彻底平反，恢复名誉的事实材料后，结尾的这段被事实蕴含的议论信息，将这件事上升到"实践是检验真理的标准"这一高度去认识，不仅显得更有力量，也是引导受众深化对这件事的理解。这就是主观性羡余信息的功能。

［2］ **900 架"超级堡垒"给日本人最后一击**

收音机里传来消息：战争结束了。然而在我所在之处，这个消息却被怀疑为是一个谣传。因为就在几分钟之前，即凌晨1:32，我们还轰炸了位于东京以北关东平原边缘上的一个小工业城市熊谷。和平也并未得到日本人的正式承认，因为他们还击了我们。(这个城市是星期三早晨一次袭击行动中，被至少400 架 B29 轰炸机轰炸的日本 3 个目标之一。这些轰炸机是停战 24 小时之内已经出动去攻击敌人本土的 1000 架飞机的组成部分。)

其他的飞机猛烈轰炸了关东平原上的另一个城市伊势崎。当我们掠过富士山的东面山脚时，詹姆斯·杜利特尔中将指挥的 B29 轰炸机从冲绳岛的第 8 航空队基地起飞，去执行他们的第一次战斗任务，轰炸熊谷。

我乘坐的这架"索科城"(缅因州一城市名)号飞机，是由空军中尉西奥多·拉姆驾驶的。他 28 岁，来自昆斯市里奇蒙希尔区莱弗茨大街 103－21 号。象所有其他人一样，拉姆机组在让这架"超级堡垒"(B50 轰炸机)着陆时，也表现出最近 5 天里对于那份让人心里没底的停战协定的紧张心情。他们曾经以为战争结束了。他们的大部分时间都是陪伴着收音机度过的，希望总统正式宣布停战协定。他们并不明白裕仁天皇是否掌权对整个事件关系巨大。难道我们的宣传没有把天皇描绘成一个傀儡吗？那么好吧，我们也能像军阀们摆布他一样去摆布他。

昨天上午，第314轰炸联队接到警报。下午2:20，飞行员、导航员、投弹手、无线电报务员，以及炮手们一齐聚集在简易棚屋里，得知战争仍在继续。他们的攻击目标是一个并不怎么起眼的可怜的小城市。他们的指挥官，来自得克萨斯州登顿的卡尔·斯托里尔上校费尽口舌向他们解释，为什么非要让熊谷49000个生灵涂炭。斯托里尔说，这个城市里有中岛飞机制造厂的几个配件分厂，另外，它还是一个重要的铁路枢纽。

没有人愿意在战争即将结束之时死去。联队随军牧师，来自蒙大拿州斯普林菲尔德的本杰明·施米德克上尉让士兵们祈祷。然后，一名指挥官跳到一个平台上，大声说道："这是最后的一次轰炸任务，我们要力争把它完成得最出色。"斯托里尔上校将驾驶一架长机，投放4枚1000磅重的高爆炸弹，把该城躲在建筑物里或地下的守军轰出来，然后再由紧随其后的80架飞机投放燃烧弹来收拾他们。"把炸弹堆放在投弹口旁一码线上，然后把它们丢下去。"上校鼓舞他的士兵。"这可能是这场战争的最后一次轰炸任务了。让你们的炸弹命中目标，明天世界就将获得和平。"

即使在飞行员们得到最后的出发指示之后，他们中的大多数人仍在希望乃至期待着在5:30正式行动之前，会收到一个正式停战通知。他们注视着自己的手表，还有两个半小时。你可能会想象这些人会闷闷不乐，有抵触情绪，或者心情沉重，然而他们的士气却出奇地高涨。"看看我流的这些汗，"来自布鲁克林区巴尔迪克大街458号的威廉·马切西少校大声说："我还从来没有象这次这样吃力地完成一项任务。"

几分钟之前，关岛电台突然中断了该台正常节目，摘要广播了日本同盟通讯社发表的声明，裕仁天皇已经接受了和平协定。整个营地立即骚动起来，而就在这片嘈杂声中，猛然传来一声厉喊："你们想干什么？想动摇军心吗？那条消息只是一个谣言。"于是飞行员们都穿上跳伞装备——救生衣和防弹服，然后跳上卡车出发去机场。下午4:30，我们来到了"索科城"号飞机前，此时离我们出发的时间还有将近一个小时。这架飞机作为这些轰炸机的领航飞机马上就要出发了。

我们都很紧张。还能听到营地里电台传来的广播声。只是因为收音机远离我们半英里之外，我们只能听到"裕仁"和"杜鲁门"等词。我们都明白，战争已经结束。一名司令部的军官跑来，告诉拉姆中尉：为了等待华盛顿将发表的一些声明，延迟30分钟起飞。当时我们没有一个人愿意飞往日本，但同时我们也明白，如果停战消息得不到很快证实，我们还必须起飞去完成这项任务，接着可能就是一阵连续投弹，而只有"犹他、犹他、犹他"的信号传来我们才能返航。"犹他"是杜鲁门总统宣布停战时取消作战行动而约定的代码。

5:45，拉姆机组的成员开始发动螺旋桨，我们都登上了飞机。

"伙计们，今天我们将炸死一大群鱼。"来自缅因州索科城的卡尔·L.布雷利中士说道。把炸弹一齐投入大海是一种昂贵的捕鱼方式。我们所装载的炸弹要让纳税人破费60000美元。我们在收音机里收到旧金山的广播电台："我希望所有在海外服役的小伙子此时和我们一样的高兴。"播音员说道，"人们都在欢呼雀跃，汽笛长鸣。""哦，"一名机组成员不满地说："他们正在欢庆胜利，而我们却在飞赴战场。"我们是6:07起飞的。

我们飞临日军阵地上空，没有见到白旗。在座舱的尾部，无线电报务员，来自得克萨斯州埃尔帕索的小罗森多·德尔瓦尔准尉正竖着耳朵等待“犹他、犹他、犹他”信号。如果这个信号及时传来，就会挽救一到两个机组的生命，也可能挽救数千熊谷居民。然而这个信号一直没有传来。随着时针的转动，我们越来越逼近敌军海岸。我们不放过任何一条消息，我们耐心地听了杂七杂八的数个小时的广播，目的就是期望播音员突然插播命令我们返航的消息。

日本的海岸线一如既往的黑暗与令人生厌。日本仍处于战时状态，因为在人口密集的东京平原上竟没有一盏灯光。拉姆是向北飞往霞浦湖，然后转一个直角，朝西飞往小城熊谷。事情已经无可挽回，几分钟后炸弹将倾泻到熊谷。

熊谷位于利根河以南 5 英里的一片毫无特色的平地上。用雷达很难测到它的方位。通往熊谷的路仅有两条，一条位于城市正北方向，是横跨利根河的一座宽孔桥；另一条路是位于南面 1/4 英里的一座跨越新河的大桥。雷达观测员，来自伊利诺斯州坎卡基的哈罗德·蔡斯勒及时发现了这两座桥，随之我们开始投炸弹。一阵轰炸过后，便使得整个城市硝烟弥漫。透过若有若无的云缝，我可以看见两架前面的领航飞机投下的炸弹激起一些小火花。

日本人很机警。探照灯光打在我们身下的云层上，两门高射炮向上发出微弱的、时断时续的火力。在该城以北 30 英里，我们发现日本的探照灯和高射炮正在搜寻进攻伊势崎的另一联队的轰炸机。幸运的是，离开攻击目标时仍有 80 架“超级堡垒”随队飞行。我们突然转向正南沿富士山的东部山基飞行，到达海岸线。曾有那么一个时刻，我们仅距东京大约 10 英里，该首都笼罩在一片黑暗之中。我们每个人都松了一口气。我们试图接收到旧金山传来的消息,可惜事未如愿。炮手们拿出他们的妻子和女朋友的照片,说:“但愿这是最后一次,我的宝贝儿。”

这篇文稿是在关岛写成的。它记载了这场战争的最后一次袭击。我们在诺斯菲尔德着陆后才知道这件事。空袭的结果,我们是从跟在我们后边在目标上空飞行的飞行员们那里得知的,漫天的大火吞噬了熊谷和伊势崎。日本对和平协定的迟钝反应使它付出了两个城市的代价。(《纽约先驱论坛报》1945-8-15)

上文最后这一句的内容完全是记者本人的看法,但因为它所依据的是无可争辩的事实,故所这样的评论性羡余信息,毫无多余之感,反而显得水到渠成,顺利成章。

[3] 卖肉个体户黎少钦立章公告群众

短秤一两 赔罚一斤

本报讯 在长沙市浏城桥农贸易市场卖肉的个体户黎少钦最近立章公告群众:短秤一两,赔罚一斤;欺骗顾客卖了猪婆肉,赔偿损失,罚款交公。

黎少钦“一家班”肉担卖肉,顾客要瘦的砍瘦的,要肥的砍肥的,童叟无欺,生意做得不马虎,尤以质好秤足在顾客中赢得了信誉。工商行政部门的同志多次抽查这个肉摊卖出的肉,次次符合他公告于群众的规章。浏城桥附近有个老人,自己和家人到黎家肉担买了四次肉,四次都复了秤,一点不少。老人第五次到黎家肉担买肉时,伸出拇指说:“你算是檀木雕的身子——硬扎!信得过。”信誉赢得了顾客,黎家肉担前经常出现顾客排队等购现象,生意好不兴旺!(《湖南日报》1981-9-1)

上述画线部分分别是对事实蕴含的事理的总结和赞叹，这一羡余的信息点化了新闻的价值所在，加深了读者的理解。

（二）通讯

上文已经指出，通讯中评价性的议论信息，出现较多。但这些带有主观性的信息，同样必须具有被新闻事实所蕴含的羡余性，否则是不易甚至不能为受众所接受。

与消息一样，通讯中议论类的羡余信息可以出现在开头、结尾以及正文中。

1. 开头

就整个宏观结构来说，通讯可以先用议论性的羡余信息开头，给新闻事实定性，后叙述作为其蕴含基础的事实。例如：

[1]临沂出了个王廷江，江泽民总书记说：这个农民了不起！

（通讯，王廷江，好样的！《大众日报》199－5－12）

[2]一滴水能反映出太阳的光辉，一件平常事足以体现我们时代最美好的思想、最高尚的风格。党的教育，在我们心里开出了多少最芬芳的共产主义鲜花？你数不清！这种思想使人们创造了多少共产主义大协作的奇迹？你数不清！但是这种平凡而伟大的事情，却每天都在你的身边发生。现在，就让我们讲一件给你听……

（通讯，为了六十一个阶级兄弟，《中国青年报》1960－2－28）

上述两例，首例以引语方式发出议论性的羡余信息，次例以整个小节定下该通讯的主旨。

2. 结尾

通讯亦可以卒章显义，即在通讯的末尾推出羡余的议论信息。这在人物通讯中比较常见。例如：

[3]部队急行军整整走了一夜，每个战士身上都背着四五十

公斤的重物。而指导员呢，几乎成了一个大包裹：身上装着冲锋枪、手枪、干粮、米袋、雨衣、水壶……还帮别人背了二百多发子弹。且不说六七十斤重的东西压在身上已经够呛了，可他还是照前顾后地做战士的思想工作呢！当战士困了的时候，他就给大家轻轻哼着一首歌《在那桃花盛开的地方》；当战士们累了的时候，他又抢上去帮别人背东西。

指导员，你是一团火，你燃烧了自己，也燃烧着我们每一个人。

（广播通讯，永不熄灭的一团火，云南人民广播电台）

上述文字的第一节是客观信息，刻画了指导员身先士卒、关心他人的事迹。但传播者认为，这样的信息还没有充分展示其崇高的精神境界，第二节又通过暗喻，对客观事实的内涵作形象、明确的揭示和评价，这对于调动受众的感情很有必要，虽然后者的主观羡余信息已为客观事实所蕴涵。这在广播通讯中比较常见。

[4]祖国、连队、家庭，都压在他身上。

这就是一代军人对时代的奉献！

黑脊梁，我们国家、民族的脊梁！（通讯，黑脊梁，《解放军报》1990－11－18）

上述通讯是展现新时期军人英姿风采的作品，体现了浓浓的兵味和绵绵的人情味。在从三个方面充分叙述新闻主人的感人事迹后，用这样的结尾直接发出已经蕴含到位的议论性羡余信息，凸显出了新闻的价值和社会功能。

3. 正文

通讯中的议论类羡余信息，更多的是出现在语篇正文的夹叙夹议中。叙事为议论提供事实前提，羡余的议论是缘事而发，并为事实所蕴含。唯有如此，议论信息才能为受众所接收，亦能留下深刻的印象。如工作通讯中，在叙述了具体典型事实的基

础上,再加上点睛之笔的羡余性议论,就很有说服力。例如:

[5]① 在这里,不妨举"熊猫眼"的改革做例子:有一次,一批外商到扬州玩具厂陈列室参观和座谈,有位客商望着一只"熊猫"的深红的眼球,自言自语地说:"眼球发红,象射出凶光,孩子们会害怕呵!"说话的无心,听话的留意,厂里陪同人员马上把意见反映到加工车间,车间立即给一只"熊猫"换上一对淡色的眼球,送到客人手中,再次征求意见。客商们望着那双柔和的熊猫眼,啧啧赞叹:"很好,很好。你们改得真快!"当场表示要订货。

② 这件事,应当引起所有长期关门造"车"、搞"十年一贯制"的工厂同志的注意。扬州玩具厂的这种工作热情和办事效率,不是应该很好学习,迎头赶上吗?(工作通讯,"小熊猫"为什么能畅销几大洲?)

上述议论的信息有事实为依据,而事实的描述又比较具体,两者直接相关,可以说前者②是为后者①所蕴涵的,是信息复现的羡余成分。

事件通讯中,也可以是在叙事的同时直接插入议论和抒情的主观信息,使得两者水乳交融,合为一体:

[6]由县委打电话向北京求援,到神药从天而降,这其中牵动了多少单位,牵动了多少人。可是这全部复杂辗转的过程,却只用了八个多小时,这是多么惊人的高速度!

(通讯,为了六十一个阶级兄弟,《中国青年报》1960-2-28)

[7]这平陆县与河南省的三门峡市,只隔一条黄河。县北五十里外张村一带,正在修建一条从芮城风陵渡到平陆南沟的省级公路,这条公路是山西全省支援黄河三门峡伟大建设工程的交通命脉。筑路民工都是人民公社社员,干起活来,真叫干劲冲天,有个叫侯永胜的,一个人一天就挑了几百担土。他们展开了对手赛,改革了一系列工具,工效步步提高。更在春节期间,自

愿少休息，打了个开门红的大胜仗。谁想竟发生了这偶然的不幸！这是六十一个多么好的建设社会主义的积极分子，他们的生命有危险，我们能不心疼吗？（同上）

[8]注射剂十分灵效，立竿见影，病人立时止住了疼痛，恢复了神智。医生原来规定，药品不能迟于四日黎明找到，但这药品却在黎明之前就送到了。我们的六十一个阶级弟兄化险为夷了！他们新的更强壮的生命，是党给予的，是同志们用真情友爱救活的。狂喜从人们的心底里迸发出来……（同上）

[9]阶级友爱，情深似海。在我们中间，一个人发生困难，就有上百、上千、上万个素不相识的人，热切地向你伸出手，不遗余力地帮助你……（同上）

上述画线词语，揭示新闻事实蕴涵的意义，富含情感信息，激发了受众内心的共鸣，这样的羡余信息，发挥了感人的力量，提高了接收效果。就表达方式而言，绝大多数是先叙后议，当然也有先议后叙的（如上述最后一个例子）。

综上所述，通过蕴含复现直接强调的羡余信息，在消息和通讯文体中的分布是不平衡的：从量上说，前者较少出现，后者则频率较高；分布位置上，前者较为固定，常见于首尾及导语中，后者则更为自由，可以出现于语篇的各个部分。

二、通过同指复现间接强调的羡余信息

此类羡余信息，就是指传播者利用复现的客观信息，强化新闻事实的特征，以彰显客观事实的价值和社会功能，达到宣传某种观点之目的。

同指复现可以是同一语形的重复出现。包括词语、短语、句子等各种语法形式，可以分布于标题、导语、正文之中。当然也

有异形复指的羡余现象，即通过字面不同的语言成分同指一个语义内容或具体事物。限于篇幅，这儿先讨论前者，对于后者我们将在下面的第三部分专题讨论标题时论及。

1. 词语的复现羡余

先看同形词语的同指复现羡余。标题中一般比较少见，如名词、数词等。复现的名词一般是涉及新闻事件价值的关键性事物。例如：

[1]**水，水，水！**

鼠场“滴水贵如油”，群众切盼泉水叮咚（消息标题）

[2]**凤凰 凤凰 更漂亮**

上海自行车三厂贴花小组开展竞赛取得优秀成绩（消息标题，《新民晚报》1982－12－17）

这儿是名词的同指复现。首例，“水”的复叠羡余，进一步突出了鼠场乡群众盼望心情之迫切，达到间接呼吁有关部分解决燃眉之急的宣传功效。次例，报道的是自行车厂贴花小组的竞赛，车的商标是“凤凰”，该名词的复现羡余，与副题的表述紧密配合，引发关注，表达了报道者由衷的喜爱、赞美之情。

数词是表示数目或次序的词，量词是表示事物、动作计算单位的词。它们两者常常合用。在新闻语言中，数词尤其是数字，是表述事实精确性和真实性的重要手段；同时，通过数字也能凸显人物和事件的特征，借以间接表明传播者的导向信息。消息、通讯中均有使用，前者更多一些。例如：

[3]**从“1”到“380”**

76年前，交大诞生了上海高校第一个党支部，当时只有4名党员；如今，上海交大已有380个党支部，5699名党员。交大早期共产党人“振兴中华，发展民族工业”的誓言激励着一代又一代交大人，并形成优良传统。

（通讯标题，《文汇报》2001－5－19）

上例两个数字的复现羡余，清晰简要地说明了交大党支部的发展历程，间接表达了交大党组织的光辉业绩。

通讯正文中，亦常有数字的复现。例如：

[4]公元 2009 年，10 月 1 日。中国，北京，长安街。

清晨，东方，从古观象台一路向西，8000 多名官兵和 500 多辆战车绵延 2 公里多，像一条凝固的铁流，等待着国庆 60 周年阅兵的庄严时刻。

上午 10 时，天安门广场，56 门礼炮齐鸣 60 响。人民英雄纪念碑下，200 名国旗护卫队员拱卫着五星红旗，迈着 169 个正步走向国旗杆基座。

169 步，寓意从 1840 年鸦片战争至今 169 年的不平凡历程。

169 年，为了祖国的独立、民族的解放，多少英雄儿女血沃中华！

（今天，我们豪迈受阅，《解放军报》2009－10－2）

上述例子中，“169”多次复现，强调了人民军队的辉煌历史和中国国防力量逐渐强大的沧桑巨变。

2. 短语或句子的复现羡余

新闻语言中，也有以短语或句子的同形形式复现羡余信息的。较多的是以引语方式使用的。按照它们出现的频率，可以分为间隔复现和连续复现两类。间隔复现可以分别出现于标题与导语、标语与正文、标题与结尾之中，也可以出现于正文内部。连续复现一般出现在正文内部。

（1）标题与导语

[1] **“伏契克是英雄的共产党人”**

盖世太保监狱看守的证词

新华社布拉格（1990 年）8 月 26 日电 “我用生命担保，《绞刑架下的报告》确是伏契克在狱中所著","伏契克是英雄的共产党人"。

一位当年在关押伏契克的盖世太保监狱服务的捷克看守雅罗斯拉夫霍拉最近这样强调指出。

……

[2]**国际奥委会医学委员会主席说,在北京没必要戴口罩**

在今天(2008年8月5日)晚上举行的国际奥委会新闻发布会上,国际奥委会医学委员会主席林奎斯特说,北京的空气质量不会对运动员造成任何的伤害,在北京没必要戴口罩。请听记者曹力的报道。

林奎斯特主席向记者们介绍了国际奥委会医学委员会在北京独立开展的空气质量监测情况:

【林奎斯特:(翻译)从7月27号奥运村开幕以后,这种测试就开始了,现在有27个监测站进行这种测试,臭氧也包括在内。我们感到鼓舞的是,没有发现对运动员在北京比赛会造成任何的健康的危险。】

发布会上,有记者提问:

【记者:(翻译)我来自于路透社,我们今天看到的情况,美国运动员到达了,他们戴着口罩,您觉得有必要吗?从奥委会的角度来说,您觉得这么做是否有助于奥运会?

林奎斯特:(翻译)我自己也不会戴口罩,不管我是不是运动员,坦率地说没有这个必要,但对于有哮喘的人他们确实得这么做。】

林奎斯特还介绍说,在美国代表团出发的当天,美联社做了自己的测试,发现在当天的测试中,北京的空气质量比纽约好得多。(整点快讯,北京人民广播电台2008-8-5)

上述首例的消息是一篇政治新闻，巧用确凿的当事人的引语复现于标题与导语中，借他人的嘴巴为自己代言，将新闻的客观性与鲜明的倾向性巧妙地结合起来，得出无可辩驳、名垂青史的结论，羡余手段的使用充分发挥了新闻的社会功能。次例是一篇客观且充满正义感的报道，以特有的方式回击了某些西方人丑化中国、抹黑中国的举动，维护了奥林匹克团结友谊、公平的精神。突出这一新闻价值的最有力的事实，就是用医学权威人士的语言证实"北京空气质量没有问题"，并采用文字及同期声方式，也是三次复现羡余信息，强化了证据的真实性，维护了我国的国际声誉。

(2) 标题和正文

[1]　　　　**"团结起来，振兴中华！"**

新华社 1981 年 3 月 21 日电　20 日夜，北京大学校园沸腾了。

深夜，广播里传出了好消息：中国男子排球队在争夺世界杯排球赛亚洲区预赛的关键一战中，先输两局，奋起直追，扳回 3 局，终以 3 比 2 战胜南朝鲜队，取得参加世界杯排球赛的资格。

守候在收音机旁的北京大学的学生们欢跃雀跳，11 座宿舍楼的 4000 多名学生不约而同拥出房门。顿时，在楼群间的空地上，欢呼声、口号声此起彼伏，一浪高过一浪。

"祖国万岁！"

"中国万岁！"

"团结起来，振兴中华！"

"向我国排球健儿致敬！"

人们热情飞扬，心里乐开了花。有的一个劲儿地敲起了手鼓、响铃；有的找来废木棍和别的什么燃起了火炬。

突然间，有幢楼的三层窗口还有人挂出了大幅标语，赫赫然四个大字："中国万岁"。可爱的青年们，翘首欢呼，热烈鼓掌。

不知是谁提议："我们游行吧！"

于是，浩浩荡荡的队伍以红旗为先导，从学生宿舍开始向未名湖进发。口号声和鼓声划破了夜空，熊熊火炬映红了湖水……

游行队伍回到宿舍区，有一个同学提议："我们一起来唱国歌吧！"

这时，38 号楼 3 层窗口传出了嘹亮的铜号声，吹起了中华人民共和国国歌的前奏。

国歌，人们唱了一遍又一遍，唱了好几遍。庄严的歌声在校园回荡，青年们的心中洋溢着对祖国的伟大的爱。

中华正在振兴，祖国正在崛起。

中华体育健儿近日连连为祖国争光，他们在一系列国际比赛中所表现的精神风貌和高超技艺多么激动人心啊！

我们中华民族"有自立于世界民族之林的能力"。

"团结起来，振兴中华！"

这是富有光荣革命传统的北大学生的喊声。（消息，《人民日报》1981－3－22）

[2]　　女排奏捷　场面感人

荣高棠大叫：郎平不要哭，要笑！

羊城晚报洛杉矶(1984 年)8 月 8 日急电　当中国女排的张蓉芳最后一击，中国队以 3∶0 将美国队打败后，在现场观战的中国代表团顾问荣高棠、路金栋、黄中以及中国香港知名人士霍英东先生都跳了起来，冲出贵宾席，向中国女排祝贺。中国姑娘们兴奋地互相拥抱。

荣高棠大声叫：郎平不要哭，要笑！荣高棠对记者说，相信全国10亿人都注视着这场比赛。女排姑娘们没有辜负祖国人民的期望，出色地完成了任务。霍英东先生说，中国女排太出色了。3∶0直落取胜，是最大的光荣。这面金牌分量特别重。

（消息，《羊城晚报》1984－8－8）

［3］ **“海南的救命恩人，让我摸摸你们的脸”**

本报四川北川（2008年）5月15日电　15日上午10点37分，四川省绵阳市北川县地震灾区夏禹电力公司的一堆废墟上。当誉欣终于获救时，废墟上守候的人群响起一阵欢呼掌声。誉欣永远无法忘记这一时刻——被埋在坍塌建筑68个小时，当她绝望时，来自海南的地震紧急救援队冒着生命危险，为她打出一条生命通道。

誉欣被救出后，救援队员担心强光刺激她的眼睛，马上用布盖在脸上。誉欣躺在担架上十分激动，由于双眼被蒙不能亲眼看到这群救命恩人，她只知道这是来自海南的救援队。她一边哭着一边说：“海南的救命恩人，让我摸摸你们的脸！给我留个电话，我一定会去海南感谢你们。”

……

（消息，《海南日报》2008－5－16）

［4］ **“我要做一个诚信的人”**

……

“我能还。只要我活着，一定会一分不少地还给你，你放心。我吴兰玉虽然很穷，但也要明事理、讲良心，我要做一个诚信的人，对得起大家！”吴兰玉承诺道。

……

（通讯，《宾团日报》2008－11－13）

上述四例，新闻人物引语分别出现于标题与正文中，并通过信息复现羡余的方式凸显了新闻主旨。首例三次出现新闻人物的语言,突出了整个事件的新闻价值,也强调了其宣传功能。次例的引语,画面感十分强烈,将女排姑娘夺冠后喜极而泣的激动场面活灵活现地展示出来,让受众身临其境,现场气氛和人物的激动之情表现得淋漓尽致,感染力极强。第三例的引语,体现了地震发生后的幸存者被救后的真情感言,表达了救援队的英雄之举与幸存者的感恩之情。朴实的言语深化了新闻事件的社会意义,起到了鼓舞引导人们坚定信念、稳定人心的积极作用。末例记述了吴兰玉老人用9年时间拾荒还债的故事,其蕴含的精神实质,以她的一句话来概括,那就是通讯的标题,其丰富的内涵体现了中华民族的传统道德"诚信",体现了正确的舆论导向,对受众很有号召力。

(3) 标题与结尾

[1] 11月14日,友谊关见闻——

"战士永远是和平的使者"

……

人民没有忘记边防军人对和平的贡献。五连哨所前几天一次就收到从祖国四面八方寄来的慰问信170多封。记者在祖国亲人赠送的吉他上见到这样意味深长的赞语:"卫国戍南疆,凯旋在子夜。"指导员王定升深情地对记者说:"默默在凯旋,才不会打扰人民的安宁。战士永远是和平的使者!"(消息,《解放军报》1991-11-22)

[2] 这段历史我作证

——阿沛·阿旺晋美参观西藏档案馆

……

阿沛副委员长走出档案馆,一字一顿地对记者说:"西藏从

黑暗走向光明、获得和平解放的这段历史，我可以作证。”（消息，新华社 1991-6-8）

[3] 温总理与我们一同吃盒饭

……

温总理离开了该厂，留给职工的是美好的回忆。直到第二天下午，女职工吴红艳还沉浸在幸福中，她激动地对记者说：“温总理与我们一同吃盒饭，使我们真真切切地感受到他是位亲民总理。我们永远忘不了这件事，也永远忘不了这一天！”（通讯，《山西工人报》2006-3）

上述文字中，引语均以信息复现羡余的方式分布于标题和结尾中。首例凸显了“离开”这一客观事件的新闻性，亦是传播者的宣传意图所在：和平显示出军人的价值。次例报道阿沛·阿旺晋美参观西藏档案馆的事件，展现了一幅西藏的历史发展画卷。使用的引语因为有参观现场情景的报道事实为据，阿沛的话显得格外铿锵有力，为传播者代言了宣传意图和目的。末例小通讯反映的是人民总理人民爱、总理与人民心连心的故事。引语的复现，直接反映了一位普通人物的心声，有力地表达了小事中的价值意义，即“一滴水折射出了太阳的光辉”。

(4) 正文

正文内部引语的同形复现羡余，可以连续出现，亦可间隔出现。钱冠连(2002：156)指出：“言语交际中，存在着言说者的功能性过剩信息，当其处于特殊的心理动态和情绪之中，他会不由自主地多给信息，或出于某种目的而多给信息。”我们认为，此类羡余信息本身没有言外之意。但在新闻传播中，传播者却经常利用相关当事人原生态的引语反映客观事实的特点，强化、突出新闻价值，借此表达传播者的意图和目的。如广播、电视现场新闻中的引语形式，就常常通过同期声[①]（有时辅之以解说词）中同形重复的言语，反映了新闻人物的心理状态和情绪，借以凸显新闻事件的价值。主要的情绪类型有：

1）激动兴奋

[1]……

[画面]天安门广场和长安街上欢呼的人群（全景）

一张张笑脸（特写）

[解说]这是一个欢呼雀跃的激情之夜。北京沸腾了！中国沸腾了！欢乐属于每一颗中国心。

[同期声]1. 很激动，很激动，很激动！

2. 非常自豪，中国万岁！北京万岁！

……

此时此刻，在北京的每一个角落，在广阔的中华大地，亿万颗心向世界敞开胸怀，亿万中国人心底的热望汇聚成一个共同的声音：

[同期声]

1. 中国万岁！中国万岁！

2. 欢迎到北京来！[同期声止]

（消息，"7·13"——申奥成功日　万众欢腾时，北京电视台 2001-7-14 首播）

上例画面同期声的羡余信息，包括了北京地区对申奥成功的欢庆，由此映射出全国各族人民对北京申奥成功的喜悦、自豪和爱国主义激情。此信息具有强化新闻价值的功用。

---

① 同期声，是指传播者在拍摄人物讲话的现场同期录下的讲话声和现成背景声。转引自严三九《新闻传播精品导读》（广电卷），复旦大学出版社，2004 年版，第 309 页。

2）安慰、激励

[2]　**温副总理带灾区孩子上课**

陕西南部遭受百年不遇的特大洪灾后，国务院副总理温家宝6月21号赶赴重灾区佛坪县视察灾情。在长角坝乡沙坝村临时教学点，看望遭灾不停学的师生们。

[同期声]

温家宝：你现在教的这个班还是你原来的班吗？

教师：也有我原来的班，也有中心小学的班。

温家宝：噢，混合编班，混合编班。你的学生少了多少？

教师：我的学生，我原来的学生少了两个。

教师：这两个连同他们的家人一起被冲走了。

长角坝乡乡长：受灾后①第三天他就辛辛苦苦把学校复课了。

温家宝：这是临时做学校教室的？

温家宝：然后①三天你就叫孩子复课了？

教师：嗯。

温家宝：不容易呀。

温家宝：妈妈没有了？

学生：嗯。

温家宝：爸爸还在吗？

学生：在。

温家宝：你还有哥哥吗？

教师：没有，他有两个姐姐。

温家宝：姐姐还在不在？

教师：在。

温家宝：别哭啊，你看，你看，老师就②像你妈妈一样。

温家宝：啊。

教师：你别哭，我会②像妈妈一样照顾你的，好不好？

教师：好吧，我会②像妈妈一样照顾你的。

温家宝：这些孩子，会懂事早。

温家宝：好好教育，他们会成长得更好。

温家宝：③几岁了呢？你今年③几岁了？

教师：③还不到12岁。

温家宝：③还不到12岁。

温家宝：谢谢你，老师，这是你写的吧？

温家宝：师生同心共渡难关。

温家宝：越是在困难（中）成长的孩子，越有出息。

温家宝：希望你们好好学习，长大一定能成栋梁之才。

温家宝：我领着大家念：

温家宝：④我是中国人，

学生：④我是中国人，

温家宝：④我爱中国，

学生：④我爱中国，

温家宝：④我要克服重重困难，

学生：④我要克服重重困难，

温家宝：④为重建我的家园而努力学习。

学生：④为重建我的家园而努力学习。

这是本台报道的。

（陕西电视台2002年6月24日）

上述新闻极其逼真地记录了温副总理在灾区考察的情况，尤其是同期声运用流畅自然，层次清晰，其中同形复现的羡余信息集中于四个方面：肯定老师工作的热情，亲切询问失去亲人的孩子的家庭情况，安慰他们孤独的心灵，领着大家读课文。这些看似重复的信息，有力地突出了新闻的价值，反映了党中央国务院对灾区的慰问和关心，并由小小的教学点里那铿锵激昂的同期声传给灾区的广大干部群众，有力地表现了中央与人民同心竭力，不畏艰难，鼓起勇气为重建灾区家园而奋斗，并由此激发起所有中国人强烈的爱国之心和自强意识。这就是羡余信息强化新闻社会功能的威力。

3）畏惧敷衍

[3]画面：井口遇上矿工

[解说]

但是，记者在矿上碰到了一位刚刚收工的矿工，他反映的情况却令人震惊。

[同期声]

记者：有没有人死呢？

矿工：死了。

记者：那些尸体现在在哪呢？

矿工：尸体在隆井底下。

记者：现在还在隆井里面？

矿工：你不要讲，讲了①我挨打，我挨打过。

……

画面：拉甲坡矿家属区

[解说]

为了探究事实真相，第二天，记者再次来到拉甲坡矿采访。这一回，几乎所有的矿工和家属的②回答都是一致的。

[同期]

记者：你知道（有人伤亡）吗？

矿工：②不知道。

矿工家属：②不知道。

记者：说嘛，③不要怕。

记者：你们③不要怕，你们那些兄弟不能白死啊！

矿工：我们②什么都不懂，只懂得喝酒了。

矿工：我才刚来这几天，我是新来的，刚来的，②不知道。

画面：棚户区内部发现跟踪者

[解说]

不说有，也不说没有，而说②不知道。矿上人员的态度令人生疑。在采访过程中，记者还发现，一直有一些冒充矿工的人在进行跟综监视。

[同期声]

记者：③为什么，我们发现已经在很多不同的场合你③一直跟着我们？

暗探：④没有啊。

记者：没有吗？

暗探：④没有。

记者：你在看我们，我们也一直在看你的。

[同期声]

记者：③为什么一直跟着我们？

暗探：没有什么，④想看一下子。

记者：你一路都在看？这屋里的两个人又不认识你。

暗探：不认识，我④在这里看不行吗。

（电视新闻专题，南丹“7·17”事故初探，广西电视台 2001－8－7）

上述文字，是调查性新闻报道的同期声片段，画线内容为羡余信息，体现了调查工作的复杂性和求取真人真事真话和真的物证的重要性，提升了新闻价值和社会关注度。第①②处的矛盾语言揭开了事故发生后有关人员隐瞒后的黑幕情况的严重性，③④处体现了记者和暗探之间的机智较量，取得了第一手的材料，使得调查进一步深入，整个报道更加鲜活，提高了新闻事实的可信性，表明了事故的复杂性。①②④处的复现羡余信息，集中反映了矿工的畏惧心理。

4）激愤谴责

[4][同期声]

朱福来："北约为什么要炸我们的大使馆？为什么？为什么要杀死我的女儿和女婿？现在我到这来，只能看看死了的女儿和女婿。我只能捧着骨灰盒回去。"

（朱颖父亲痛悼女儿女婿，央视 1999－5－10）

此段代表性人物的个性化的语言运用，尤其是几个"为什么"的叠用，这一羡余信息，感人肺腑，催人泪下，在观众心中产生了强烈的愤怒谴责北约的情感共鸣，大大强化了报道的传播效果。

5）同情热心

[5] **农民工买买提明的心愿**

[导语]5月16号，买买提明·热介甫一大早就准备行囊，他要去汶川地震灾区捐款、捐物，并且要做一名志愿者。

[同期声]买买提明·热介甫

"天天电视看，四川灾害——太大了，太大了……，我们心里很难受，很难受……"

[正文]2006年初，买买提明带着妻子和三个孩子，从和田墨玉县芒莱乡来到乌鲁木齐务工，在建筑工地干活。五口人住在不足三十平米的出租屋里。两年多的时间里，他们省吃俭用，

把钱都存在从旧货市场买回的保险柜里。

[出境]记者热娜

"我们可以发现这个保险柜里有一个小洞,买买提明将每天省下的10元20元卷成一个小卷,从这个洞里塞进去。"

[正文]汶川地震发生后,买买提明从电视上看到灾情十分严重,决定为灾区捐上一万五千元。但是,保险柜里只有一万多元,为了凑够一万五,妻子和他一起想办法。

[同期声]买买提明的妻子阿米娜(维语、汉语译文字幕)

"他挣钱也不容易、很辛苦,这次我很理解他,准备了11000元,还缺点,我就把母亲送的耳环、项链、戒指卖了4000元,我也是一个母亲啊!"

[正文]知道买买提明·热介甫要去汶川地震灾区的消息后,父亲热介甫特意从一千八百公里远的墨玉县芒莱乡捎来家乡的特产葡萄干和核桃。

[同期声]买买提明·热介甫

"这个核桃,这个葡萄干,我爸爸农村带来的,我爸爸说那个东西四川送去,我自己送去。"

[同期声]乌鲁木齐市大湾南社区干部　克尤木·阿不力米提

"买买提明·热介甫已经到我们胜利路街道办事处大湾南社区来了三次。他有两个愿望,一个愿望他把自己的一万五千块钱捐给灾区,他第二个愿望,他非要亲自到灾区去,为灾民服务和帮助。"

[同期声]买买提明·热介甫

"钱要去!我也要去!一定要去!帮助——他们!"

[正文]一起来乌鲁木齐务工的哥哥卡德尔也非常支持

弟弟。

[同期声]买买提明的哥哥　卡德尔(维语、汉语译文字幕)

"就像我们被压被埋一样,我也想去帮助,我们两个都去了,家里小孩没人照顾,我留下来,让弟弟放心去灾区帮忙,一个月,两个月,多久都行,抬伤员、送水、送饭,尽全力干好、干完,再回来。"

(新疆新闻联播,新疆电视台 2008-5-17)

上述文字中,买买提明的父亲带来的东西,两次提到"爸爸";妻子将心比心的行动,两次提到"母亲"一词;"太大了"、"一定要去"等复现的羡余信息,有力地凸显了各族人民大家庭同呼吸、共命运,心手相连的炽热情感。

[6][同期声]

陈金妹(宁波夏彗文明车队司机):喂,你刘师傅吗?你段塘中路哪个位置啦?

解说:这位开出租车的大姐是宁波夏彗星文明车队的一位老司机,名叫陈金妹,今天她心急火燎要去接的客人不是什么大客户,而是一位想去光明电影院看电影的盲人。

[同期声]

陈金妹:你是刘师傅?

刘小毛:没错。

陈金妹:你好!

刘小毛:上次来的不是你?

陈金妹:不是我。

陈金妹:门我帮你关上了,放心好了。

刘小毛:手帮我拉着点就好了,拉着点我就能走了。

陈金妹:那走<u>慢一点,慢一点</u>。

……

解说：气象台记录今天的气温是零下 2 度，的姐陈金妹惦记着刘小毛，带着些年货去他家看一下。

［同期声］

陈金妹：小毛！

刘小毛：来了。

陈金妹：慢慢来好了，走路当心点，慢慢来好了。

刘小毛：姐，那么冷你还过来。

陈金妹：很冷哦。

陈金妹：里面来里面来。

解说：陈金妹在这大半年里已经不下 10 次到过刘小毛家，除了接送他去光明电影院，更多的就是这样嘘寒问暖。（新闻专题片，光明电影院，宁波电视台）

上述画线部分复现的羡余信息，洋溢着浓浓的爱，真切的情和融融的暖意，体现出新闻主体人物司机陈金妹对盲人刘师傅无微不至的关心。

总之，广播、电视新闻同期声中的复现羡余信息，对凸显新闻人物及事件的特性，间接反映传播主旨可以起到十分重要的作用。

至此为止，我们讨论了新闻语言中通过（同形）同指复现间接强调传播者主观意图的羡余信息，与以蕴含式复现直接强调的羡余信息相比，两者在信息内容、数量和表达方式上均有所不同：前者为客观信息，后者为主观信息，且前者的羡余信息量较少，语言形式更短，表达方式亦更为单一。就新闻传播强调主观导向功能的效果来说，我们认为借助于同指复现的羡余方式更符合传统习惯，亦容易为受众所接受。

三、标题中新闻要素信息复现羡余的个案研究

就新闻标题来说，通常认为，从标出的新闻要素上看，消息与通讯有所不同。消息的传播功能主要是概括新闻事实，必须标出主要要素，如"何人"、"何事"不可缺，但并不苛求齐全；而通讯则不必拘泥于事实要素的出现，它可以是包含多个要素的实题。例如：

[1]**赵荣琛教授台北机场停留记**(《北京日报》1982-2-28)

也可以是抒情题、评论题等，仅包含少数要素甚至可以没有要素：

[2]**柏坡岭上叙衷情**(《河北日报》)

[3]**爱心满人间**(《楚天周末》)

在标出新闻要素这一点上，通讯比消息灵活自由得多，以切题引人关注为宜。就某一条新闻而言，由于涉及新闻事实的各个要素对体现新闻价值和社会功能的作用不一样，具体的编码制作中就必须突出某个要素，而采用信息复现的羡余手段就是达到这一目的的手段之一。本节将以标题中新闻事实的六个要素为对象，考察消息、通讯两种文体各自通过羡余手段予以强调的方式。

新闻标题有单一、复合类型之分，后者由多行标题组成，就报刊新闻来说，具体包括引题、主题和副题。通常引题交代、说明相关的背景、意义、目的、原因、气氛、性状等，引出主题，具有引导、说明、烘托或渲染功能；主题是新闻中最重要或最引人注目的事实和思想，属于最主要的部分，副题是用事实对主题作出补充和解释。(郑兴东、陈仁风、蔡雯 2001：144—153)组成复合标题的三类标题各司其职，各有侧重，彼此又有相同、相通之处。

报纸标题占有的空间是寸金之地，特别是主题，作为核心部分尤为珍贵，如何安排，涉及到主观信息的传播和导向意图。标题所写的事实，可以是单个或多个，而事实的要素有六个，各部分的新闻价值不可能相同，能进入主题的一般是“何人”、“何事”，尤其是反映重大事件的新闻标题。但在某些情况下，其他要素也可以置入主题之中。

试比较下面的标题：

[甲]珠江三角洲引进外资办厂取得新鲜经验

建厂速度惊人 投产马上收益

中指委办公室指出，“时间就是金钱，效率就是生命”，这应成为经济工作重要指导思想

[乙]全国一切从事经济工作同志共同的重要指导思想

时间就是金钱 效率就是生命

中指委要求各地认真学习珠江三角洲引进外资办厂经验

上述甲题，突出的是珠江三角洲引进外资办厂的具体经验：“建厂速度惊人，投产马上收益”，乙题突出“时间就是金钱，效率就是生命”这一口号，并在引题中明确指出，这是“全国一切从事经济工作同志共同的重要指导思想”。对同一个新闻事件，甲乙两题分别通过加点和画线词语的同指复现（这儿是异形同指），尤其是将有关信息置入主题位置，突出了不同的内容，表现出传播者对同一新闻事实的认识，强调的意图不一样，评价有高低。

可见，围绕新闻事件的有关信息，只要通过羡余手段，将它们分别置于复合标题中的不同位置，传播者的意图就能得到不同程度的显现。新闻要素亦然，被强调的内容可以是主体（人物）、事件、如何、原因、时间、地点等六个要素（简洁地说，亦可将

如何、原因两要素视为事件要素的细化,而归到广义的事件要素中,称为四要素)。下面依次讨论新闻标题中各新闻要素羡余信息的构成方式、分布位置。

(一) 构成方式

新闻标题中新闻六要素信息的羡余构成方式,主要是同指复现,包括语义信息的异形同指和同形同指两类。即分别通过字面不同、字面相同语言形式的同义信息复现,构成羡余。前者属于同义语符的复现,后者是同一语符的复现,即修辞上的反复。下面依次讨论。

1. 异形同指的羡余

此类具有羡余性质的语义信息,包括了新闻事实的主体(人物)、事件、时间、地点等要素。

(1) 主体(人物)

反映主体(人物)要素的信息复现,是指两个异形的语言单位均指向该主体(人物),使其得到强调。这类同指有连续同指,也有间隔同指。

连续同指通常是主体(人物)的属性加上其名称。同指的语法成分可以是两个名词性成分,也可以是名词性成分加上代词性成分。

1) 两个名词性成分构成的同指羡余

同指羡余的两个成分可以是"身份"+"主体(人物)姓名(名称)"。这儿的身份可以是职务:

[1]**市长吴官正"微服"私访备尝旅客之苦**(消息,《长江日报》1985-3-17)

[2]上海市市长徐匡迪表示

上海决不牺牲环境（消息，《厂长经理日报》1996-5-28）

[3]**克林顿总统公开重申对台“三不”承诺**（消息，新华社1998-6-30）

[4]厂长王泽普用好百分之一职工晋级权

撤销成命　奖勤奖优　不搞特殊（消息，《辽宁日报》1984-11-27）

可以是职业：

[5]**战士李向群为抗洪抢险捐躯**（消息，《湖北日报》1998-8-25）

[6]**农民李贵兴步行17天赴京捐款**（消息，《齐鲁晚报》1990-5-10）

[7]**青工冯杰作出了感人的抉择**（消息，《锡钢报》1989-3-25）

[8]**专业户王求晓夫妻双双考上大学**（消息，《江西日报》1988-8-8）

在同指羡余的两个单位的位置排列上，先出现的称谓常常显著性较强，是强调的对象，而第二个称谓一般可以省略。上述例子中加点的词语均可不出现，而不影响新闻价值。例3比较特殊，“克林顿”是名人，已具有较强的显著性，而“总统”却不一定。当然在美国解读此新闻，人名和职务都具有显著性，两者任意一个都可以省略，而在中国，“总统”不具有显著性，可以不出现，因而标题将其置后处理。总之，不可省略的是能突出新闻价值的信息，上述例1、2都将“市长”置于标题之首，突出反映了领导对民生的关心。例4“厂长”不可省，表明了领导秉公办事等。上述所有本可以省略的人名之所以出现，均表明了媒体对他们行为的肯定。例5—8的标题，同指羡余的相关成分都没有显著性，作为草根阶层，“位卑未敢忘忧国”，他们的行为令人敬佩。而这也正是新闻性之所在：“平凡中见伟大”，两个同指成分一起出现，既突出了平凡，又体现了媒体作为见证人，意欲将他们载入史册。

有时职业称谓前加上的某一性质的限定（加点词语），增加了新闻主体的显著性特征：

[9]**著名漫画家张乐平光荣入党**（消息，《文汇报》1979－4－29）

[10]**名演员白云自杀**（消息，法新社 1982－8－30）

此类特征，通讯中出现更多一些，常见于副题：

[11]**访上海资本家荣毅仁**（通讯，新华社 1956－1－19）

[12]**为了周总理的嘱托……**——记农民科学家吴吉昌（通讯，《人民日报》1978－3－14）

[13]**乡土奇葩**——记农民企业家鲁冠球（通讯，《人民日报》1986－4－10）

上述例 9—10 的两个标题，人名的新闻显著性强，需保留。其前面的职业可以不出现，但同时出现既有强调作用，也可以为受众提供背景信息。例 11—13 则是同指羡余的两个称谓均无显著性，须一起出现才能体现出对主体（人物）的强调。

身份也可以是一种荣誉、政治身份及社会地位①等：

[14]**劳模马学良嘉奖乡亲促进双文明建设**（消息，《宁夏日报》1988－2－22）

[15]**人大代表张银莲敢说真话**（《人民日报》1986－11－26）

[16]**世界冠军容国团**（通讯，《新体育》1959－8）

[17]**毛泽东先生访问记**（通讯，《延安一月》1944）

[18]**金山同志追悼会在京举行**（消息，新华社 1982－7－16）

---

① 少数通讯标题中，主体（人物）之外的另一称谓与血缘、性别有关：

痛失我的外祖父拉宾（通讯，《信息大观园》1996－8－24）

导师母亲（通讯，2013－05－10 舜网）

上述标题中的加点与画线词语构成同指，加点词语不能省略，例14—16中的身份词语反映了新闻点，必须出现，而另一个成分（姓名）可以略去。例17—18的身份词语虽是可有成分，但出现后可以增加一定的主观信息。如“先生”一词，淡化了政治色彩，体现了媒体的中立态度，一种视新闻主体（人物）为民主人士的情感，衍生出客观真实的信息。正是这一点反映出共产党人朴实正直的性格。“同志”二字具有导向价值：体现了党的知识分子政策。新闻主人公“金山”是文化艺术界人士，是国家的宝贵财富。

还有一些与主体（人物）同现的是带有某种特殊属性的称谓，带有很强的显著性，其后的人名似可省略：

[19]**活着的黄继光杨朝芬**（消息，《解放军报》1979－2－23）

[20]**白卷“英雄”张铁生**（通讯，《南方人物周刊》2012－6－1）

[21]**“十机部长”苏善和成为深受农民欢迎的农机专业户**（消息，《新华日报》1986－5－19）

[22]**“小巷总理”邓菊梅**（通讯，《西安日报》2011－5－24）

通讯中此类同指羡余的成分较多地用在副题中：

[23]**追求**

——记社会主义实干家、优秀知识分子栾茀（通讯，《光明日报》1981－3－26）

上述例19、20的称谓已有足够的显著性，因而姓名可以不出现。例21的两位主人公都是基层人员，特殊称谓必须出现：“十机部长”是农民对主人公的爱称，包含了“热情服务”的属性。“小巷总理”，是小区居委会主任的别称，以示该职务在基层具有的举足轻重不可替代的地位。所有这些称谓与姓名同现，表明了传播者对他们个人品质的赞扬。由于特殊称谓使用频率尚不高，故人名必须出现。例23副题中的同指羡余成分有三个，画线部分似可略去一个，但全部出现有强调其品质高尚的主观意图。

再看间隔同指。同指羡余的成分“称谓1”、“称谓2”一般分布在注释性的判断结构[①]中，注释性的标记一般是破折号、冒号、逗号等标点或空格。

[24]**于景珑**——专跟脏乱差较劲的博士（消息，《北京晚报》2002-9-8）

[25]**马可尼，“真正的地球村英雄”**

意大利纪念无线电问世100周年（消息，路透社2001-12-12）

[26]**翼龙：史前动物中的怀特兄弟**（消息，路透社2002-7-21）

[27]**营业员卖花成行家**——人称“玉兰花”（消息，《工人日报》1983-3-21）

上述这类同指羡余，一般“称谓1”是主体（人物），“称谓2”是带有属性的成分，最后两例的称谓2，是比喻中的喻体，这正是新闻显著性之所在。如例24，“博士”，一般从事比较专门的学科研究，不太愿意或很少跟脏乱差等现象有接触，这样的标题就有反常的显著性特点。由于间隔同指分布在一个判断或动态的陈述句中，故两个称谓都不可省略。

通讯中的同类标题，使用比喻的要多一点，出现破折号也更

① 注释性的结构中，还有同一和总分两种类型，前者是具体和抽象的关系，后者是总说和分说的关系，都可以用“是”字句来连接：

我国8亿农民搞饭吃的旧局面开始发生了变化（消息，新华社1983-2-22）

吹卖嫖赌贪“五毒书记”为何官场平步青云（通讯，《南方周末》2002-3-22）

上述两例可以分别转化为：“旧局面”就是“我国8亿农民搞饭吃”、“五毒”就是“吹卖嫖赌贪”。

常见，而且还有三次同指（即称谓1，两个称谓2），复现主体（人物）的羡余信息，间隔分布的也较多，带有属性的称谓分布更为灵活，大多位于前部：

[28]**人民信赖的建房人——范玉茹**（通讯，《中国青年报》1999-6-14）

[29]**5岁的苗苗**

——一个艾滋病小患者的故事（通讯，新华社2004-11-28）

[30]**中国市场：人人都想分享的蛋糕**（通讯，《三联生活周刊》1999-17）

[31]**"冒富大叔"**

——一位普通社员的风格（通讯，《中国农民报》1992-10-21）

[32]**当代毕昇**

——记两院院士 王选（通讯，《光明日报》2002-2-1）

[33]**最鲜艳的花朵**

——记草原英雄小姐妹 龙梅和玉荣（通讯，《人民日报》1964-5-19）

[34]**戈壁的女儿**

——记北京籍退伍战士、全国新长征突击手 张一平（通讯，《解放军报》1983-1-10）

[35]**党的好干部　人民的贴心人**

——追记新时期领导干部的楷模、优秀少数民族干部牛玉儒（通讯，《人民日报》2004-11-26）

上述例子中，前5例是两个称谓语构成同指羡余，余例均为三个以上，陈述了主体（人物）的多个背景信息，凸显了人物品质的可贵。

2）名词性称谓和代词构成的同指羡余

这类代词，可以是人称代词。通常名词性成分在前，继之以第三人称代词，构成同指复现的羡余：

[36]**农民刘春生建碑林呼唤环境美**

他耗资3万元，用时3年，刻碑45块，立于路边、山上

国家环保局推荐他为联合国"环球500佳"（消息，《辽宁日报》1993-12-10）

[37]蛛网厚尘　霉黑霉绿　刀镊生锈

什么诊室？把它封了！

广州一批无证行医医疗点昨天受罚（消息，《羊城晚报》1996-1-12）

上述标题，人称代词复指先行的名词，同指羡余的使用，可以进一步引导受众关注需要褒贬的对象，情感分明，表达了传播者的态度。

（2）事件

事件是新闻六要素中的主要成分之一，也是最复杂的。这儿分析广义的事件要素。为强化相关特征，可以通过事件中动作行为本身，动作行为的经过、客体等信息的复现羡余手段。如果是非动态新闻，事件也可以是一种现象。下面依次讨论。

1）动作行为

复现相关要素信息构成同指羡余的强化方式有三类：

① 形象的具体说明与一般的抽象概括

A. 具体说明+概括叙述。此种位序可帮助受众先感性后理性地认知解读，也可以强化事件的新闻性或引发关注其社会功能。其中一个成分必为动词，另一成分可以是动词及其他词语。

a. 前一部分是拟声词

[1]**咔嚓一生 摄下多少风流人物**

——著名摄影记者艾格纳逝世(消息,美联社 1999-3-20)

[2]轰隆隆一声 孤零零一块

合抱巨冰从天降(消息,《文汇报》1983-4-13)

上述标题中,首例的主题、次例的引题均形象地描摹声音,给人如临其境的感觉。随后用"摄"、"降"予以概括叙述。感性理性的双重描写构成羡余信息,强化了事件的新闻性。

b. 前一部分是动词性短语

[3]会哭 会笑 会吹号 会问好

我国玩具也会讲话了

玩具发生器昨天通过定型设计(消息,《羊城晚报》1983-8-30)

[4]一个记者从慕绥新几万元港币的行头上判断出他是个腐败市长,为什么慕绥新身边的人就是发现不了?

沈阳市党代会反思腐败大案(消息,《中国青年报》2001-7-30)

上述引题分别对主题中的主体行为"会讲话"、"反思"的内容予以具体说明,两者构成同指羡余。

[5]昔日父母打鸳鸯 今日儿女拆连理

干涉婚姻的主角换了(消息,《北京晚报》2000-10-27)

[6]传统百货让位 连锁超市领跑

零售业重新洗牌(消息,《中华工商时报》2000-11-7)

上述两例引题分别是对主题中所写动作"主角换"、"重新洗牌"的描述,两者形成同指羡余。

[7]进联合体越穷越优先

脱贫后不管亲友均不留

查阿春不断帮助贫困农民勤劳致富(消息,《苏州日报》1990-6-7)

上述例子,引题陈述的内容具有显著性,生活中罕见此类现象;主题具体说明“帮助”的方式。此类具体说明和概括叙述相结合的方式,从抽象程度不同的两个层面通过同指复现的羡余手段,强化了新闻事件,引发受众关注其价值所在。

B. 概括叙述+具体说明

[8]**可用股票贷款了**

《证券公司股票质押贷款管理办法》昨日发布,允许符合条件的证券公司以自营股票证券投资基金券作质押,向商业银行借款(消息,某报2000-2-14)

[9]**民企大额国际融资起步**

东方集团财务公司在无政府担保情况下,将获3000万美元10年期低息贷款,标志着国际金融界开始进入中国的非国有资本市场(消息,《中华工商时报》1998-3-30)

此类标题的安排比较少见。主、副题分别概括介绍,具体说明了新闻事实,两者构成同指羡余。后一例的副题还揭示了本质和发展趋势。上述标题的主题浓缩了副题信息的新闻点,能吸引眼球。

② 事件性状本质的说明和具体行为叙述

这类羡余信息的复现出现在主题和引题(或副题)之间,通常主题部分为事物的性状,有时带有评价性,引题(或副题)部分为具体说明的信息,带有客观性。这是动作行为复现信息中最常见的一类。

A. 分别出现于主题、副题中

[10]**天山“瑶池”逐年萎缩**

每年缩小水域二百平方米 80 年后将消失（消息，《北京青年报》2000－7－25）

[11]**我省粮食总产实现大幅增长**

全年产粮 281 亿公斤，增幅逾 15%（消息，《湖南日报》2004－12－2）

上述主题、副题分别含有抽象和具体信息构成的同指羡余。此类情况比较常见，通常主题中的性状是凸显的重心所在，以引发受众的关注。

亦有先以比喻方式形象概述，后具体说明，复现相关信息：

[12]**天安门广场繁花似锦**

三万多盆鲜花中，许多已蓓蕾初绽，喷吐芳香（消息，《人民日报》1981－5－1）

[13]**“金鸡”报喜 “百花”盛开**

电影“金鸡奖”、百花奖在西子湖畔授奖……（消息，《羊城晚报》1981－5－24）

[14]**今日在风中“接吻”**

——听专家介绍徐浦大桥钢梁合拢工程（通讯，《新民晚报》1996－8－11）

上述引题，均为比喻手法概述事件的相关性状，主题予以具体说明，两者构成羡余。如末例，“接吻”是比喻手法，形象生动地展现了大桥钢梁合拢的高大壮丽的景观，后在主题中交代具体事件。同指羡余的手段，使得新闻信息的表达既形象生动又清晰具体，收到了间接赞美肯定相关事件的良好效果。

B. 分别出现在引题、主题中

[15]拉闸停电不通知 衡阳市损失严重

“电老虎”半月吃掉三百多万元（消息，《人民日报》1984－

5－31）

上述标题，引题为虚，主题证实，理据并举构成同指羡余，传递了明确的导向意图。

③ 总说与分叙

［16］**申城：义举和丑行并现**

舍己救人悄然消失人海赢美誉

顺手牵羊偷走勇士财物留骂名（通讯，《中国青年报》1994－5－10）

［17］**南京二十四小时 和谈战争两重奏**（消息，上海某报）

首例，主题中是总说，副题是分说；次例，先分说后总说，并列于同一行主题中。总、分两种方式同指复现事件的羡余信息，既给人深刻印象而又渗入了传播者的主观倾向性。

2）动作经过

“动作经过”的强化，一般借助于重复“事实”（动作行为）与“过程”的两次叙述。前一部分概括动作行为，后一部分叙述具体过程，两者构成同指羡余，它们可以分布于引题和主题，或主题与副题之中。

① 经过＋动作行为

通常引题叙述“经过”，主题出现“事实”（动作行为）：

［18］书信一封报上登 离散骨肉喜团圆

段玉明为养子养女找到亲生父母（消息，引自蔡雯 2006，310）

［19］立变求新 重质重优 争深争精

纯文学刊物突出重围（消息，《光明日报》2000－11－14）

上述复合题中，引题均交代了新闻事件的经过。其中次例引题叙述的“新举措”，造就了主题“突出重围”的现实。引题对事件的详述，表达了传播者对相关行为的肯定。

引题也可以形象地记述“过程”，类似背景信息。如采用比况、蒙太奇式的剪影等手段，既有全镜又有特写地展示事件，通过同指复现的羡余方式，达到强调某些细节的目的：

[20]三个“和尚”散了伙　一个“和尚”乐承包

超小型理发店起死回生（消息，《新民晚报》1984-7-24）

[21]草鞋——布鞋——皮鞋

宾玉生一家“时兴”起来了（消息，引自彭朝丞2012，291）

也有将“过程”置于主题中予以凸显，进一步增强形象性，而将（事件）动作行为置于副题：

[22]**诈骗⟶斧砍⟶跳楼⟶被擒**

昨一狂徒西安上演“四重奏”（消息，《三秦都市报》2000-6-6）

[23]**养鱼——种菜——养鱼**

陆上封闭循环水产养殖系统效率高（消息，《文汇报》2001-4-16）

上述主题均精选了事件经过中的关键动词，犹如慢镜头牵引着受众的视线，仿佛置身事发现场，与副题“上演”、“养殖系统”相吻合，进一步强化了事件的特征。

② 动作行为+经过

两者分别位于主题和副题中，构成同指羡余：

[24]**未入洞房 先进班房**

石俊为结婚摆阔气，伙同弟弟四外盗窃，父亲帮助销赃，三人均被逮捕（消息，人民日报1981-4-20）

上述标题中，主题将新闻事件提炼出“洞房”与“班房”两个典型场景，与副题信息一起，间接向受众表达了必须引以为戒的警示。

3）动作客体

动作客体信息的强调，亦可以采用同指复现羡余的方式引发受众关注。复现的两个成分均可出现于主题中，也可以分别出现于主题与辅题（引题或副题）中。同指复现的词语有以下几种类型。

首先是不同称谓的客体（人物）：

[25]**我们会见了彭德怀司令员**（通讯，《志愿军报》1952-4-11）

其次是具体内容与抽象的范畴词语的同指复现。如消息标题：

[26]**拉萨出现罕见双日环气象奇观**（消息，新华社 2001-5-1）

[27]**南京查获有害化工废料进境事件**（消息，引自要建军 1997，55）

[28]**我军横渡长江情景**（消息，《东北日报》1949-4-25）

[29]**中国有能力解决未来16亿人口吃饭问题**（消息，新华社 1995-4-2）

上述标题均是具体行为加上一个抽象的“范畴”词，如“奇观”、“事件”、“问题”等，两个成分外延上是相等的，一定条件下可以略去，但复现信息的强调功能也就消失了。同样，通讯标题中，有文体的标记词“（目击）记”等时，范畴词语可以不出现，但强调意味也就随之消失。例如（画线部分为范畴词语）：

[30]**千载难逢的1分50秒**

——漠河日全食与彗星同现奇观目击记（通讯，新华社 1997-3-9）

[31]**飞向太平洋**

——我国运载火箭发射试验目击记（通讯，新华社 1980-5-23）

[32]**“跳槽”跳进一场官司**

——成吉思汗皮装公司 50 名员工集体跳槽事件始末(通讯,《厂长经理日报》1996-2-26)

[33]**母亲的胸怀**

——记姚慈贤拥军爱国的事迹(通讯,《南方日报》1995-3-13)

[34]**要为真理而斗争**

——优秀共产党员张志新同林彪、“四人帮”进行殊死斗争的事迹(通讯,《人民日报》1979-5-25)

第三是总说与分说语句的同现:

[35]石景山区环卫局副局长袁树森离休后

要了三大件:扫帚、铁锹、平耙

干着三件事:植树、栽花、种花(消息,《北京日报》1983-5-18)

[36]海尔集团公司总裁张瑞敏提出“新三化”:

企业现代化 市场全球化 经营规模化(消息,《厂长经理日报》1994-6-5)

[37]**克林顿总统公开重申对台“三不”承诺**

美国不支持台湾独立,不支持“一中一台”、“两个中国”,不支持台湾加入任何必须有主权国家才能参加的国际组织(消息,新华社 1998-6-30)

上述首例标题,复现词语均出现于主题中,后两例分别出现于引题和主题、主题与副题中。其中的总说成分可以略去,但保留它们构成羡余,可以起到凸显分说成分的作用。

最后是客体事物与其相应的说明信息构成同指羡余。前一部分通常是事物名称,后一部分是对事物的详细说明。组合方式可以是,主题(说明)+引题或副题(事物),或是位序倒置。分别见于下述的例38—39和例40。其区别在于：前者重形象，主观性弱一些，后者重在说理，主观性强一些。羡余信息的出现，间接强化了导向功能。

先看第一类组合：引题点出客体（事物）名称，主题可以是详细的说明：

[38]清镇铁合金厂扩建工程被逼出新招

8人承包盖章40天盖270枚（消息，《贵州日报》1988-3-12）

[39]广东503家旅行社明年使用新合同

未经同意带顾客购物要赔偿（消息，《报刊文摘》2000-11-16）

第二类组合：主题点出客体名称，副题予以具体说明。

[40]**江苏倡议"一诺千金"**

企业界亮出服务承诺条款（消息，《厂长经理报》1996-7-22）

（3）时间、地点

"时间"、"地点"要素一般很少有重复信息呈现构成羡余的，常见于标题中抽象与具体时地信息复现的同指羡余：

[1]**难忘今宵**

——陈良宇等与老劳模夫妻共度大年夜纪实（通讯，《劳动报》1996-2-18）

上述标题中，"今宵"是抽象时间，"大年夜"是具体时间，属于同一信息的复现羡余。通过时间要素体现了特殊的新闻价值：领导关心人民。

[2]**雪域高原：你是这样的和谐吉祥**

——西藏自治区成立四十周年之际访问纪行（通讯，《经济日报》2005-8-10）

[3]**春城无处不飞雪**

昆明粉装素裹 人们争赏雪景(消息,《新华日报》1983-1-24)

上述标题,首例主题中的地点名词是抽象词语,副题是具体名称。次例的主题和副题分别是形象的别称和具体名称。同指的语义信息构成羡余,语用上寄托了传播者的情感。

2. 同形同指的羡余

同形同指的羡余,即字面相同的同义信息的复现羡余,既包括了一般修辞上所说的同一语言单位(词语或句子)反复,也含有虚词,及相关格式的重复出现,借以凸显新闻主体(人物)、事件要素等。复现的方式可接连出现,也可间隔出现。此类信息羡余,旨在强化语势,间接传递主观信息,增加表达效果。

(1) 主体(人物)

主体(人物)(特性)复现,可以强调主体地位的重要。

[1]**库克—安南 库克同安南会谈**(消息,早间新闻1998-7-5,中央电视台)

[2]**孩子 孩子 孩子**

江西省广电幼儿园火灾直击(通讯,《南方周末》2001-6-8)

[3]**“神枪手四连”再创百名神枪手**(消息,引自王化容1991,176)

上述标题,复现了主体(人物)或特性,予以强调突出。除了首例的人物复现是为了让受众尽快摄取主要信息外,主要功能是引导受众关注相关对象,表达主观倾向性:例2是对“孩子”生命的急切关注,例3是对持久保留“神枪手”称号行为的赞美。

[4]赞助费存车费公物损失保险费

补习费转校费订阅附加读物费

费！费！难为学生，苦煞家长（通讯，《中国青年报》1988－9－9）

上例复现的羡余信息“费”，多得令人厌烦，语气沉重，由此可以引发受众以及整个社会关注“难为学生，苦煞家长”的“费”的变革。

（2）事件

这儿的事件范畴亦是广义的概念，包括事件中进一步细化的内容，具体有动作行为的特征、经过、客体或相关性质、本质与性状、结果、原因等。

1）突出动作行为的特征

[1]**嚯！嚯！——0：0**（通讯，引自王化容 1991，240）

[2]**哔哔哔……请注意！**（通讯，《经济参考》1985－1－27）

上述首个标题报道的是在法国里昂举行的一场足球赛，第二个标题是报道烟盒大小的电子传呼器问世的事件。通过反映事件动作个性的拟声词的复叠羡余，增加了形象性和吸引力。

[3]**抢人！抢人！！**（通讯，《南方周末》2011－3－3）

[4]三车间的经验是：

抓思想 抓生产 抓生活 抓作风（消息，引自要建军 1997，64）

[5]不赞成 不支持 不允许 不接受

陈敏章反对“克隆人”研究（消息，《健康报》1997－3－20）

首例，报道的是重庆“富士康”公司与当地其他企业抢着招收工人的事，通过动作词语的同指复现，加上感叹号的连用，突出表现出公司找人之难以及用人之急的处境。后两例，借四个“抓”、“不”分别表明了“三车间”工作的全面、有力、系统，以及陈敏章“反对”行为的坚决、彻底。

[6]**跑！跑！跑！**

东北华北敌军官兵纷纷跑到解放区来(消息,《人民日报》1948-9-11)

[7]**物价,涨!涨!**

较抗战初涨逾万倍

公教人员不能温饱(消息,《解放日报》1947-2-27)

[6]喝,喝,喝,各局各乡镇都得喝

汉川市政府办公室下达“喝酒任务”

指标:200万;目标:喝出“发展氛围”(消息,《楚天都市报》2006-4-6)

上述动作行为(或其性状)的同指复现带来的羡余信息,不但强调了其特征,而且间接表达了主观评价信息。首例,“跑”的复现,表现了蒋军官兵竞相奔向解放区的急切与喜悦心情,间接暗示了投奔的人数日趋增多,也含蓄地表达了解放区军民对蒋军官兵的召唤。次例,“涨”的反复,谴责了当时外敌入侵、民不聊生的现实。末例,“喝”(酒)的行为,通过六次复现,寄寓了传播者的“愤慨”,也表达了对政府强行推销地方酒的嘲讽。

2) 突出行为动作的经过

通过相关羡余信息的复现,引发受众关注传播者的主观意图。例如:

[7]“可怜”换同情 “可怜”换金钱

乞丐给都市街景抹上阴影(消息,《劳动报》1996-3-9)

上例中“乞丐”的行为是如何“抹上阴影”的,“可怜”的复现羡余,点明了乞丐乞讨的手段,由此引人关注。

3) 突出动作行为的客体或相关性质

同指复现动作行为的客体或相关性质的羡余信息,大多出现于主题中。例如:

[8]**分流!分流!普通高中教育呼唤改革**(通讯,《光明日报》

1995－8－25)

[9]水,水,水!

鼠场"滴水贵如油",群众切盼泉水叮咚(消息,引自彭朝丞 2000,147)

首例,"改革"的内容就是"分流"。前置复现的羡余信息,强化了该项改革的紧迫性。次例,通过行为客体"水"的反复而构成的羡余信息,将群众盼水的焦急心情活脱脱地表现了出来。

4) 突出动作行为的本质与性状

借助于固定的语法格式或修辞格而产生的羡余信息,可以将复杂事物之间的关系,简洁明了地表达出来,达到强调某种主观意图的效果。

① 对偶式

对偶格式借助于形式上的关联,能将有关的事件性质得到强调。例如:

[10]做官只是一时一地

做人才是一生一世

新任吉林省省长王乡坤就职演说袒露胸怀(消息,《报刊文摘》1996－3－28)

[11]请看"立信"、"宝善"等四家商店"在搞什么名堂"

你卖烟　我卖烟　都卖高价烟

你发财　我发财　同发昧心财(消息,《长江日报》1985)

首例,"一×一×"格式,含有羡余信息,强调了做官和做人的意义所在,间接反映了主体人物的精神境界,体现了宣传效果和价值。次例通过对偶、反复构成的羡余信息,将四家商店的行为和贪婪暴露无疑。"你"、"我""卖烟""发财"等的同指羡余,都点明行为的异常,呼应了引题中"在搞什么名堂",加强了评判的力量:不该如此。

② 排比式

该格式,可以通过形式上的关联,强调相关意义,借以衍生导向信息。例如:

[12]**“逢雨必涝”,怨天?怨地?怨政府?**(通讯,《南方周末》2010-5-13)

[13]**劳模:红起来 亮起来 香起来**(通讯,《厂长经理日报》1996-6-29)

首例,三个问号,对“逢雨必涝”的责任追究提出质疑,“怨”的复现羡余加深了追问的语气。次例,“起来”连用,构成复现羡余,点明了事件发展的趋势,给受众以极大的鼓舞和号召力。

③ 拈连式。突出所粘词语关涉对象的性质或状态。例如:

[14]**张厂长“送礼”更“送情”**(消息,《厂长经理日报》1996-7-1)

[15]**相机市场:“傻瓜”不傻 人见人爱**(消息,《厂长经理日报》1994-8-11)

首例,将“送”由“礼”拈连到“情”,“送”的复现羡余,显示了主体人物的行为特征,是高尚的情感因素,歌颂了他的精神境界。次例,拈连的词语“傻”,构成复现羡余,贬词褒用,衍生出亲密感,表达了此种相机的良好的口碑,宣传效果明显。

5) 突出动作行为的结果

利用反复、拈连和回环等修辞格,通过复现动作行为的羡余信息,引出并强化了结果要素中的部分信息:

[16]**贵阳“安定”了?!**

青葱一根卖到八十元

催粮催粮老百姓无粮(消息,《新华日报》1945-8-2)

[17]**全凭馒头争气,下岗女工蒸馒头蒸成百万老板**(消息,新华网2003-9-3)

[18]**吃吃吃,企业如何吃得消**(通讯)

[19]**“跳槽”跳进一场官司**

——成吉思汗皮装公司50名员工集体跳槽事件始末(通讯,《厂长经理日报》1996-2-26)

上述标题运用辞格,复现的羡余信息均表达了传播者强烈的情感信息。首例用了反复,面对国民党的粉饰太平,通过动宾结构的重叠与“粮”的反复引出结果,作为事实依据之一,增强了诘问当局的语气。次例用了拈连(兼谐音:“争[气]”、“蒸[馒头]蒸[成百万老板]”),赞美了主体人物自主创业自强不息的精神。第三例兼用了反复和拈连(“吃吃吃”、“吃得消”),连用四个“吃”,突出了干部群众对大吃大喝的深恶痛绝。末例“跳(槽)”的复现,提醒受众谨慎这一行为,防止不幸后果。

6) 突出行为动作的原因

原因要素的强化,同样可以采用复现其中的部分词语,利用羡余信息引发受众思考:

[20]一些个体三轮车主何以能放肆地敲诈乘客?却原来——

牌出多门:红牌,黄牌,见钱就发

管无章法:你管?我管?谁都不管(消息,《长江日报》1986-8-29)

[21]你拿我拿都白拿

“无人售报摊”收摊(消息,《劳动报》1996-5-6)

上述二例,原因的凸显起到了揭露针砭的作用。尤其是首例,一针见血,入木三分。复现羡余信息“牌”、“管”,点出了原因中的焦点:重在“牌”(为钱),轻于“管”(责任),表达出对管理部门行为的愤懑,富有气势;次例的复现羡余信息中,“拿”是因,收“摊”是果,两组词语的复现,因果关系明确,由过溯因,贬斥之意顿显。

综上所述，新闻标题通过其要素（字面同形和异形两种方式）的同义羡余信息的复现，旨在附加有关的主观意图。其具体情况归纳如下表：

要素 / 方式	主体（人物）	事件						时间地点
		动作行为	如何（经过）	客体	本质性状	结果	原因	
字面异形	+	+	+	+				+
字面同形	+	+	+	+	+	+	+	

观察上表，我们可以得出新闻要素信息羡余的相关特征：

a. 相对来说，字面相异的同义信息复现种类较多。主体（人物）要素可以连续复现，其中连续复现的以消息为多，间隔复现的以通讯为多，后者甚至有两个以上的语义同指成分复现。事件要素的复现，有动作行为本身，及其经过、客体等信息，此类情况均以消息标题为多。时地要素信息，常常以具体与抽象的不同方式复现，一般见于通讯。

b. 字面相同信息的复现，多见于消息，通常以主体（人物）、事件要素为主。其中主体（人物）及其特性的复现强调了其地位的重要，事件要素复现的种类较多，有动作行为，及其经过、客体、本质性状、结果、原因等，凸显其相关特征，强化某种主观意图。

c. 两种复现方式的共同点在于：均着重于主体（人物）、事件（动作行为、经过、客体）等要素，由于字面同形的复现具有形式、内容双层重复的特点，故其涉及的要素范围要小一些，标题中更青睐于字面相异的同义复现方式。

（二）分布位置

上文已经指出，新闻六要素中的同样内容，置于复合标题中的不同位置，强调的程度各不相同。在叙述完整新闻事实的过程中，传播者常常精选其中的重要内容，将需要突出强调的要素置于复合标题中的主题位置。就辅题（即引题和副题）来说，引题的地位要超过副题，因其率先进入受众的视野，副题屈居其后，按照被强调的程度，复合标题的位序依次是：主题＞引题＞副题。下面依次讨论新闻要素中的主体（人物）、事件、时间、地点等信息在复现羡余情况下的不同分布位置，以考察其凸显传播意图的不同情况。羡余信息复现的方式可以是同指，亦可以是蕴含。

1. 主体（人物）

主体（人物）要素一般不单独进入主题，但为了强调，可以采用语义同指羡余的手段，出现于主、副题中，同指羡余的方式多为异形，较少同形。例如：

[1]**改革的勇士**

——记青年技术员李永世（通讯）

[2]**数风流 看"公牛"**

——芝加哥公牛队再获 NBA 总冠军（消息，美联社 1998-6-14）

上述标题报道的都是人物新闻。首例"勇士"、"李永世"双双构成异形同指羡余，后者借助于谐音，进一步加强了双行题中主体（人物）的关联。次例"公牛"复现一次，同形同指构成的羡余信息，引导受众集中关注该要素。

2. 事件

事件可以整体置入标题，也可以是进一步细化的信息，即将事件的过程（“如何”要素）、结果、原因等置入。先分析前一种情况。

(1) 何事要素整体置入标题

通常使用指代、疑问、详略等方式构成异形同指的信息复现羡余。

1) 指代式

一般是主题中出现事件的核心部分，再在副题中用代词或名词性成分进行复指，由此通过羡余信息使事件要素予以强调，引发受众关注。例如：

[1]**抢菜记**

这事昨天中午发生在丹东商场（消息，《丹东日报》1983-8-20）

[2]**抢财神**

——河南农村见闻之六（通讯，新华社 1982-11-18）

上述例2，报道了河南省扶沟县农民争抢种棉技术员（被喻为“财神”）的故事。两例中，“这”、“见闻”均与主题叙述的事件构成信息复现羡余。

2) 疑问式

一般由主题、辅题（引题、副题）配合叙述事件，构成同指羡余。可以是引题中对事件提出设问，由主题来叙述事件的具体行为：

[3]即将来临的广州花市，情况如何？

为君报道春消息　今年花胜去年红（消息，《羊城晚报》1981-1-22）

或者主题提出反问，引出副题解说事件：

[4]**如此折腾怎么搞建设**

陕西省有关部门盲目将长城电磁厂改为拖拉机厂，三易

产品型号，造成严重损失

（消息，《人民日报》1980－1－17）

上两例，均通过代词和所代成分的语义同指，构成羡余。前一例用疑问词“如何”引发关注，让整个主题陈述事件作答，由此使该要素得到强调；同样后一例，主题用“如此（折腾）”先声夺人，定下评论基调，整个副题再以具体事实对“如此”进行说明。

事实上，当主题与辅题（引题、副题）构成设问，形成同指羡余时，两者关系就十分密切了。此时叙述具体事件的内容置入主题或副题，效果几乎相同，只是位于主题中更强调一些。这样的复合题，即将疑问句作为主题，副题做答或释疑，都可以相应地改为引题和主题的复合方式；反之亦然。例如：

[5]**米价走势如何**→（引）

专家认为，今年无大风浪→（主）（消息，《文汇报》2001－2－7）

[6]**保健品是否都保健**→（引）

陕西发现近七成卫生指标不合格→（主）（消息，《法制日报》1996－7－15）

3）详略式

所谓详略式，就是通过详述和概述两种方式分别陈述事件信息，形成语义复现的同指羡余。近年来，通讯标题强调“事件”要素有了新的突破：先让事件整体详细地出现在引题中，主题再进行概要式的总述，形成事件要素信息复现的标题。引题中出现类似短新闻或提要式的梗概，旨在方便受众快速接受信息，而不必顾及正文部分，适合当前快餐式的阅读方式。例如：

[7]在第四届中国北京高新技术产业国际周的“国际投资论坛”上，中外投资专家从全新角度阐述了新世纪的国际资本运作方略，在其“中外投资合作项目推介会”上，中

外商家共推出了五千余个投资合作项目

新世纪的投资盛会(通讯,《中国教育报》2001－5－13)

上述引题,诸要素齐全,事件要素自然包含其中,本身就是一则短新闻,再用主题概括复述。这样的羡余信息既详细又概要地介绍新闻,可以满足不同层次受众的需要。

[8]16—26岁,正是如诗如梦的年龄。然而,她却把这段黄金般的岁月无私地奉献给了孩子们。近十年来,她不仅分文未取,反而每年都要从贫困的家里挤出钱来资助困难学生。这就是——

一位“编外”乡村女教师的故事(通讯,《中国青年报》1997－3－2)

上述提要式引题,点出新闻事件中感人的闪光点,以此打动受众,渗透传播者的主观意图,顺势引出主题,概述新闻的主要内容,勾起阅读的兴趣。

(2) 何事的“如何”要素置入标题

“如何”是新闻事实六要素之一,由于它更多地是“事件”要素的细化,这儿放在广义“事件”要素里面一并讨论。而且消息标题中,出现“如何”要素时,一般须采用复合式结构,以便完整表达整个新闻事件。

“如何”可以指事件的部分事实和整个的详细过程两种情况。两者在标题中可以复现。就复现羡余信息构成的方式来看,属于蕴含式,即部分事实被整个过程信息所蕴含。这样的羡余信息,可以让受众在了解新闻完整“事件”的基础上,关注能够凸显新闻价值的某个细节。

当新闻事件较为复杂时,其中的部分事实(如典型的细节、标志性事例等)可以与整体事件分开,分别置入主题和副题。其格式可有两类：

1）“主（部分）+副（整体）”格式。此类标题主题内容较为突出，虽然其本身的语义信息已为副题所蕴含：

[1]**房地产证12天搞掂**

增城市国土房管局“办证服务中心”方便群众（消息，《广东建设报》2000-4-5）

上述标题中，主题是介绍“如何”方便群众的，彰显高效的亮点，副题是宏观叙述新闻事实。

通讯中常有此类结构，主题一般是事件过程中具有代表性的部分：

[2]**从“要我干”到“我要干”**

四川省探索建立社会主义企业新体制采访札记（通讯，《厂长经理日报》1996-2-23）

[3]**由“同舟共挤”到“同舟共济”**

长沙市实行市带片管理新体制（通讯，引自张子让1991，40）

上述标题的主题均为被蕴含的羡余信息。“从……到……”“由……到……”，点出了改革措施的本质，亦是须强化的新闻价值之所在。

有时部分事实和整体事件排在同一行：

[4]**演出一下台就昏倒 孙悦减肥过度心脏病发**（网络新闻标题）

2）引（部分）+主（整体）格式。此时的引题具有烘托、加强新闻事实的气氛和力量，可以视为过程的一部分，信息羡余的复现方式仍是后者（整体）蕴含了前者（部分）：

[5]彩灯映照笑脸 歌声洋溢大厅

中央领导同志和首都小朋友喜迎新春（消息，《光明日报》

1984－2－1）

[6]举国含悲承遗志 长街恸哭送伟人

党和国家领导人同首都群众送别邓小平同志（消息，《人民日报》1997－2－25）

上述首例，引题描述了会场的场景，次例，引题直接描述气氛，它们均为被主题蕴含的羡余信息，为主题的叙述作了铺垫，分别增加了"喜"、"恸"情感表达的浓度。

为了简省，也有将可以在引题中出现的"如何"要素直接并入主题的：

[7]**鼠标＋泥土 安徽农民抢商机**（《中国商报》2000－7－17）

上例强化了"抢商机"的高明之处"鼠标＋泥土"，点出了新闻事件中的精华。

(3)"何事"的动作"结果(影响)"要素置入标题

为强调事件的"结果(影响)"，主题、引题(副题)的内容可以均涉及该要素，构成蕴含或同指式信息复现的羡余。具体可以分布于引、主题或主题、副题，一般采用"评议＋叙述"的手段，通过羡余手段体现出一定的褒贬意图。

[1]达拉特旗禁牧一年多成效出人意料

禁牧禁出个大发展（消息，《内蒙古日报》2001－8－6）

[2]登封县四个乡卫生运动坚持两年如一日

处处干干净净整整齐齐

身入其境 人心清爽 精神振奋（消息，《人民日报》1958－1－6）

[3]有钱能使"鬼推磨" 有权汽车能轧场

钱向金动用"拉达"轧场火烧连营

近3万元的进口小汽车成了"糊家雀"，几千斤麦子化为灰烬（消息，《衡水日报》1987－6－23）

上述标题，前两例都是主题直接叙述结果，又分别通过引题或副题对结果予以评价，后者为蕴含的羡余信息："禁牧"居然"大发展"，自然"出人意料"，"干干净净"自然"身""心"舒畅。末例，主题借三国时"火烧连营"的典故，适度夸张了后果，间接表达了揶揄、鞭挞不正之风的情感，属于评价信息，副题叙述事件结果，以事态的严重性警示受众。主副题内容构成信息同指的复现羡余。

(4)"何事"的原因要素置入标题

事件的原因要素，广义地说，包括原因(狭义的已然原因)与目的(侧重未来行为的动机)，这儿一并讨论。"原因"在复合标题中，可以出现于双行题中。

首先是双行题构成设问，对原因要素信息予以同指复现，两者通过不同的语言形式构成信息羡余，强化某种宣传意图。一般的方式是：以疑问形式提出问题，也就是引题(或主题)设问，由主题(或副题)点出原因。例如：

[1]征地造房为啥等煞人？

一道公文背着39颗印章旅行(消息，《文汇报》1980-9-19)

[2]群众盼车心切　市场供应奇紧

"凤凰""永久"为何难以大增产

原因在于调整中遇到的一些问题至今得不到解决(通讯)

上述标题，通过"为啥"、"为何"引发受众对原因信息的关注。

也有将整个设问的内容全部置于主题：

[3]**为啥灾年增了产？科学种田立大功**

新河四队苏俊祥担任农技员后粮食不断增产(消息，《宁夏日报》1983-1-11)

3. 时间、地点

"时间"要素，即新闻事件发生的时间，作为背景信息，可以置入标题。

一般说来，消息、通讯对“时间”概念的要求有所不同。消息比较关注“时间”，通讯则不必苛求。消息侧重正在发生的事实，对过程不做详述，关注发展变化的动态（正在、已经或将来），时间性较强。鉴于时效性影响，消息大多报道正在发生的事，似可不出现时间性词语。若非如此，则必须交代清楚新闻事件已然还是将然。对于非事件性消息，也应标明其过程和阶段性，或让受众明确所报道的是什么时态。而通讯要求详尽描述事件发展变化的过程，再现人物言行和事情经过，标题一般是静态的，解决“是什么”的问题，对“时间”要素没有太严格的要求。（彭朝丞 2000：27—28）

就时间要素来说，异形同指的复现羡余的情况较少。除非特殊的强调，“时间”要素可以分布于双行题中：

[1]**今夜天使不休息**

——北京红十字朝阳医院夜班见闻（通讯，《健康报》1995-7-23）

主题中的“今夜”先提醒受众报道的是晚间新闻，副题又用“夜班”告知这一特殊时段白衣天使的辛劳非凡。时间要素的同指羡余特别强调了新闻事件的价值，表达了对新闻主人奉献精神的肯定。

“地点”要素可以凸显地域的接近性，吸引相关受众的注意。为了提升新闻价值，有关地点要素的信息可以入题，但通过复现羡余手段同时出现于双行题的情况较少。

含有“地点”要素双行题的组合结构有：“引题＋主题”、“主题＋副题”两类，从“地点”要素信息复现羡余的方式上看，有的是相互包含的蕴含关系，也有的是异形同指关系。前者如：

[2]熊猫首次在海外产仔

“迎迎”在墨西哥喜得贵子(消息,《人民日报》1980－7－14)

[3]长宁区环卫工人突击两个月

刮目相看仙霞地区

清出七条干道 扫除垃圾四千多吨(消息,《新民晚报》1982－11－10)

[4]**海蜇重回胶州湾**

山东治理渤海黄海污染成效显著(消息,《文汇报》1981－7－4)

[5]**南越战场又添一批活靶子**

数百名美国侵略军在归仁登陆(消息,《解放军报》1965－7－3)

上述标题中,除了最后一例外,“地点”要素都是主题中出现小概念,而在辅题(引题或副题)中出现大概念,多数情况下是先告知大概念(分布于引题),再出现受人关注的小概念(常分布于主题)。这些要素均有新闻价值,并通过有蕴含关系的两个概念的复现予以强调,如“海外”的“墨西哥”、“山东”的“胶州湾”、“越南战场”的“归仁”等,给受众深刻印象。

双行题中“地点”要素之间是同指式复现羡余的,仅发现第二类组合式,即“主题＋副题”:

[6]**家用电器坏了请到这里来**

本报和南京五大家用电器厂开展三天义务服务(消息)

[7]**斯城屹然不动**

街道争夺战愈演愈烈

弗罗内兹区苏军创敌(消息,《新华日报》1942－9－22)

上述标题先借主题中的指示代词“这里”、“斯(城)”,犹如向导给受众以指点,增强了受众对相关地点的兴趣和关注,再用副题具体说明，两者构成异形同指羡余，相互呼应，强调了地点要素。

[8]**深山密林读书声**

延边林区办起中小学五十所

伐木工人子弟已能就近上学（消息，《人民日报》1962－4－6）

[9]**长途汽车站上的“酸甜苦辣”**

交通部一位副部长谈深入本市一些车站后的体会（消息，《北京日报》1982－4－4）

上述标题，主题中的地点要素与相关事件一结合，便产生了新闻性。“深山密林”应是只闻鸟啼声，而不是“读书声”。交通部长一般在办公室工作，何以在“长途汽车站”？由此构成了新闻价值。总之，主题中的地点要素均有极强的新闻看点，再通过副题具体叙述是哪个地理位置，告知受众一个个完整的新闻事件，正、副题“地点”要素的同指羡余信息的有机配合，凸显了传播者的主观意图。

也有少数标题采用同形同指的复现方式，构成羡余信息，强调地点因素。例如：

[10]**洪湖水上秋色好 社员采菱挖藕忙**

洪湖是个取之不竭的宝库。湖上不仅盛产鲜鱼、野鸭、莲藕、菱角等价值很高的食品，而且它的副产品蒿草、菱角等是牛和猪的好饲料……（消息，《人民日报》1961－9－10）

[11]**还丽水以一江清水**

断“财路”也在所不惜

浙江丽水地区4家污染严重的造纸厂年内将分别停、转、破（消息，《厂长经理日报》1996－6－27）

上述标题，“洪湖”、“丽水”等地点要素均为新闻事件中的核心组成部分，正所谓一处有一处的风景，而两个标题的区别就在于，前者是实景，后者是远景，令人神往，令人奋进。地点要素两次复现同一词语（或语素），既有强调功能，又有连贯作用，将两行标题紧密衔接在一起。

综上所述，多行标题凸显新闻要素的方式可以归纳如下表：

<table>
<tr><td rowspan="3" colspan="2">标题
要素</td><td colspan="2" rowspan="2">主体
（人物）</td><td colspan="8">事件</td><td colspan="2" rowspan="2">时间</td><td colspan="2" rowspan="2">地点</td><td colspan="2" rowspan="2">小计
（类次）</td></tr>
<tr><td colspan="2">整体</td><td colspan="2">如何</td><td colspan="2">结果</td><td colspan="2">原因</td></tr>
<tr><td>消息</td><td>通讯</td><td>消息</td><td>通讯</td><td>消息</td><td>通讯</td><td>消息</td><td>通讯</td><td>消息</td><td>通讯</td><td>消息</td><td>通讯</td><td>消息</td><td>通讯</td><td>消息</td><td>通讯</td></tr>
<tr><td rowspan="2">多行题</td><td>引主</td><td></td><td></td><td>+</td><td>+</td><td>+</td><td></td><td>+</td><td></td><td>+</td><td></td><td></td><td></td><td>+</td><td></td><td>5</td><td>1</td></tr>
<tr><td>主副</td><td>+</td><td>+</td><td>+</td><td>+</td><td>+</td><td>+</td><td>+</td><td></td><td>+</td><td>+</td><td></td><td>+</td><td>+</td><td></td><td>6</td><td>5</td></tr>
<tr><td colspan="2">小计
（类次）</td><td>1</td><td>1</td><td>2</td><td>2</td><td>2</td><td>1</td><td>2</td><td></td><td>2</td><td>1</td><td></td><td>1</td><td>2</td><td></td><td>11</td><td>6</td></tr>
</table>

综合上表数据，可以看出新闻标题的不同文体凸显“要素”主观信息的强度等级：

1. 从强调的要素数量上看

1）消息要素（11 类次）＞通讯（6 类次）；

2）消息要素的等级序列是，事件（整体/如何/结果）/原因/地点（2 类次）＞主体（人物）（1 类次）；通讯要素的等级序列是，事件（整体 2 类次）＞主体（人物）/事件（如何/原因）/时间（1 类次）。

2. 从多行题的分布位置及数量上看

消息、通讯要素类次比较悬殊，分布于引主、主副题的分别是 5、6 与 1、5。

具体地说，消息要素能够更多地得到强调，附加主观倾向性，并且消息更多地依赖多行题形式来凸显相关的要素成分，而通讯次之；消息本身，更多地以事件（“整体”、“如何”、“结果”、“原因”），以及“地点”等要素凸显主观信息，“主体”要次之；通讯本身，较多地依赖“事件（整体）”要素体现主观信息，“主体（人物）”、“事件（如何”、“原因”）、“时间”要次之。概言之，凸显主观信息，消息依赖要素的种类比较集中，而通讯则比较分散，可变性更大。

第三章　具有认知功能的新闻语言羡余信息

本编引言部分已经指出，传播者所传播的内容必须尽量满足不同受众的要求，力求通俗易懂，与他们共享。艾丰（2010：36）指出，新闻语言要做到简明的关键是：必须考虑读者的关切度及理解度，编辑记者要树立报纸读者的观念。在读者的理解度这个问题上，容易出现的毛病有三：没有意识到，过高或过低的估计，于是在报道中加入了许多本来可以不说的内容。而胡乔木（1946）指出，你把你的读者每一次都当作对你的知识一无所知，准没有错。R.R.K.哈特曼、F.C.斯托克（1981：293）也认为，“可以说，语言就是利用剩余信息，因为在正常情况下，为了保证理解，总是给出比实际需要多得多的信息”。新闻信息传播是一对多的特殊交际活动，要保证信宿得到良好的传播效果，更是应该恰当地多给信息。胡乔木的观点是从尽可能照顾低层次受众的知识水平着眼的。他们的看法和艾丰提出的两个度均涉及受众认知理解语言知识的羡余问题。面向受众的羡余度把握不好，羡余失当，就会对受众接受信息的效果产生很大影响。必须充分考虑到受众的不同文化素质，避免因羡余度不当而对新闻文本的解码产生困难。当然不同的新闻媒介决定了受众群体的差异，他们要求的羡余度不尽相同。例如广播、电视新闻必须老少皆宜，让文化层次较低的人也能听（看）懂，它们要求的羡余度要高一些。报刊、网络新闻受众层次相对较高，信宿要求的羡余度要低一些。

涉及受众解读新闻的相关羡余信息之一就是，新闻传播的编码者在核心信息之外，有意对新闻事实或其中的某一部分进行解释、补充的信息，按照新闻界比较通行的观点，它们属于背景信息的内容之一。由于它是出于对受众知识背景的估算而在主要新闻事实以外增加的信息，而且并非所有的新闻（如简讯、标题新闻、一句话新闻）都必须有，但对于大多数新闻而言，它有时又是必需的，不可或缺的。如果使用得当，就应该视为有效羡余信息。①

背景羡余信息的功能有多个方面，这里只讨论其有助于受众提高认知功能的信息。具体包括完型认知类及辅助认知类。前者直接帮助受众理解新闻事实的次要信息，后者属于间接帮助受众解读的情趣愉悦信息。

一、完型认知功能的羡余信息

“完型”，本是心理学术语，强调经验和行为的整体性，主张用整体的动力结构观来研究心理现象。受众对新闻的解读也是一种心理行为，同样存在着类似现象。传播者必须提供完整的新闻信息，亦即帮助受众完整地认知新闻事实。此类具有解释说明功能的羡余信息，属于新闻背景信息的重要内容之一，旨在弥补新闻事实的不足，充实内容，帮助理解，设疑答问，普及相关

---

① 吴缦、曹璐认为，背景材料是广播消息的必要羡余（原文为“冗余”）之一。参见《新闻广播研究》，北京广播学院出版社，1997 年版，第 210 页。

知识。具体可以分为如下内容：

1. 介绍有关事实的羡余信息

(1) 叙述新闻事实的由来。包括事件的原因和过程。

A. 事件的原因信息。对于新闻事件，尤其是反常的现象，首先需解释其原因，这是受众解读新闻的前提。通常以独立的小节予以介绍。例如：

[1] **长沙市东区地税局拒请，200多张请柬作废**

记者最近在湖南省长沙市东区地税局办事，好奇地发现一个现象：税务干部们的桌上、废纸篓里，随处可见作废了的大红请柬。

面对记者疑惑的目光，一位年轻税务干部笑着说："这是我们局里的老规矩了，大红请柬不受欢迎。"

东区地税局监察科的同志们打开厚厚几本廉洁登记本，给了记者一个粗略的统计数据：元旦前后的一个月里，被东区地税局的税务干部们婉言谢绝的请柬超过200张。

长沙市地税局局长李力兹告诉记者，东区地税局有"两多"，一是管区内工商个体户多，有3100多户，1995年完成税收3.4亿元，比上年增加2000万，在全省地税系统名列前茅；二是全局年轻人多，162名税务干部中年轻人就占了80%以上。局里定下一条铁的纪律：凡管区内工商个体户的请吃、请跳、请钓，一律不许参加。同时，局里实行了税收挂牌公开制和税务干部挂牌上岗制，增加办事透明度，接受社会监督。4位分局领导带头遵守，仅元旦期间接受的30多张请柬就全被晾在了一边。

据介绍，长沙市东区地税局的162名税务干部，没有一人破坏该条纪律。

（中央人民广播电台1996-1-30）

为何税务干部会收到200张请柬,又为何能拒请?上述消息主体部分用一个小节的篇幅,通过背景羡余信息说明了原因:一是涉税人员多,二是年轻干部多,三是纪律严明,四是制度公开。由此新闻事件就能让受众信服。

[2] **省长今天亲临富阳解决农民卖菇难**

[画面]前往蘑菇加工现场看蘑菇。

收购站装蘑菇的篮子和倒蘑菇的人群,将蘑菇满地抛洒,哭诉的菇农。

[解说]

今天是星期天,副省长许行贯专程赶到富阳,共商农民卖菇难的问题。

本月27日以来,富阳县新登等地相继出现农民卖蘑菇难。长长的卖蘑菇队伍把各收购站挤得水泄不通,价格从去年的每公斤5元猛跌到1元,有的菇农等了整整一天,蘑菇已坏,仍卖不掉一筐。收购秩序比较混乱。

富阳县是我省蘑菇出口的主要基地,前几年国际市场蘑菇紧俏,刺激了菇农的生产积极性,今年种植面积扩大了一倍,预计总产量可达500万公斤,今年蘑菇市场急骤变化,菇农都没有料到。

[画面]拥挤的人群,省长询问情况并开会商讨解决办法。

[解说]

菇农在流泪,各级领导更是心急如焚。昨天下午,副省长许行贯听取了本台和富阳摄制站记者的情况反映后,今天上午又带着省政府有关部门负责人来到富阳,和县委、县政府领导一起商讨解决这一难题的办法。

[画面]副省长许行贯讲话。

[同期声]“我们要考虑到保护菇农的利益,也要兼顾国家的利益,但首先要考虑农民这一头。外贸收购,原来定了计划的,不得推翻,不能把矛盾交给农民。在销售上要亏本,供销社要承担一些,县财政也要承担一点,最后农民也要承担一点,我看大家承担一点,矛盾可能缓解一些。”

[画面]排队卖蘑菇挑选。

罐头厂加工。

收购站外景。

[解说]据记者了解,今天下午开始,富阳县供销社的收购站已全面开秤收购,各罐头厂已决定开足马力日夜生产,农民卖蘑菇难可望缓解。(浙江电视台 1989)

上述消息开门见山点明主题,星期天副省长专程到富阳来解决问题,然后介绍了出现农民卖菇难的原因。这一羡余信息的交代十分必要而及时,为受众释疑以便理解。

B. 表达过程的信息。一般是指新闻事件发展变化的过程。此类羡余信息占用的篇幅也是一个小节。

[3] **浙江率先为贫困农民筑起最低生活保障线**

10月初,浙江诸暨市牌头镇66岁的农民周信均,到民政部门领取了全家每月160元的最低生活保障费。从这个月开始,浙江省23万贫困农民同城市贫困居民一样,享受到了最低生活保障。10月1号实施的《浙江省最低生活保障办法》,对此作出了明确规定。这在全国首开先例。

经过20多年的改革开放,浙江省从一个资源小省,一跃成为经济大省,经济总量、财政收入位居全国前列。有了强大的经济后盾,浙江省在全国率先将贫困农民纳入城乡一体化的最低生活保障范围,并制定了专门的地方法规。全省各级财政每年将拿出1亿多元资金，确保所有贫困农民能够享受最低生活保障。

浙江省改革与发展研究所所长卓勇良认为：

［同期声］

“设立农民最低生活保障，这是构建和完善社会保障制度的一个重大举措。这一办法可以让少数目前还处于贫困状态的农民，也能享受到改革开放带来的成果，有利于社会稳定和促进经济的持续快速发展。” （中央人民广播电台 2001－10－9）

本消息以个案为例，陈述了浙江省实施《最低生活保障办法》的经过，也间接解释了为什么浙江能实行这一保障的原因。这一羡余信息的交代，既令人信服，亦蕴涵了“以人为本”的人文主义精神。

(2) 提供事件发生的条件、环境

此类羡余信息，可以是对事物发展变化过程的背景材料介绍。一般也是以独立的小节形式出现。例如，新华社曾于1985年1月16日发过《古城南京的院墙矮了》的新闻，说南京人生活在安定祥和的环境中不再建围墙了。为了帮助受众理解，记者补充说明了南京院墙的发展变化过程：

［4］南京筑高墙是朱元璋在这里当皇帝开始的。高墙是石头垒成，所以又有“石头城”之称。城墙高，城里的大小院墙也跟着高起来。皇帝筑高墙是为了保护首都，老百姓筑高墙是为了防盗贼，这说明当时社会很不安宁。到后来，连高墙也不太牢靠了，于是在墙头上又撒上铁蒺藜，栽上玻璃，拉上电网，仿佛一切安全都依仗一堵高墙了。

也可以是与新闻事实有关的某一处所地理位置和环境的介绍。例如法新社报道新疆维吾尔自治区的消息（1991年3月11

日电)：

[5]新疆地处中国西部，是古代中国丝绸之路必经之地。面积相当于全国陆地面积的六分之一，但相当一部分是沙漠。居民中五分之三是维吾尔族。

上述消息是向世人报道新疆的经济改革，对一个中国人说，以上所说的信息耳熟能详，但对一般的西方读者来说，增加的地理背景的羡余信息，就很有必要了，可以使他们对这些基本情况有所了解，有助于更深刻地认识新疆进行经济改革的动因。

(3) 提供有关新闻人物以往的经历

[6] **摩托车探险家崔迪挑战人类极限**

“肉包铁”穿越艾丁湖

新华社乌鲁木齐(2000年)1月1日电　新疆著名探险家崔迪骑摩托车穿越艾丁湖获得成功，并于今日凌晨回到乌鲁木齐。据介绍，这是人类骑摩托车首次穿越中国最低点艾丁湖。

昨天下午16点40分，崔迪骑摩托车由艾丁湖北岸“艾丁湖”石碑处出发，向南岸挺进，到达南岸后，原路返回，于18点26分返回出发点。此时，20世纪的最后一缕阳光正好落下。

崔迪说，目前的艾丁湖湖心已基本干涸，湖面主要为沼泽和盐碱。此次穿越共历时1小时46分钟，穿越直线距离为9公里，途中最大时速为40公里。

艾丁湖是中国最低点，低于海平面154米，是吐鲁番盆地的盆底，湖面22平方公里，湖水矿化度很高，当地维吾尔语意为“月光湖”。

崔迪是我国较早从事摩托车探险的探险家之一，曾单骑穿越塔克拉玛干沙漠、罗布泊等地，获两项吉尼斯证书。

此次活动的主办单位新疆生产建设兵团体委的一位负责人

说，这次穿越是人类挑战自我的又一实践，表现了中华民族迎接新千年到来的坚强决心。(《福州晚报》)

上述消息最后的背景羡余信息，是以独立的小节形式，对新闻人物——崔迪——的探险经历所做的介绍，解释了他的成功，也回答了受众的疑惑。

也有另辟羡余性质的语篇介绍相关人物的历史经历，通常是新闻中重要人物的生平。如 1998 年 9 月 2 日，《人民日报》发表新闻《朱镕基会见林业老英雄马永顺时说，要下决心把砍树人变成种树人》，同时配发人物资料《马永顺：从伐木模范到造林模范》，对马永顺的年龄、籍贯以及工作经历、业绩和历次获奖情况作了介绍。

(4) 新闻事实本身的相关信息

此类羡余信息，是指对新闻事实本身从整体到部分进行历史、地理、科技等多个方面的解说，或是对于新闻事实相关联的、重要的、难解的概念术语加以诠释、完善。

1) 事实本身等多个方面的解说

此类解说，是将羡余的背景信息在叙述核心事实的过程中从多个方面分别插入，即以分句或单句的形式，边记叙边说明。例如：

[7]　　　　　　　　到月亮上找水

"勘探者"昨日撞击月球

新华社今晨供本报专电　昨天格林尼治时间 9 时 52 分(北京时间 17 时 52 分)，美国"月球勘探者"探测器成功撞击到月球表面。①<u>这一"自杀式"撞击是为了确认月球上是否存在着水</u>，但目前还没有探测到任何可见的水蒸气云雾。

撞击地点是月球南极附近直径约 50 至 60 英里的一个陨石

坑,②科学家们推测这一陨石坑可能存在少量的冰。美国国家航空航天局发言人称,探测器准确击中目标。

③专家们希望这一撞击可以带出一些月球上的岩石和冰,这样太空中和地球上的探测器就可以观测到。现在,科学家们正利用太空中的哈勃望远镜、美国本土德克萨斯州的天文台、夏威夷的科克望远镜对这一撞击进行了详细观测,希望得到的数据能够证明月球上水的存在。但是美国国家航空航天局指出,如果信号不强的话,要迟至几个星期甚至几个月之后才能得到分析结果。④"月球勘探者"是美国宇航局 1998 年 1 月 6 日发射的,撞击之前已围绕月球飞行了 18 个月,其使命是绘制月球表面地形图、探测月球地质结构和寻找水。

(《北京晚报》1999-8-1)

上述消息中,①说明"自杀式"撞击月球的目的,②说明为何选择月球南极附近的陨石坑,③进一步解释撞击的目的,④说明"月球勘探者"的使命、撞月前的工作情况。所有这些均解释了受众的疑问。

2) 某一方面事实的解说

A. 对某一细节的注释类解说

即对相关的事实细节以通俗易懂的方式进行形象化的说明解释,这些羡余信息有助于受众进一步理解。通常可以使用比喻描摹等手法。

比喻描摹等手法,对于通俗地解释说明名词术语非常有效。消息(尤其是科技方面的)更是经常借用这些手段,以凸显新闻价值。通常以同位语、定语,或分句的形式出现。先看比喻手段:

[8]翼龙是史前动物中的怀特兄弟,即最早学会飞行的动

物。当昆虫已经飞上天空时，在翼龙之前，还没有哪类脊椎动物——如鱼、两栖动物、爬行动物、鸟类和哺乳动物这些有脊柱的动物——具备上天飞翔的能力。

（翼龙：史前动物中的怀特兄弟，路透社 2002-7-21）

[9]今年入秋以来，被誉为"森林环保卫士"的国家级保护动物林蛙，由于具有极高的营养价值，在宜春林区遭到偷猎者的大规模捕杀。昨天，记者在大西北岔林场拍到了林蛙前往冬眠地路上的悲惨遭遇。（林蛙不归路，黑龙江电视台 2000-10-13）

[10【实况：鸟鸣……】（渐隐）

这些鸟鸣不是在浦东的田间地头，而是在高楼林立的陆家嘴金融贸易区的中心绿地里，这里已经建成和在建的大楼有160多幢，就是在这寸土寸金的地方辟出了一块10万平方米的"中心绿地"，被上海市副市长兼浦东新区管委会主任赵启正称作为陆家嘴的"绿肺"。

（鸟语花香的陆家嘴金融贸易区，上海人民广播电台 1997-12-16）

广播新闻中尤其需要采用众所周知的事物做比喻，说明大家不太熟悉的事物；用浅显明白的词语做比喻，说明深奥的道理。例如下面一段背景材料：

[11]西昌，是座具有2100多年悠久历史的古城。这里气候温和，四季如春。西昌以南的河谷地带属亚热带气候，物产丰饶，有些地方还出产咖啡、香蕉、龙眼等水果。西昌靠山临水，风景秀丽。城外有个美丽辽阔的邛海，面积25平方公里，形状很像蜗牛出壳的样子。湖水绿得像碧玉，平静得好似一面镜子。

上述百余个文字中，就有多处用了比喻的修辞手法（见画线部分）。这些由比喻组成的羡余信息，使得西昌美丽的地貌在听众头脑中产生了具体生动的印象。

广播新闻对新闻事实细节进行解说的羡余信息，也可以采用避虚就实、以实代虚的描摹手段。即用具体形象的方式说话，对较为抽象的事实予以说明解释。例如：

[12]地震发生的前几天，监听器中的声音渐渐变了，从单音节的声音变成了“咯咯咯”的连叫声，像一只青蛙在叫唤。同学们跑出去抓青蛙，结果什么也没有发现。8 月 16 日晚上，突然，好几种强烈的声音交替传来，有岩石冲击、滚动的声音，有撕布的声音，还有喷气的声音。一阵紧急的电话，他们把这个情况报告了成都市防震指挥部。时隔 106 分钟，远在 200 公里以外的松番、平武发生了 7.1 级的大地震，龙泉中学也受到震动，地震科研室像小船一样不停地摇摆。（录音报道《地声监听》）

上述文字是写松番大地震发生前的景况，写得生动形象。报道用大家所熟悉的声音作比喻，并加拟声的描摹，这样交代地声，受众比较容易理解。若是改为：“先听到了地声，过了 106 分钟就发生了大地震”，就过于抽象，笼统，难以给受众一个具体的印象。

[13]据统计，从提倡全民植树到去年为止的 5 年间，全国每年都有 2 亿公民庄严地履行自己的义务。5 年来，全国城市绿化面积增长了将近一半，累计义务植树 50 多亿棵，如果按照两米的树间距离计算，这 50 亿棵树可以把北京到上海全部覆盖一次。

（通讯，我看林业这十年，中央人民广播电台 1988－12－8－9）

上述例子中画线部分属于羡余信息，是对有关事实的某个数据的解说，说明改革的成果，将枯燥的数字通过换算予以具体形象化，便于受众理解。

B. 对事件本身或相关要素的历史的介绍

即通过简要的概述，将有关的背景羡余信息插入新闻事件的叙述之中。出现的的方式可以是定语形式：

[14]中国女子排球队今天下午在东京举行的第三届世界杯女子排球赛中，以三比〇击败了曾八次获得世界冠军的苏联队。

三局的比分是：十五比四，十六比十四，十五比〇。

这儿的背景羡余信息介绍了苏联女排的历史，同时又对比了苏联女排的实力，由此帮助受众估计比赛的紧张程度，体会中国女排的顽强拼搏精神，既让人增加知识，又有力提升了该新闻的价值。

介绍有关事件本身的历史，一般使用另辟语篇的方式。如2004年7月2日，《南方周末》为新闻《最惊世骇俗的手术：换脸》配发了《国内与换脸最接近的手术》的背景资料，这样的羡余信息可以帮助受众完整了解有关的科技知识。

至于介绍与新闻事件相关的同类事件的历史，通常可以配发大事记。如1998年9月6日，《北京晚报》刊登新闻《江泽民总书记指出　抗洪取得决定胜利》时，同时配发了几篇介绍背景的大事记，其中之一是《1998年全国军民抗洪大事记》。

(5) 有关事实的重要语词、概念术语的解说

此类解说，是指有关新闻事实的，比较重要的，而又为受众所难以理解的，某些语词、概念的诠释或补充说明。一般认为，报道新事物、新成就而出现的新语词、概念术语，必须补充有关资料。这样的羡余信息，其表达的具体方式有：

A. 采用独立的小节进行介绍。例如：

[15]　　　**南海发现巨大宝藏“可燃冰”**

本报讯　“可燃冰”这个大自然为人类子孙后代备下的丰厚礼品，最近在祖国的南海被发现。日前，从中国科学院广州能源研究所传来消息说，经初步判定，南海海底有巨大的“可燃冰”

带，能源总量估计相当于全国石油总量的一半。

“可燃冰”外形似冰，能够燃烧，学名叫“天然气水合物”。与石油和天然气相比，“可燃冰”的优点更为突出。1立方米的“可燃冰”所释放的能量相当于164立方米的天然气。目前，在全球公认的“可燃冰”总能量是所有煤、天然气、石油总和的两到三倍。

除了南海以外，在我国的东海也发现了“可燃冰”的踪迹。据悉，国家已经开始组织力量就全国“可燃冰”资源进行勘察。（《中国商报》2000－8－15）

B. 采用独立语篇。如网络新闻常常采用带有下画线的相关词语，链接到分布于另一页面的羡余语篇：

[16]**AOL 邮件系统错将哈佛录取通知书当“垃圾邮件”**

上月，美国哈佛大学向入学申请者发出的数十份录取通知书邮件被美国在线公司（AOL）的邮件系统当作垃圾邮件退回，这使得哈佛大学不得不重新通过传统邮件的方式向申请者发出通知。

自炭疽热病毒恐慌在美国范围内传播以来，哈佛大学开始改用电子邮件向入学申请者发去有关录取情况的通知。到目前为止，该校已经向几乎所有6000名申请提前录取的学生发出电子通知书。（新浪网 2002－1－2）

背景资料：AOL 时代华纳

（www.sina.com.cn 2001－10－23 新浪科技）

恐怖细菌杀伤力巨大－揭开炭疽的神秘面纱（附图）

（jczs.sina.com.cn 2001－10－11 舰船知识网络版）

报刊新闻亦如此。如2001年1月2日，《人民日报》刊登新闻《金税工程在五省四市开通》，配发了羡余的背景资料语篇《金税工程》。2004年2月25日《洋山深水港想当“自由港”——与釜山、高雄、神户争夺新的国际航运中心地位》,左下方配发了解释"自由港"概念的羡余信息。2000 年 11 月 29 日《解放军报》刊发《我第一台类人型机器人亮相》的科技新闻,配发了羡余的背景语篇《小资料·类人型机器人》等。

二、辅助认知功能的羡余信息

认知心理学表明,人在愉悦的状态下接受信息更迅速,也更愿意接受。因此背景材料如能带有一定的情趣性,或以带来情趣为主,可能会帮助提高接收新闻核心信息的效果或吸引更多的受众参与新闻传播的过程。本质上说,新闻在传播信息的同时,还负有传播知识、提供欣赏和娱乐性材料等任务,羡余的背景信息的功能之一就是同时兼顾这方面的功能,使新闻变得有滋有味。一方面,新闻的趣味性往往伴随着知识性而来,当受众接触到新鲜而丰富的知识时,自然就会感到有趣,获得满足感,提高素养,保持健康愉悦的心绪;而更重要的是,另一方面,借助于背景信息在为新闻报道注入知识性的同时增强其趣味性内涵,就能使前者更可读,更容易理解接受。

此类辅助认知新闻事实的情趣愉悦类羡余信息,出现的形式一般为独立的小节。具体内容可以是自然景观、人文历史,个人逸闻等。先看自然景观及人文历史的例子:

[1] 自古黄河清几回 今见银瀑泻峡谷

黄河出现"河清"景观

据新华社西宁(1991 年)12 月 24 日电 自今年 9 月以来,滔滔黄河一洗浑黄的旧容,碧波清澄,呈现出罕见的"河清"奇观。宁夏青铜峡十里长峡仿佛水晶画廊,两岸山石倒映在黄河中央;刘家峡壮丽银瀑漫下峡谷;在龙羊峡滔滔而下的黄河被

178米高的大坝拦腰一抱，狂涛巨浪顿时化作绿波千顷。

造成“河清”的原因是什么？黄河水利委员西宁水文勘测队副队长喇吉中告诉记者，黄河返清的主要原因是中上游地区持续数月干旱无雨，黄河的水流量和泥沙量大大减少。自古黄河清几回？《宋书》记过4次河清的情景，《新唐书》中记载过有14次；史书中有关“河清”的最后一次记载是在1726年。

上述羡余的背景信息出于自然景观报道。该消息在描绘“清”与“绿”，展现一幅“河清”的图景后，通过羡余信息交代了原因，引用了史料，使受众在获得知识的同时，也得到了美的享受：既领略了文本中自然景色的壮观，又体味到了其背后深厚的人文底蕴。岂不是情味盎然？

[2]“狗不理”的历史可谓久矣。他的创始人高贵友开办此店是在140年前。由于手艺独到，袁世凯曾将他做的包子进贡给慈禧太后并获得个“龙颜大悦”。当初店铺的字号“德聚”也逐渐被掌柜的小名“狗不理”所代替了。（消息，“狗不理”新探，《人民日报》1990-10-30）

[3]据李时珍的《本草纲目》记载：“豆腐之法，始于汉淮南王刘安。”淮南，即今安徽淮南一带。这里制作豆腐，原料挑选严格，磨得均匀，豆渣淘得净，且多用泉水，制成的豆腐洁白、细嫩、味美。别的地方一斤黄豆出三斤豆腐，这里可以出到四至五斤。别的地方豆腐作汤，豆腐沉于水中，这里豆腐作汤，豆腐漂浮于水上。淮南八公山一带的农民，制作豆腐的技艺世代相传，很多人掌握了一套好手艺。八公山豆腐向来远近闻名。

（消息，淮南八公山豆腐又上市了，《人民日报》1979-3-18）

上述两段文字均是短新闻中插入人文历史知识的羡余背景信息，首例是对“狗不理”名称来历的介绍，用了这段背景材料，文章的味与包子的味就相映成趣了，次例将日常的豆腐，因产地而有名的背景信息充分展示了出来，材料生动活泼，引人入胜。在使新闻事实带上浓郁特色，开拓受众知识领域的同时，也显得饶有兴趣。人们常吃豆腐，却不一定知道“豆腐之法，始于汉淮南王刘安”，更不会了解八公山的豆腐竟有如此这般的独特妙处，那样地别有风味。如此将大大增强了这条新闻的吸引力。

个人逸闻类趣闻，可以引入新闻文本，此类羡余信息亦能为报道增色。例如，1981 年第 36 届世界乒乓球锦标赛决赛，我男队以 5∶2 的成绩挫败匈牙利队，重登世界冠军宝座。在这场翻身仗中，谢赛克一人独得三分，功居首位。记者所发的相关消息中，插叙了这样一段：

[4]这时想起“赛克”的名字取得颇有道理。原来，他的父亲是个乒乓球爱好者，希望儿子能在比赛中每赛必克。现在这一愿望成为现实了。

谢赛克父亲的心愿与受众的心理是相互吻合的。在谢赛克取得为祖国争得荣誉的成绩后提供这样的人物信息，生动有趣，又同广大读者获悉胜利喜讯的心情紧紧相连，可以给那振奋激荡的感情增添一层浪花，使人倍增快意。

也有些趣闻类羡余信息是为了消息内容的丰富完整而置入新闻的结尾处。如《中国青年报》的新闻《聂旋风扫倒加藤正夫“王座”》，结尾处写道：

[5]加藤原来说过，这场比赛，他如果输了就剃光头。赛后他表示“已和理发员约好了，准备剃头”。

总之，上述有关背景材料的羡余信息，旨在增加趣味，有时也能起到一定的提升新闻价值的功效，它们在新闻报道中可以随处插入，或位于结尾，都是为了满足受众更好地解读新闻事实的要求，顺应他们的心理需要而安插的。

本编小结

本编论述了传播者视角的新闻语言羡余现象。

新闻传播属于大众传播，仍是一种交际活动，虽然受众是比较广泛而分散的虚拟群体，但作为主导地位的传播者为充分发挥新闻信息的价值和社会传播效率，应积极利用羡余信息的手段，帮助其自身实现语用交际功能。依据不同的服务功能，新闻语言的羡余信息可以分为三类：

1. 具有情感功能的新闻语言羡余信息，主要服务于打通信道及提高审美情趣。

用于打通信道的羡余信息，旨在寻求交际对象合作的特殊心理动态和情绪，将受众的注意力从无意转向有意，为传播新闻核心信息铺路搭桥、创造条件。这样的羡余信息常见于新闻信息传递的起始阶段，内容多为新闻开头，尤其是广播、电视新闻节目主持人或现场(直播)报道的记者在播报新闻之前，引导、提醒受众阅读或收听(看)的串联词。具体有①非新闻事实的信息，属于非核心的辅助性羡余信息，包括引导性信息，通常是交代传播信源、称呼收听(看)对象，引出新闻核心信息；主观性的信息，一般是同形或异形同指复现的议论抒情性信息，可以更明确地揭示新闻的价值和社会功能，增强报道吸引、感染受众的力量。②新闻事实中的信息，常见于延缓式导语（或标题），主要是提前展示出来的某些细节或部分情节，与置后的有价值的新闻要素核心信息同指复现，以唤醒注意，引发兴趣。

提高审美情趣的羡余信息，是指通过对应式或复现式手段构成，能带来美学功能的信息。负载此类信息的语符载体形式（包括语音和语法）必须具有语音节律美、语法节奏美的特性。前者应有音节复叠的语音形式，形成朗朗上口的和谐韵律；后者应由整句、散句等语言形式组合成为语法结构整齐划一、错落有致的鲜明节奏。通过羡余信息，可以吸引受众最大程度地领悟新闻事件包含的价值和教育意义。

2. 具有强调功能的新闻语言羡余信息，旨在体现新闻传播的"说话"导向功能。

新闻在传播事实的同时，必定带有一定的倾向性，亦是新闻语言主观性的体现。这种主观意图，一般潜藏于客观事实中。但为了强化新闻导向性，亦可以将这一蕴涵的信息，通过复现羡余的方式，用显性的语句直接表达或间接地通过客观事实予以表达。此类羡余信息的表现形式分别是蕴含式复现和同指式复现。

所谓蕴涵式复现羡余，是指客观新闻事实的某个细节已经蕴涵或者可以预测、推断出某种性质，而传播者又通过相关的评价性语句（一般称之为议论性的文字信息）予以点明，直接强调某种导向的传播意图。此类信息一般通过形容词或副词，或议论性语句予以承载，可以出现在标题、导语、正文、结尾中。所谓同指式复现羡余则是通过新闻事实特征信息的复现，以彰显客观事实的价值和社会功能，间接体现主观导向意图，其表现方式可以是同形复现，包括词语、句子等各种语言成分的反复，也可以是异形复现的方式，即通过字面不同的语言成分同指一个语义内容或反映同一个具体事物、现象。羡余信息的负载形式有词、短语、句子，可分布于新闻语篇的各部分。

对于同指复现羡余在新闻标题中的分布情况，本编进行了个案研究。就新闻要素在标题中通过羡余手段予以强调的情况来说，消息和通讯在同指羡余的构成方式及分布位置上有所不同。构成方式上，同形与异形两种同指复现羡余的方式均着重于主体（人物）、事件（动作行为、经过、客体）等要素，由于同形复现具有形式、内容均相同的特点，故其涉及的要素范围较小，标题中更青睐于语形相异的同义复现方式。

分布位置上，同指复现羡余的语言成分处于不同的标题位置，其强调程度各不相同。消息中新闻要素强调的类别及次数均较通讯为多。

3. 具有认知功能的新闻语言羡余信息，主要帮助受众身心愉悦地完整理解新闻事实。

这是新闻传播者对新闻事实或其中的某一部分进行解释、补充的信息，属于新闻业界所谓的背景信息的部分内容，均为非核心的辅助性羡余信息，包括完型认知类及辅助认知类。前者是直接帮助受众理解新闻事实的次要信息，后者属于间接帮助受众解读的情趣愉悦信息。

具有完型认知功能的羡余信息，旨在帮助受众完整地认知新闻事实，对其予以解释说明，弥补新闻事实的不足，充实具体内容，帮助受众理解，设疑答问，普及相关知识。包括介绍有关事实，如叙述新闻事实的原因和过程；提供事件发生的条件、环境，如对事物发展变化过程进行介绍，亦可以是与新闻事实有关的某一处所地理位置和环境的介绍；提供有关新闻人物以往的经历；以及新闻事实本身的相关信息，如对新闻事实本身从整体到部分进行历史、地理、科技等多个方面的解说，或是对于新闻事实相关联的、重要的、难解的概念术语加以诠释、完善。采用的语言形式可以是定语、独立的小节，或独立语篇。

具有辅助认知功能的羡余信息，是指帮助认知新闻事实的情趣愉悦类信息，一般以独立的小节形式出现，通常可以随处插入新闻文本，或分布于结尾处，具体内容可以是自然景观、人文历史、个人逸闻等，旨在增加趣味，提升新闻的吸引力，满足受众更好地解读新闻事实的要求，顺应受众的心理需要，激发阅读兴趣，有时也能起到一定的提升新闻价值的功效。

第二编

传播信道视角的新闻语言羡余现象

第二章

引言

信道，在通讯系统中，是信息传递的通道，亦是传输信息的媒介；它使信源（传播者）和信宿（接受者）进行信息交流，是构成信息流通系统的重要组成部分。信道与媒介是分不开的[①]，通常还包括编码、输码等装置。新闻传播的信道也一样，它是传输新闻信息的通道，将要传递的信息依照一定的符号规则编制为信号，通过一定的媒介及传输器传递给接受者，由接受者转换为信息。新闻传输的媒介不同，其信道和传输的特点也不同。传播意义上的媒介即传播媒介，它是传播过程赖以实现的中介，是承载并传递信息的物理形式。迄今为止，新闻传播媒介已有报刊、广播、电视、网络等不同类型。其中报刊属于单一信道的视觉媒介，其余均是电子媒介。而广播是单一信道的听觉媒介，电视、网络属于多个信道的视听复合媒介。传播信息的代码形式主要有文字、声音、图像、画面等，以语言代码为主。它们作为传播手段既相互依存又不能替代，存在着一定的差别。传播者将信息代码组织起来成为一个序列，就是编码，不同的新闻信道有

① 一般情况下，媒介的概念与信道的概念是重合的，申农和韦弗给“信道”所下的定义是“一种将信号从传输器传送至接收器的媒介”。转引自李元授、陈扬明《新闻传播学》，新华出版社，2001 年版，第 94 页。

不同的编码要求。而影响新闻传播达到最佳传播效果(量大质优)的因素之一就是信息代码的选择、编制方式中的羡余现象。

本编从传播信道的视角出发,讨论新闻语言代码编制中的羡余现象。将先概述新闻传播信道编码中有关羡余现象的若干因素,接着比较不同信道新闻语言的羡余度,最后个案考察视觉信道中报刊新闻语言羡余度的调控。

第一章　传播信道中有关羡余现象的若干因素

众所周知,信息传播中羡余现象的存在是必需的,除了传播者及接受者的功能性需求外,主要缘于补偿信道的损耗,“剩余信息(即羡余信息)有助于排除噪音(noise):音信中干扰越多,剩余信息也应越多”(R.R.K.哈特曼等 1981:293)。可见,传播过程中的信息传输,涉及的羡余信息来自传播者、接受者以及信道等多个方面的需求。然而目前对于新闻传播信道中影响新闻语言羡余现象存在的因素及其相互关系、羡余度及其调控问题,却很少有人论及。本章先简要介绍与新闻传播信道编码有关的羡余特点,再论述不同新闻媒介的信道编码组合结构中的羡余度问题。

一、信道编码中的羡余特点

信道编码中与羡余相关的因素有量度问题,与信息量、新闻媒介、信息传播的关系,主客观问题,语言编码的性质等多个方面。

(一) 羡余度及其相关概念

1. 羡余度

有关羡余信息的量度,学界尚无比较统一的说法。本书作以下界定：

羡余度：指语言符号及其组合使用的频度，或语符因语义、语法系统的结构性而在组合中可预测的程度。羡余度在具体的信息文本中的测量，就表现为羡余率，即羡余信息在信息总量中的比例。广义地说，羡余率亦可称为羡余度，本书统一使用后者。此类计量统计一般仅限于语法信息的范畴，即在概率信息的量度时有效。①

2. 羡余度与信息量

一般认为，羡余度与信息量成反比。信息论认为：羡余度与信息量，即信息的不确定性（熵）有关。具体说，信息的不确定性（熵）越高，信息量就越大，羡余度越低；反之，信息量越小，羡余度就越高。而羡余信息跟信息出现的概率有关，概率的高低决定了信息羡余度的高低。因为信息出现的概率越低，信息的出现几率越罕见，接受者所获得的信息量就越大，反之，概率越高，就越有可能成为信息接受者的已知信息（羡余信息），其所提供的信息量就越小。

信息概率，在具体的语言文本中，表现为语符出现的频率。就语言代码信息来说，负载信息的词、句子及其组合方式，它们出现的频率关系到信息量的大小：频率越低，信息量越大，羡余度越低；反之则信息量越小，羡余度越高。R. R. K. 哈特曼等（1981：293）认为，剩余信息（按，即羡余信息）和出现率之间有

---

① 信息要通过符号序列来表达，一旦经过符号的变换，就存在着语法、语义和语用等不同层次的信息。语义和语用信息，涉及的主观性较强。而所谓语法信息，是指陈述事物存在方式和运动状态的符号编码的排列组合，表达客观事物的存在方式和运动状态之间的结构、关系，而不考虑信息的内容与意义。其客观性较强，可以采用统计数学的方法予以计量分析。本部分凡涉及计量的信息，均为语法信息。详参李元授《新闻信息概论》，武汉大学出版社，1994 年版，第 23 页。

联系，如“陈词滥调”这样共同的多余的项目提供的信息要少于不常用的项目所提供的信息。

3. 羡余与新闻媒介

新闻媒介，作为信息传播的通道，是新闻语言传播环境的重要组成部分，它直接制约了信宿（受众）对编码的特殊要求，也决定了信宿（受众）对新闻语言的解码方式。媒介的不同带来了各自新闻语言编码和解码中羡余量的差异。若以同一个受众群体为标准，羡余信息在各媒介新闻中的比重由多到少大致是：广播电视、网络、报刊；既是这样，同样的新闻编码用于不同的新闻媒介，其结果必定是：或者是报刊读者嫌啰嗦，或者是网络、广播电视的受众嫌深奥。因为信息量太大，羡余量太小的信息解读比较困难；反之，则解读比较乏味，缺少新奇感。

新闻媒介也决定了羡余信息的调控策略。多个信道传播的新闻语言羡余度应该小于单个信道的。听觉类（如广播）、视觉类（如报刊）属单信道传播媒介，视听类（如电视、网络）属复合的多信道传播媒介，与前者相比，后者更应该较多地考虑减少羡余信息。

4. 羡余与信息传播

羡余与信息传播关系密切。上文已经指出，恰当的羡余信息可以排除信道的干扰，保证信宿（受众）接受完整的新闻信息。但必须在有限的信道容量范围内维持一定的适切度，羡余信息一旦过量，也会带来弊端：

（1）增加传播噪音。过度的羡余信息会增加新闻信息的传播总量。此类羡余信息不但无助于有效信息的接收，反而会干扰正常信息的传播，使后者转化为噪音，影响受众的接收情绪，降低接收效果，严重的甚至会堵塞信道，使正常信息无法传播。

如网络新闻中过多地链接背景羡余信息，会使有效的主信息接收迷失方向。

(2) 降低有效信息量。一定时空中的传播信道容量是固定受限的，羡余信息占有了太多的份额，正常的有效信息的比重就必然减少，从而使信道中的有效传播总量有所降低，增加受众的接收代价。

（二）传播信道中影响羡余度的因素

传播信道中影响羡余度的因素，主要在于信息编码，其影响的要素有客观和主观之分。客观因素是来自信道，主观因素来自信源（传播者）和信宿（受众）。

1. 客观信道的容量限定要求降低羡余度

任何特定信道范围内传输的信息量总是有限的。这种限制不允许或限定了信息量的羡余，即羡余信息（或负载该信息的语言成分）的数量。无论是哪种新闻媒介，其信道时空的制约迫使新闻传播者采用简洁精练的语言，一般不允许出现冗词赘语。新闻语篇中除非特殊的要素（主要的人物、事件发生的地点等）必须重复出现以补偿信道损耗外，通常不复现内容相同的信息。例如，报刊新闻的标题和导语、导语和主体之间一般不应出现字面完全相同的信息；多层面复合形成的信息也不能有重复，如广播、电视新闻中的同期声等背景信息和报道词的信息不能重复。即使是个别词语也要尽量避免这一点。早先中央人民广播电台新闻人物的同期声说话前，总要由播音员、节目主持人或记者加上言说动词“×××说、告诉、介绍说”等，现在一律省去这些动词语，变为仅仅点明说话人的身份或名字“×××”予以介绍，随后直接播放同期声内容。因为新闻传播中的同期声等信息，本身就是一种言说行为,无须再用相关的动词对它进行陈述。新闻语篇中也绝对不允许出现陈词滥调及重复信息,这样的套话出现频率高,信息量极小,甚至等于零。对于广播、电视新闻来说,除非特殊的强调,尤其要杜绝这类语言编码,因为此类新闻篇幅特别短,要求文字组合字字珠玑,具体形象,即信息量大,容许的羡余度极低。

新闻传播信道中容纳信息的量的限制也限定了质的羡余度,即传播信息总量的限制决定、影响了编码符号的性质和编码的具体方式,如语言要素(词类、音节、句法结构)的具体性质、语篇的组合方式等。信息总量的控制决定了新闻文本的符号信息必须具有较高的信息度(熵),高度浓缩的语言编码必然要求语言符号的质的羡余度维持在较低的水平上。

2. 传播者应有的功能、意愿要求增加羡余度,而接受者主观需求和容忍又要求羡余度维持在一个适切的水平

本书绪论部分已经指出,作为传播者的信息编码必定带有主观性,并通过具有情感功能、强调功能和认知功能的羡余信息予以承载。作为受众的信宿,也具有主观性,这种主观因素影响羡余度的情况就比较复杂。一般说来,受众认知能力的高下决定了羡余度的高低:认知水平较低的成员解码时要求新闻信息有较高的羡余度,而认知水平较高的受众对此又不满意,因为羡余度过低的信息解读时令人腻烦乏味。

特定的新闻媒介,如报刊、广播、电视和网络等,各有其所定位的信宿,他们在认知理解能力和知识储备等方面存在差异,各受众群体对信息编码的羡余性都有一定的容忍度,一般不能超出。假设同一条新闻通过不同的媒介播出,造成受众的错位,他们将会受不了。因为不同媒介新闻信息的羡余度不应处在同一水平上，而且还有质和量的区别(详下)。例如广播、电视允许的质的羡余度要高一些，表现在量的方面要低一些。网络、报刊无论是质还是量，羡余度都要小一些。这就要求传播者把握好羡余度，既不至于部分受众产生解读困难，也不能超出其他受众的容忍限度。

总的说来，无论是传播者还是接受者对于羡余度都有增加的需求，但后者又有部分成员有降低的需求，这就要求新闻传播者在信息编码时综合考虑，让羡余度维持在一个适当的水平。

(三) 信道编码中调控羡余度的方式

信道羡余主要是在编码中产生的。一定信道里对信息编码羡余度进行调控的方式，必须从质和量两个方面入手，即语言要素和言语成分两个方面。质的方面，是选定信息度适中的语言要素，如词语、句式等编码符号和方式，在宏观上增加(或降低)新闻文本的信息量，间接控制其量的羡余度。量的方面，则是直接取舍羡余成分：重复或避免出现同义或近义的言语成分，或增减具有传播者、接受者特殊语用功能的、非同义或近义的言语成分，确定新闻文本中的羡余信息(总)量，直接控制量的羡余度。下面分别论述。

1. 质的羡余度调控

我们知道，语言符号中不同性质的代码出现频率并不相同，如不同词类的成员，不同类别的句法结构等。根据信息论的原理，出现频率低的语言代码信息量(熵值)就高，相应的羡余度就低[1]，反之羡余度就高。据此我们可以统计分析语言要素中不

---

[1] 有关信息量和羡余度的计算，以及两者的相互关系，可参见桂诗春《实验心理语言学纲要》，湖南教育出版社，2001 年版，第 166—170 页。

同词性的词、句法结构在不同媒介新闻语言中的比例，得出各自的信息度，以此间接获取各自的羡余度。

(1) 词汇

新闻语篇中词汇成员内部有统计价值的类别是，语法类别中的实词和虚词，语音类别中的单音节词和双音节词，这些不同类别词的频率统计可作为研究新闻语言羡余度的重要手段。

A. 虚词和实词

a. 汉语中实词的数量远远大于虚词。常用实词约有一万个左右，而常用虚词只有二三百个，但虚词使用的频率却大大超过实词，因此实词的熵值，即信息量，比虚词要高得多。加上汉语组词造句的手段通常是不用虚词的意合多于使用虚词的形合，虚词的使用常常可有可无，更可以看出其具有较高的羡余性。

就不同新闻媒介的报刊、网络新闻语言和广播、电视新闻语言来说，分别代表书面语体和口语语体，前者虚词的使用要超过后者。

b. 再看实词和虚词的内部成员。先看实词，新闻语言用词中存在通用词与非通用词，动词、名词与数词、形容词和副词，母概念名词与子概念名词的对立。

几乎所有的新闻写作书都提出新闻语言要“通俗易懂、准确鲜明、具体生动”。所谓“通俗易懂”即意味着主要使用实词中的高频词，它们是为广大受众所普遍接受的。这样的词信息度较低，羡余度较高。例如，通用词和非通用词(如行业词)就存在着高频词和低频词的对立。而冷僻词则肯定是低频的。所谓“准确鲜明”就是使用最恰当的实词成员，理论上说，这样的词语是叙说新闻事实时独一无二的选择，是无可替代的，具有低频的特点，熵值极高。所谓“具体生动”意味着多使用带有个性的动词和名词，少使用模糊抽象的数词、形容词和副词。就名词来说，“具体”意味着多使用子概念词，少使用母概念词。从逻辑上说，两者的外延有大小之分，使用的频率上也有高低之分，前者信息度较低，后者较高。一般报刊等书面语中的词语质的羡余度较低，广播、电视等口语中的词语质的羡余度较高，以分别适应受众长时和即时、短时解读的需要。

再看虚词，不同媒介的新闻语言存在着不同词类成员的有无和多少的差异，例如语气词、感叹词等。这些成分的使用差异，使得整个语篇的熵值有了高低之分，也使它们的羡余度有了差异。报刊和广播、电视新闻中虚词的使用就是较为典型的可以对比的例子。

B. 单音词和双音词

单音词一般属于比较古老、比较常用的基本词汇。在现代汉语里，有的仍然是基本词汇，有的还成为其他词语的构词语素；双音词则可能是常用的基本词汇，也可能是非常用的一般词汇。相比之下，一方面，现代汉语中的双音词使用频率通常要高于单音节，前者的信息度小于后者，相应地，质的羡余度前者要大于后者；而另一方面，双音词由于前后两个部分的相互引证和相互作用，信息内容上存在着部分的重合，又直接产生了量上的羡余成分，量的羡余度也是前者大于后者。因此，双音节词汇质、量的羡余度都大于单音节。

有关广播、电视新闻写作的著作都认为，必须多使用双音节词，而报刊新闻写作没有强调这一点。其原因在于：广播、电视新闻信息理解和接收的时间较为短暂，新闻文本的信息度不能太高，羡余度必须大一些，而报刊新闻的理解可以缓慢一些，羡余度可以也必须低一些，而信息度要高，如此才能满足受众对新闻信息求新求奇的解读要求。

(2) 句法

新闻语言是否简明也与句法结构有关，句法结构的复杂程度决定了这种结构出现的频率，频率的大小也决定了信息量(熵值)的大小，也可以作为测量新闻语言羡余度的手段。国外学者测量文章易读性的指标之一是句子的长度，某种程度上也就是简单句和复杂句的比例关系。

影响句法结构繁简的因素主要有：

A. 简单句和复杂句

语言结构的复杂因素之一是句子成分中有无修饰成分。

一般认为，新闻语言不宜附加太多的修饰成分。对于广播、电视新闻语言来说，修饰语的使用限制更为严格一些。大多数的新闻写作著作都认为，广播、电视新闻最好不用或少用修饰语，否则受众理解起来，易读性差；而报刊新闻在这一点上则没有特别的限制，其原因就在于简单句出现的频率高，羡余度高一些；复杂句出现的频率低，羡余度低一些。对于广播、电视新闻的受众来说，带有修饰成分的长句子一般难以接受。例如：

[1]这个学院培养出来的十名德才兼备、才气横溢的硕士研究生的丰硕成果，受到人们的高度重视。

上述这句话若作为广播、电视新闻，"丰硕成果"的定语就显得过长，使人们听起来吃力。应改为：

[1]′这个学院培养出来的十名硕士研究生，个个德才兼备、才气横溢。他们的丰硕成果，受到人们的高度重视。

B. 意合句和形合句

汉语复句的形式有两类：意合和形合，前者不用关联词语连接，后者须借助于关联词语。形合句中的关联成分有不少可以省去，可见，从对应形式上看，它们是逻辑语义层面上的一种羡余成分。两种不同的复句由于关联词语的有无，造成了羡余度的差异。口语中较多地出现意合句，较少使用形合句。书面语对意合和形合的复句类型没有特殊的要求，也是因为书面语的解读，其羡余度的大小对受众理解信息没有特殊的困难。就新闻语言来说，广播、电视和报刊分属口语语体和书面语体，在关联词语的使用上，前者的羡余度小于后者。

(3) 语篇结构

主要包括语篇的组合顺序、衔接方式等。

A. 组合顺序

新闻语篇的结构常见的有倒金字塔、金字塔等。为报道不同类型的新闻事件，满足人们不同认知结构的需要，新闻语篇结构各种方式的出现频率也不一致，由此也会带来羡余度的差异。在不同的新闻媒介中，编码组合的结构方式会有所差异。一般说来，由电子媒介传播的广播、电视新闻的语篇结构多用顺叙形式，符合人们常见的认知方式。顺叙形式具体有两种：

a. 时间顺序。即按照新闻事件的发生、发展安排叙述顺序，不用倒叙，具体的句子也不用倒装方式。

b. 逻辑顺序。即按照新闻事件发展的逻辑联系安排材料。常见的逻辑关系有因果、并列、主次和点面等。这种顺序在广播、电视新闻中一般都不能倒装。

顺叙和倒叙这两种方式常合用于一种称为螺丝式的结构中，即将倒金字塔式与金字塔式组合起来的结构。这种形式，通常是开头提纲挈领地介绍全篇新闻的主要内容和中心事实，然后逐步展开具体的新闻事实。而倒金字塔在国内新闻的口语语体(广播电视)中一般不怎么流行,这主要与我国听(观)众解读新闻语篇的认知结构有关,他们喜欢收听(看)有头有尾、事件明确的新闻,而倒金字塔结构的新闻似乎秩序较乱,因而不受欢迎。

报刊新闻对结构的要求较为宽松,取决于受众解读时间的自由;而网络新闻一般采用倒金字塔结构,以满足不同受众获取详略不等信息的需求。

总之,从羡余度的等级序列看,其高低为:顺叙组合结构>螺丝钉结构>倒叙组合结构

B. 衔接方式

语篇的"衔接"涉及语言单位的组合。一般认为,"衔接(cohesion)"是语篇的一种形式机制①,与语义范畴的"连贯"相对。它指的是构成语篇的有关成分以某种方式前后连接在一起的手段,是语篇有形的网络,它体现在语篇的表层结构上。

新闻语篇由于其赖以传播的媒介通道的差异,如报刊、广播、电视、网络等,必定存在着相互区别的衔接特点。新闻语篇的衔接机制有赖于语篇本体的言内语境,由各种显性、有形的衔接手段组成,具体有以下几类:

词汇手段。即利用语义上具有密切联系的多个词语,在上下文中相继出现,使得语篇的各组成部分衔接起来的方法。具体有同一词语重复,同义、反义词语同现,上下位词语同现,整体、局部词语同现,联想关系词语同现等几种。

语法手段。即利用形式手段进行衔接,主要有指称(使用指

---

① 衔接属于形式范畴还是语义范畴,学术界尚有争论,持前一种观点的主要有豪伊(Hocy)、努南(Nunan)、贝里(Berry),持后一种观点的主要有韩礼德(Haliday)和哈桑(Hasan)。

示代词、人称代词)、替代(含省略),以及利用所述实事之间的时间或空间关系(即用时间词或处所词)进行衔接。

逻辑手段。即运用各种具有连接功能的词语来体现语篇内部各部分或语段(句群)之间语义关系的衔接手段,常见的有并列、主次关系等几种。

由于语篇衔接方式所使用的手段,大多包含语义复现,具有一定的羡余性质,如词汇手段使用同义或类义词语的复现,而语法手段使用指称、替代,实际就是语法层面的词语复现,而逻辑手段,则没有词语复现。因此,就羡余度来说,语篇衔接方式的高低等级序列为:词汇手段>语法手段>逻辑手段。

2. 量的羡余度调控

量的羡余度调控,是指羡余信息或负载该信息的羡余成分的数量在信息总量中的占比。这样的羡余成分,本部分只考察语义信息的同指复现的成分,它们由同义类成分构成,包括新闻语言中字面相同的少数词语(即同形词语)重复出现,以及字面不相同(即异形词语)但语义相同或相近词语的复现。下面分别讨论。

(1) 同形词语的语义复现羡余

上文已经提及,新闻语言是十分忌讳重复累赘的信息的。但由于信道的损耗,或出于其他语用功能的需要,有时必须复现某些关键部分的信息,主要是交待重要新闻要素的词语。广播新闻就是如此,为了使听众获取清晰的新闻内容,不能只在导语部分出现一次人名、单位名或地名等,下文就用指代手法替代,而应该反复输入,不厌其烦。因为听众的随时加入是一个连续不断的过程,他们很可能会搞不清某个新闻报道的相关要素,弄不好还会带来误解。例如,1985 年 3 月 3 日,央广《新闻和报纸摘要》节目播出了波兰食品涨价的消息。许多听众开头没有注意,没有听清是波兰发生的事,后来听到从第二天起许多食品要涨价,立即引起了注意,以为是讲我国的情况,于是纷纷涌到街上去抢购。北京市崇文区金鱼池粮店库存的粮食,当天就销售一空,该粮店的职工打电话问中央人民广播电台,明天拿什么卖?这件事说明,听众收听广播,远没有报纸的读者那样留心,他们仅仅是按照个人的兴趣来理解。如果在新闻稿的结尾说一句“这次波兰的食品涨价幅度较大”,重复出现刚才播出的羡余信息,听众就不会以为是我国的食品要涨价了。

一般说来,广播新闻重复有关羡余信息的次数必须根据其所在的新闻文本的长短决定。比如报道某个工厂,报刊上出现一次厂名就可以了。广播新闻中如果是一篇较短的新闻,应该在开头和最后一段各出现一次。如果篇幅较长,则应在每个段落的开头都出现一次。

(2) 异形词语的语义复现羡余

这类成分是指新闻语篇中某些字面不相同,但意义相同、相近的成分重复出现。一般多出现在报刊语言中标题与导语、导语与主体之间某些需要强调的成分。常见构成语义复现羡余的异形词语有:

A. 缩略语与全称语

报刊新闻中的缩略语较之广播和电视新闻中要多。缩略语跟全称语之间存在语义复现的羡余信息。例如:

[2]1979年11月25日凌晨3点30分左右,石油部海洋勘探局的<u>渤海二号钻井船</u>,在渤海湾迁往新井位的拖航中翻沉。……

……

渤海二号是从国外引进的钻井船。……在拖航前，“渤二”钻井船队长刘学为了拖航安全，曾三次从海上打电报给局里，要求派船给“渤二”卸载……

（消息，渤海二号钻井船在拖航中翻沉，《工人日报》1980－7－22）

上文的“渤海二号钻井船”与“渤海二号”、“渤二”是对同一事物的指称，但分别采用了全称语与缩略语，两者构成信息羡余。

B. 指代语与先行词

报刊新闻中指代语的使用比较自由，它与先行词亦构成了同指复现羡余。例如：

[3]在津巴布韦东北偏远山村的小河边，16岁的穆昆正在洗衣服。正当她拧干衣服的时候，一道雷电打到她脚下的砂石上，使她成为雨季里遭雷击的第93个人。

（消息，砂石地上的怪现象，《参考消息》1990－5－13）

上文中的“她”指代“16岁的穆昆”，构成了信息羡余。

C. 概括语与详述语

语言具有抽象性，这是语言表述得以负载事实信息的实用前提之一，但其抽象性具有一定的等级度，日本语义学家早川一荣谓之“抽象（绎）阶梯”。抽象性越大，其所概括的内涵就越小，外延就越大，相应地，其出现的概率就大，反之就小；而羡余度亦与抽象性成正比，信息度却与抽象性成反比。概括语位于抽象等级的上端，详述语是下端。两者对应的同义词语的复现羡余，有助于受众理解语言编码内容的外延和内涵，得到一个完整的事实信息。

这类羡余主要存在于标题与导语之间。例如：

[4] **平民百姓赢了政府机关**

一场民与官相较量的马拉松官司近日得到裁决：原告——个体户王淑芹，得到被告——澧陵市政府8万元的赔偿损失

费……（消息，平民百姓赢了政府机关，《株洲日报》1987－10－30）

上例中标题与导语中的相关成分联系紧密："平民百姓"对应于"个体户王淑芹"；"政府机关"对应于"澧陵市政府"；"赢"对应"得到……赔偿"。概述语与详述语两两相对，互为羡余信息。

二、信道编码组合结构中的羡余度

新闻传播信道中的羡余现象除了涉及信息代码及其组合成分外，也与不同类型的信道编码的特殊组合结构有关。后者也会产生一定的羡余信息及高低不等的羡余度。具体可以分为两类：

（一）纵向多层面（立体）的动态羡余

纵向多层面的动态羡余现象，是由单一信道多层面的新闻信息的立体复合而产生的。这儿的"多层面"是指围绕同一新闻事实或专题，详略不等而又相对独立的多个新闻语篇处于不同的层面，"动态"是指受众的解读过程。此类羡余存在于受众对同一系列意义相关的多个新闻语篇进行解读的过程中。受众就单个语篇看没有羡余，就多个语篇对照了看则存在着复合的羡余信息。其中的单一信道有视觉和听觉两类。

视觉类多层面动态羡余存在于报刊新闻和网络新闻中。就报刊新闻来说，新闻语篇的长度影响其结构组合的方式，当篇幅超过一定的限度时，必须另加提要，以满足不同受众接收繁简不等、抽象度不同的新闻信息的要求。① 如此情况下，新闻提要和新闻正文部分等不同层面的信息就有了交集，即有了复合的羡

---

① 陈云曾指示，报纸对长文章、长报道一定要加提要。转引自艾丰《新闻写作方法论》，人民日报出版社，2010 年版，第 39 页。

余信息。受网络新闻编码形式的影响，加上报刊扩版增加信息量的需求，重要新闻采用多层面复合结构报道的"视窗化"趋势已经常态化。传播者通常在头版为这类新闻设立"导读"专栏，让该报的要闻用一级层面的标题形式聚集在一起，成为固定栏目，相当于标题新闻，透露出该期报纸的精华和亮点，同时在每条新闻标题后标明第二层面详细报道的位置，便于读者随时进入浏览。由此，一二层面的部分信息就形成了复合羡余。例如《人民日报》某日主要新闻第一层面的"今日导读"专栏是：

[1]**纪念建党八十周年理论研讨会综述**（二版）

越南媒体突出报道江泽民重要讲话（三版）

奋斗业绩：坚不可摧的钢铁长城（五版）

国家批准新建十六处国家级自然保护区（九版）

大中专学生"三个代表"实践服务团出征（十版）

后来居上的网络新闻，将信息相互关联的多层面新闻语篇的复合羡余推向极致。其中网络新闻的专题报道，其第一层面的标题与后面的第二及更高层面的文本都是分层语篇。这种多层面的文字信息，就理论上说，可以无限地进行下去，语篇间信息的复合羡余度渐次不断增高。

有学者认为，网络新闻最关键的新闻事实构成第一层面，或成为骨干层面，相关的新闻事实，如背景、细节以及新闻事实的详细展开，作为第二、第三甚至第四层面，亦即枝叶层面。例如2005年7月31日上海东方网首页新闻《高温暴雨大风冰雹昨上海碰头11级狂风吹颤南浦大桥》，第一层面，只出现上述一级标题；第二层面，出现二级标题及概要性的导语：

[2] **狂风暴雨突袭 申城从容应对秩序井然**

高温、狂风、大雨、冰雹，昨日老天大变脸——狂风暴雨突袭，申城从容应对秩序井然。

同时预先出现三级层面的提要题：

高温暴雨狂风冰雹昨日申城“四碰头”

在第三层面，出现详细的新闻语篇：

11级狂风吹颤南浦大桥　大桥交通“停滞”十分钟

疾风劲雨、烈日高温，这两种看似水火不相容的天气，却在昨天一天内先后上演。从上午10时04分中心气象台发布红色高温预警信号开始，直至16时13分发布暴雨黄色预警信号，申城接连遭到38℃高温、雷暴雨、冰雹以及11级狂风侵袭。在11级大风考验下，南浦大桥桥面出现晃动，大桥交通“停滞”8—10分钟。而来自上海中心气象台的消息称，在未来的夏日里，如此极端的恶劣天气还有可能再次出现。

专家也没有料到，昨天的最高气温竟然一鼓作气，冲到了38.2℃之高。

虽然这一温度自昨天13时32分出现后，仅仅持续了十几分钟，但这一气温令申城迎来了今夏第20个高温日，同时也达到了日前长期预报中关于高温天数（16—20天）的上限。而记者昨日从上海中心气象台了解到，在接下来的两三天，最高气温仍会超过35℃，这也意味着，今夏高温日“超标”几成定局。

在上海中心气象台2次发布强对流天气警报、1次暴雨黄色预警信号后，全市防汛系统紧急动员，全力防汛抗灾。截至昨天18时19分警报解除，市中心区没有出现大面积积水和民居区进水现象，市民生产生活秩序基本正常。市委、市政府主要领导高度关注高温雷雨天气，要求有关部门做好防暑降温和防汛抗灾工作，及时排除道路积水，解决百姓实际困难，确保城市的正常运行和人民群众的正常秩序。

对于昨天的天气，首席预报员戴新甫分析，主要是强对流惹的祸。按气象资料分析，目前本市始终处于副热带高压边缘影响中，持续高温日为申城的空气“充满”了能量，而北方一股弱冷空气犹如一把利刃，顷刻间戳破了这只“球”导致风云突变。

戴新甫表示，由于在未来一段时间里，这一天气系统不会有太大变化，因此午后到夜里局部地区仍有可能出现强对流天气。此外，由于这段时间申城“多雷”，市民出行应注意防范，尽量避免在空旷地区、树下以及高塔、广告牌等雷击事故多发区域行走。（东方网 2005－7－31）

上述网络新闻中，具有同一记号的画线、加点词语的信息，表明它们在不同层面构成的复合羡余，抽象度不等的语篇信息可以满足不同受众的接收需求。

听觉类广播、电视新闻的内容提要（即提要题），与后面的正文信息也是分层新闻语篇。广播、电视新闻常常在节目的开头，挑选约一半的要闻先行播出内容提要，作为第一层面的语篇信息，便于听（观）众选择收听（看），满足他们获取简明信息的需要，随后播出第二层面正文语篇的详细信息，两者构成了复合羡余。例如央广某日《新闻和报纸摘要》节目一级层面的内容提要（提要题）如下：

[3a]**第一届两岸民间精英论坛举行，贾庆林、宋楚瑜出席并发表演讲**

[3b]**吴官正应邀出访欧洲四国**

[3c]**庆祝新疆维吾尔自治区成立 50 周年专场文艺晚会举行，罗干观看演出**

[3d]**为期四个月的“公安大接访”工作告一段落，各级公安机关共接待上访二十万四千起，信访人表示停访息诉**

的十九万二千起

[3e]**全国工会维权机制建设经验交流会举行**

我们以其中画线的三个正文语篇为例，可以看出第二层面与第一层面重合的羡余信息：

[3b]′新华社消息：应马耳他、瑞典、芬兰和白俄罗斯政府的邀请，中共中央政治局常委、中央纪委书记吴官正昨天离开北京，前往上述四国进行友好访问。

[3c]′中央台记者张华杰报道：为庆祝新疆维吾尔自治区成立50周年，由国家民委和新疆维吾尔自治区党委、政府联合主办的专场文艺晚会昨天在京上演。中共中央政治局常委罗干等观看了演出。演出开始前，罗干等会见了曾经在新疆工作过的老同志及部分新疆籍在京工作的代表。

[3e]′中央台记者赵九骁、徐冰报道：中共中央政治局委员、全国人大常委会副委员长、中华全国总工会主席王兆国15日在义乌全国工会维权机制建设经验交流会上强调，要立足党和国家的工作大局，有效整合工会内外资源，充分运用法律手段，坚持结合实际，不断创新工会维权机制。要把维权关口前移，帮助、指导职工与用人单位签订劳动合同，代表职工与企业签订集体合同，加大源头参与力度，推动职工群众实际困难和问题的解决。

以上画线部分与内容提要多有信息的复合羡余，这对于以时间先后的一维性为顺序的传播方式来说，是十分必要的，可以满足受众随时参与收听的需要。

总之，纵向多层面的信息复合羡余是传播者为了满足不同知识背景及需求的受众而特意设计的，是一种服务于信宿（受众）的、开放的、可以调整适切度的羡余。

（二）横向单层面（平面）的静态羡余

此类羡余现象是并列的多信道（或单信道）传播的信息在单层面上的复合而产生的。根据信息的并列传播方式可以分为两类：

1. 多个信道中各自传播的信息复合而产生的羡余。例如，网络新闻传播的信息是听觉信道信息，视觉信道的图画以及文字信息并列复合而成；电视新闻传播的信息是听觉、视觉信道信息，即声画信息，并列复合而形成。这两类新闻信息因含有并列传播的同义信息的复合而产生羡余。

2. 单一信道中并列传播的信息复合而产生的羡余。例如，报刊新闻中图文并茂，在视觉信道中复合而成的信息，广播新闻中同期声与主持人或现场记者、播音员传播的信息，在听觉信道中复合而成的信息，其中都可能存有同义复合的羡余。

就传播效果来说，这种单层面的静态羡余应该尽可能避免，或者说，这种性质的新闻信息羡余度应该严格控制在一定范围之内。

我们认为，此类静态的多信道并列复合的新闻信息不能有羡余，是因为受众在共时解读的情况下不能容忍。这与上述第一类动态的信息羡余不同：动态的单信道多层面的同义复现信息虽然客观地存在着，但只有读者开始解读并横跨两个层面时才产生部分的信息羡余，单层面解读时不存在羡余，也就是说，这种羡余存在于历时（解读）的多个层面，而不是共时（解读）的单个层面，或者说，这种羡余的存在与否，与不同受众对新闻语篇临时组合的不同选择有关，这正是不同的信宿（受众）所要求的。而静态的信息复合羡余是必须严格控制的。例如，不少新闻写作著作都提及，电视新闻中的声画信息不能简单地重复，当画面本身能“说话”时，一般无需再来一段报道词。如画面上有一头牛在吃草，就没有必要再说“那是一头牛在吃草”的羡余信息。除非画面信息有歧解，文字才必须给予适当的补充。报道词与画面要保持距离，就是为了防止声画信息的叠加，出现羡余现象。

就单信道的新闻传播来说，并列复合的信息也不能有羡余。例如传统的报刊新闻的图文复合报道、广播新闻中的同期声和主持人或记者现场播音信息不应简单重复。当我们进行图文并行的报道时，如果文字报道已经讲清新闻事件了，就不必再给图片配上另外的说明；而当图片中反映的新闻事件信息已经很明了时，就不必再做详细的解说，要补充的只能是图片形象的某些不足之处。

我们再来讨论广播新闻中并列传播的信息复合的羡余问题。目前，部分广播新闻中的同期声信息仅仅起到了一种陪衬作用，常常跟文字报道词重复，成为羡余信息，其内容完全可以由后者来表述。例如：

[4]截至12月8日，广州市在一个半月的时间内端窝打点300多次，查获的假冒伪劣产品<u>标值达到9000多万元</u>，狠狠地打击了制售假冒伪劣产品的不法行为。（采访技监人员的同期声）“几乎每天都有行动，共出动2万多人次，收缴<u>货值近1亿元</u>，接近去年一年打假的货值。”

[5]<u>警方相信已经有70多支枪和数千发子弹落入黑帮手中</u>，并相信这起军火走私案与黑帮有密切关系。（采访某位警方官员的同期声）“<u>我们相信有部分枪支和大量子弹落入黑帮分子中</u>，对治安会造成极大的威胁。”

以上画线部分的信息大多重复，同期声完全是羡余信息，可以取消或部分精简。

除非是借助于同期声，表明某种新闻事实的真实性，或以示证实或强调，才可以出现报道词与同期声信息的复现羡余现象。例如：

［6］澳门回归一年来，社会治安比回归前大有改进，为了保证江泽民主席到澳门参加回归一周年庆典活动的安全，公安部副部长提前到澳门检查治安情况，他认为澳门的治安比以前好多了。（采访副部长的同期声）“澳门的治安的确有所改善，比回归前好多了。”

“澳门回归治安”这个话题是澳门经济发展至关重要的前提，也是人们十分关注的焦点之一，同时也是老大难问题。适当重复其中的某一信息，虽然造成羡余，但有利于向听众重申这一重要事实。此类重要人物的（同期声）讲话即使是羡余的，也应予以突出强调。

综上所述，信道中因编码组合结构而产生的新闻信息羡余有两种：纵向多层面（立体）的动态羡余和横向单层面（平面）的静态羡余。前者是形成于历时解读中的羡余，后者是多（单）信道中的复合羡余，产生于共时解读中。为方便受众解读信息，我们应适当增加动态的羡余，而尽力减少静态的羡余，从严把握好“度”。

第二章　不同信道新闻语言羡余度的量化分析

本质上说，信道即媒介。不同的新闻媒介，就是不同的信息传输通道，即不同的信道。不管是何种新闻传播媒介，它们所使用的新闻传播代码最主要的都是语言代码。虽然如此，由不同媒介所决定的新闻语言代码编制的羡余度还是有所区别的，即报刊、广播电视、网络等不同传播媒介下新闻语言的羡余度是存在差异的。本章将通过信道编码和信宿反馈两个方面予以量化分析，以期进一步揭示不同传播媒介与新闻语言羡余度的关系。

一、信道编码的羡余度比较

为集中揭示不同信道新闻语言羡余度的差异，我们以消息为例，通过对封闭语料进行统计，从质和量两个方面来比较报刊、广播电视、网络新闻语言的区别。

本章采用的统计语料如下：

报刊新闻消息，采用的文本是严介生、王乃钧编著的《消息精品选评》（中国广播电视出版社，1996）；广播、电视新闻消息，采用江欧利编著的《中国广播电视新闻奖2000年度新闻佳作赏析》(新华出版社,2002)、孟建、祁林编著的《广播电视新闻范文评析》(新华出版社,2001)和江苏省新闻工作者协会编的《江苏新闻五十年精品选》(广播电视卷)(江苏人民出版社,1999),以及从中国广播网、中央电视台网站,以及中央人民广播电台和中央电视台节目单中下载或实况收录、听写整理的文本稿;网络新闻消息,采用的文本是网易、新浪、搜狐等商业网站和东方、千龙、人民、中新等新闻网站中的新闻。

(一) 质的羡余度比较

质的羡余度比较包括词汇、句子、语篇等几个方面。

1. 词汇

词汇的羡余度包括一定新闻文本中虚词、实词的数量比例,实词内部某些词类成员的数量比例。

本编第一章我们曾经指出,实词的出现频率比虚词低,信息度较高,而质的羡余度较低。实词内部又是动词的信息度较高,质的羡余度较低;形容词正好相反,质的羡余度较高。下文我们对不同新闻文本中的虚词和实词,动词和形容词的出现数量进行统计,以此间接测算不同新闻语言的羡余度。

(1) 实词、虚词的比例

统计中,我们将副词划归虚词,并按标题、导语以及整个语篇(含导语,不含标题)为单位,对其中的实词、虚词数量进行对比。

报刊新闻消息,我们统计了 12 篇作品。为保证语料具有足够的代表性,我们选用的消息覆盖了包括动态新闻、综合新闻、解释性新闻、述评性新闻、特写性新闻、人物新闻、批评性新闻等各类题材。统计数据如下:

表 1　报刊新闻语言实词、虚词的数量分布

类别	标题		导语		语篇	
	实词	虚词	实词	虚词	实词	虚词
总词数	218	25	1029	499	3952	1029
百分比	89.71%	10.29%	67.34%	32.66%	79.34%	20.66%

广播、电视新闻消息，我们统计了 10 篇作品，广播、电视各半，内含现场新闻和口播新闻，语篇和导语的具体数据如下：

表 2　广播、电视新闻语言实词、虚词的数量分布

类别	导语		语篇	
	实词	虚词	实词	虚词
总词数	425	94	2542	692
百分比	81.89%	18.11%	78.60%	21.40%

需要说明的是，广播、电视新闻标题的书面（纸质记载、屏幕出现）形式常常只是为了称说、使用的便利，不是实际存在的口语形式的标题。为真实比较不同媒介新闻语言的标题特点，我们收听了国家级权威媒体中央人民广播电台和中央电视台近期的新闻节目，通过录音手段记录整理了《新闻和报纸摘要》、《新闻联播》中消息语篇的内容提要，我们称之为提要题，选取了此类标题各 26 条，现将统计情况归总如下：

表 3　广播、电视新闻标题语言实词、虚词的数量分布

类别	广播电视标题	
	实词	虚词
总词数	642	63
百分比	91.03%	8.97%

网络新闻，我们统计了近期代表性商业和新闻网站的新闻15篇，具体的实、虚词比例如下：

表4　网络新闻语言实词、虚词的数量分布

类别	标题		导语		语篇	
	实词	虚词	实词	虚词	实词	虚词
总词数	163	13	561	105	2687	628
百分比	92.62%	7.38%	84.23%	15.77%	81.06%	18.94%

综合上述不同媒介的新闻词汇数据，现将标题、导语、语篇的实、虚词数量百分比对照如下：

表5　不同媒介新闻语言实词、虚词的数量分布

媒介类别	标题(实：虚)	导语(实：虚)	语篇(实：虚)
报刊	89.71%：10.29%	67.34%：32.66%	79.34%：20.66%
广播电视	91.03%：8.97%	81.89%：18.11%	78.60%：21.40%
网络	92.62%：7.38%	84.23%：15.77%	81.06%：18.94%

上表数字表明，不同媒介的新闻语言中，网络新闻的虚词所占比例最小，因而其整个文本的信息量最大，羡余度最小，其次是广播电视，最后是报刊。按羡余度由大到小的次序排列，它们是：报刊＞广播电视＞网络。同样，就新闻语篇及其组成部分来说，由虚词的多少而带来的信息量由多到少的顺序依次是：

电子媒介(广电、网络)新闻　标题＞导语＞语篇

报刊　新闻　标题＞语篇＞导语

而相应的羡余度由多到少正好相反：

电子媒介(广电、网络)新闻　语篇＞导语＞标题

报刊　新闻　导语＞语篇＞标题

上述不等式表明，所有媒介中，标题中的虚词占比均较低，体现出羡余度较小，以便加大信息量，最大限度地节省受众接收新闻信息的成本。而导语的虚词，则各媒介的占比有所不同：纸质媒介的报刊新闻比电子媒介的新闻占比要高一些，也即羡余度亦高，以便于更多地表达传播者的主观意图，较为从容地稀释新闻信息；而电子媒介的新闻虚词占比低，亦即羡余度低，旨在浓缩文本，提高信息度，以便让受众接受起来更为迅速。

(2) 实词内部成员形容词和动词的比例

实词内部成员的考察，我们选取了导语和语篇中的动词和形容词，通过它们出现的数量比例观察不同信道中新闻语篇的羡余度。

我们同样选择了消息语篇报刊类 12 篇，广播电视类 10 篇，网络类 15 篇进行统计，具体数据如下：

表 6 不同媒介新闻语言动词、形容词的数量分布

类别		导语		语篇	
		动词	形容词	动词	形容词
报刊	每篇平均	7.25	0.92	53.67	8.67
	平均占全篇词语总数百分比	12.93%	1.63%	62.59%	10.11%
广播电视	每篇平均	8	1.4	29.3	4.4
	平均占全篇词语总数百分比	2.47%	0.43%	56.45%	8.48%
网络	每篇平均	7.33	0.6	46.2	4.67
	平均占全篇词语总数百分比	16.51%	1.35%	20.9%	2.11%

上述数据表明：

A. 就不同媒介的新闻来看，导语部分的动词与形容词的占比数量由大到小依次是：网络（16.51%：1.35%＝12.22：1）＞报刊（12.93%：1.63%＝7.93：1）＞广播电视（2.47%：0.43%＝5.74：1），即动词与形容词相比的倍数分别是12.22倍、7.93倍和5.74倍。

B. 整个语篇来看，动词与形容词的占比情况由大到小依次是：网络（20.9%：2.11%＝9.89：1）＞广播电视（56.45%：8.48%＝6.66：1）＞报刊（62.59%：10.11%＝6.19：1），即动词与形容词相比的倍数分别是9.89倍、6.66倍和6.19倍。

就导语和整个语篇中的动形倍数比较来看，报刊、网络新闻中都是导语大于语篇，数据分别是：

报刊导语7.93：1＞语篇6.19：1

网络导语12.22：1＞语篇9.89：1

而广播电视中却是语篇大于导语：

语篇6.66：1＞导语5.74：1。

上文第一节已经指出，动词的信息量大于形容词，相应的质的羡余度就是动词低于形容词。因此，动词数量大于形容词的语篇，其中的信息度就高，羡余度就低。据此，我们可以就动词和形容词的占比情况得出结论：

就不同媒介来说，导语部分的信息量由大到小依次是：网络＞报刊＞广播电视，而质的羡余度的高低正好倒过来：广播电视＞报刊＞网络；整个语篇的信息量由大到小是：网络＞广播电视＞报刊，而质的羡余度反过来就是：报刊＞广播电视＞网络。

值得注意的是，广播电视的导语中的动词占比数量要小于整个语篇。即导语的信息量小于整个语篇，而羡余度大于整个语篇。亦即,广播电视导语部分动词占比数量较小,形容词占比数量较大。如此安排羡余度较大,信息度较低的导语,可能是出于吸引、提醒受众接收信息的需要。

2. 句子

句子的羡余度可以通过测算新闻语篇中不同类型句子的比例间接予以获取。这种可供测算的句子为单句中的简单句和复杂句,复句中形合句和意合句。本编第一章我们曾指出,简单句和形合句是羡余度较高的句子,复杂句和意合句是羡余度较低的句子,统计它们的出现数量可以作为测算句子羡余度的手段。对于复杂句,我们主要统计语篇句子中定语和状语等修饰成分的数量;对于形合句,主要统计语篇句子中作为形合句标志的关联成分的数量。

(1) 句子中定语和状语的出现数量。我们分导语和语篇两个部分统计,语料的选取同上文的词汇统计一样。不同媒介新闻语篇中每篇拥有定语、状语的平均数量(单位:个)如下:

表7 不同媒介新闻语言修饰语的数量分布

媒介类别	篇目数	导语		语篇		语篇平均修饰语数量
		定语	状语	定语	状语	
报刊	12	2.42	5.5	13.08	17.83	30.91
广播电视	10	2.3	5.2	12.7	21.3	34
网络	15	2.4	3.07	10.07	22.93	33

数据统计表明,报刊新闻导语中的定语、状语均略高于广播、电视,报刊语篇中的定语也是如此,但语篇中的状语则是广播电视新闻超出了报刊;网络新闻语篇定语少于报刊和广播电视,但语篇状语要超出。不过就修饰语的平均情况来看,四类新闻的数量相差不多,由多到少依次是:

广播电视＞网络＞报刊

一般认为，修饰语多的句子使用频率较低，理解起来比较困难，因而羡余度要低一些，反之则羡余度要高。由此得出因复杂句而反映出的不同媒介新闻语言的羡余度等级为：

报刊＞网络＞广播电视

上述排列顺序似乎有点出乎意料。一般认为，报刊是书面表达的语言，理解较为困难；广播电视是口语表达的语言，理解应该较为容易。可反映在修饰语的多少上，情况恰好相反。此类现象正好说明了作为传播媒介的信道对新闻语言羡余度的制约：首先是广播、电视由于信道容量的限制，必须加大为数有限的语言代码的信息度，使用十分经济的句法手段，因为构成复杂的句子，免不了使用修饰语；另外，通过修饰语也可以用来衔接语篇，起到语意连贯，方便解读的作用。看来以往新闻著作中一味强调少用修饰语的说法也不尽确切，只是要避免使用太长的修饰语。其次，网络新闻的修饰语也跟报刊不相上下，这是由于其脱胎于报刊新闻，尚未形成真正意义上的网络特性的新闻，它的特征还有待进一步探索。就目前来说，还是十分接近报刊的。

(2) 句子中关联词语的出现数量。对句子中的关联词语进行统计，即可知道各自形合句的出现比例。我们统计了不同媒介的新闻消息语篇，有关关联词语的数量分布如下：

表 8　不同媒介新闻语言关联词语的数量分布

类别	报刊	广播电视	网络
篇目数	12	10	15
关联词语总计	73	49	65
平均每篇数量(个)	6.1	4.9	4.33

上表数据标明，不同媒介中的新闻语篇使用关联手段的形合句的平均数量依次是：

报刊＞广播电视＞网络

这种排列次序一定程度上说明了关联手段这种结构性羡余成分在不同媒介中的比例，亦从一个侧面反映了句子所在语篇的羡余度：报刊最高，广播电视次之，网络最低。

3. 语篇

语篇组合的羡余度，我们主要考察结构顺序。

学术界通常认为，以逻辑顺序和时间顺序组合的语篇比较符合一般人解读新闻编码的认知心理；而倒金字塔结构，或者说倒序结构较为新奇，是一种高熵顺序，信息度较高，但羡余度却是前者高于后者。我们将逻辑顺序及时间顺序统称为顺序结构，与倒金字塔结构对立，统计不同媒介的新闻语篇中拥有这两种结构的具体数量，间接获取不同结构语篇的羡余度差异。

报刊新闻语篇结构类型的比例是：

表 9　报刊新闻语篇结构类型的数量分布

结构类型	倒金字塔结构	顺序结构
篇数	12	10
百分比	54.55%	45.45%

广播、电视新闻语篇结构类型的比例是：

表 10　广播、电视新闻语篇结构类型的数量分布

媒介类别	广播		电视	
结构类型	倒金字塔结构	顺序结构	倒金字塔结构	顺序结构
篇数	11	18	5	17
百分比	37.93%	62.07%	22.73%	77.27%

网络新闻语篇的结构较为复杂，各网站的差异亦较大。我们以各商业和新闻网站近日首页的新闻消息为例，它们的语篇结构情况如下：

表 11 不同网站新闻语篇结构类型的数量分布

网站	倒金字塔结构篇数	顺序结构篇数
中新	6	7
东方	4	3
人民	1	2
千龙	2	4
搜弧	2	4
网易	3	2
新浪	2	2
总计	20	24
百分比	45.45%	54.55%

综合上述对不同媒介新闻语篇结构所做的分析，我们可以列出它们的结构类型分布比例对照表：

表 12 不同媒介新闻语篇结构类型的数量分布

媒介	倒金字塔篇数	顺序篇数	倒、顺之百分比
报刊	12	10	54.55%：45.45%
广播电视	16	35	31.37%：68.63%
网络	20	24	45.45%：54.55%

顺序结构是一种高羡余度的结构，因而不同媒介中，顺序结构占百分比的数量由大到小的排列次序可以视为各自新闻语篇结构的羡余度差异：

广播电视(68.63%)＞网络(54.55%)＞报刊(45.45%)

上述羡余度的等级序列符合不同媒介新闻信息解读时受众认知难易程度的承受能力。

（二）量的羡余度比较

理论上说，量的羡余度可以分为多层面的立体复合羡余和单层面的平面复合羡余两类。限于篇幅，我们只统计前者的同义信息的复合羡余度，按语形相同（字面完全相同）和语形相异（字面不同）两类分别予以考察，直接测出羡余度。统计的语料，仍取自上文提及的新闻作品集中的文本。报刊消息，我们选取的新闻作品标题，包括引题、主题和副题。广播和电视消息，选取了中央人民广播电台、中央电视台的《新闻和报纸摘要》和《新闻联播》的消息内容提要。网络新闻，除了专题以外，我们把普通的新闻都算作消息类作品，抽样统计了近期某一天各网站首页新闻（中心）的例子。

本章第一节，我们曾对不同信道中编码组合结构的羡余度进行过分析。所谓立体复合的羡余是指不同的语篇层面通过历时解读而产生的羡余。不同媒介的新闻在多个语篇层面的组合方式上不尽相同，报刊和网络新闻中的标题和正文可以视为不同的语篇。广播、电视新闻中先后间隔播出的内容提要和详细内容同样分别属于不同的语篇。我们将以标题为代表考察其在不同媒介新闻语篇中的羡余度。重点考察标题在多层面立体复合信息中的羡余情况。具体的统计内容有：

报刊类　标题和正文部分的语形相同及相异的同义复合羡余；

广播、电视类　内容提要和正文的语形相同及相异的同义复合羡余；

网络类　第一层面标题和第二层面标题的语形相同的同义复合羡余，以及第二层面标题跟其正文的语形相同及相异的同义复合羡余。

我们的考察情况简述如下：

(1) 报刊新闻的标题较为复杂，所有的引题、主题和副题，均视为标题的成员，我们一并统计它们的字数。统计的语篇共13篇，每篇标题平均总字数33.75个，与正文字面相同的平均字数为24.92个，与正文字面不相同的平均字数为3.75个，由此得出标题的平均羡余度为84.95%。

(2) 广播新闻的标题就是一般所说的内容提要(提要题)，与一般所说的详细内容(正文)的同义复现率即是我们统计的羡余度。我们统计的语篇为10篇，标题的平均总字数为23.9个，与详细内容字面重复的平均字数为20.6个，字面不重复但意义相同的平均字数为1.7个，得到的标题平均羡余度为93.31%。

(3) 电视新闻标题与正文复现羡余情况的分析同广播一样。我们统计的语篇有6篇，标题平均总字数为28.17字，与详细内容(正文)字面重复的平均字数为27.83个，字面不重复而意义相同的为0.33个，得出的标题平均羡余度99.96%。

综合广播、电视提要题的平均羡余度是：(93.31% + 99.96%)/2 = 96.64%。

(4) 网络新闻标题的复合羡余信息包括两个方面，一是多层面的标题的复合羡余，主要是第一层面与第二层面的重复；二是第二层面的标题与同层面正文的重复。统计的具体数据如下：

表 13　网络新闻标题语言的复合羡余情况

文本编目	标题总数字		第一层面标题在第二层面标题中的复现羡余		第一/第二层面标题的羡余度	第二层面标题在正文部分的复现羡余	
	第一层面	第二层面	同形复现	异形复现		同形复现	异形复现
1	10	11	10	0	100%/100%	8	3
2	13	21	13	0	100%/100%	17	4
3	18	22	5	7	66.6%/90.91%	16	4
4	6	22	5	1	100%/95.45%	14	7
5	18	18	18	0	100%/100%	18	0
6	19	22	19	0	100%/100%	13	9
7	20	21	20	0	100%/100%	20	1
8	20	21	20	0	100%/100%	14	7
9	21	21	21	0	100%/100%	18	3
10	19	21	17	0	89.47%/100%	19	2
平均	16.4	20	14.8	0.8	95.61%/98.64%	15.7	4.0

综合网络新闻一、二层面的标题羡余度，平均为：(95.61% + 98.6%)/2 = 97.13%。

从上面的数据分析，可以得出新闻标题的立体复合羡余度在不同媒介中的等级序列是：

网络(97.13%)＞广播电视(96.64%)＞报刊(84.95%)

这个等级序列的形成，源于不同媒介的新闻信道传播方式的差异：广播、电视新闻的接收方式是时间上的线性形态，解读中的一维性特征是不可逆转的。为帮助记忆，复合羡余必须具有一定的量度；而报刊新闻虽然也有一维性的解读因素，但纸质平面的二维性，可以使解读行为前后反复多次进行，所以复合的羡余度可以也必须小一些；而网络新闻处于两者的中间，虽说也有类似报纸平面的二维性，但终究是虚拟的，正是这种非真实的平面型屏幕常常使解读者容易疲惫，迫使其解读方式近似于广播电视的一维性，因而复合羡余度也必须与广播电视相同，甚至超出。总体来说，广播、电视和网络新闻均属电子媒介新闻，它们共有的质的属性决定了其拥有较高程度且几乎相同的羡余度。

二、信宿解码的羡余度比较

信道编码的羡余度，也可以通过信宿解码时的反馈情况检验其高低程度是否适切。

信宿在新闻作品解码时反馈的羡余度涉及质和量两个方面，前者包括对不同羡余度的新闻作品所赖以传播的媒介（报刊、广播电视和网络）的选择、对语言要素（词汇、句法结构、句式等）的选择，以及语篇组合方式（倒序和顺序结构、信道中编码组合结构）的选择；后者包括对新闻中不同语用功能的羡余信息（议论类、情感类）的选择，对多层面新闻语篇的不同组合成分（广播、报刊、网络）的选择，以及对羡余度不等的新闻语篇组成成分（如背景）的选择。

我们曾在南通大学广播电视专业本科二年级学生中随机选取了100人作了问卷调查，设计的问题涉及以上羡余度的质、量两个方面的相关内容，现结合不同专题对调查结果如实客观地分析整理如下，更进一步的理论探讨还有待今后的深入研究。

（一）质的羡余度

1. 对不同羡余度的媒介的选择

问题A：你获取新闻信息通过那一种途径？

- 只看报纸，占2%

- 只上网，占 2%
- 只听广播，占 2%
- 只看电视，占 0%
- 同时看或听上面的两种媒介的新闻，占 42%
- 同时看或听上面的三种或三种以上的新闻，占 52%

2. 语言要素的选择

(1) 对负载语言信息的不同性质代码的选择，例如对形合句和复杂句的选择。

问题 B：你是否喜欢新闻中使用关联词语的句子？

- 喜欢，占 20%
- 不喜欢，占 22%
- 看情况而定，占 58%

问题 C：你对新闻作品长句子中使用定语和状语持什么态度？

- 讨厌长句子中的定语，状语，36%
- 喜欢长句子中的定语、状语，14%
- 看情况而定，50%

(2) 对结构方式的选择，如对倒序和顺序结构的选择；对信道中编码组合方式的选择，如对单层面的口播新闻和多层面的录音、声像符号多层面组合新闻的选择。

问题 D：你认为新闻结构方式应该是

- 倒序结构，占 14%
- 顺序结构，占 42%
- 无所谓，占 44%

问题 E：以下不同形式的新闻，你喜欢收听或收看哪一个？

- 录音新闻或图像新闻，占 90%

- 无当事人录音或图像的口播新闻，占 10%

（二）量的羡余度

1. 受众解读新闻时，对不同语用功能的羡余信息的选择

问题 F：你认为新闻消息要不要在其中发议论？

- 要，占 17%
- 不要，占 35%
- 看是否需要，占 48%

问题 G：你认为新闻中要不要插入一些问候、寒暄之类的情感语言？

- 要，占 18%
- 不要，占 56%
- 看具体情况而定，占 26%

2. 对多层面的不同新闻语篇成分的选择

问题 H：你听广播或看电视时选择的方式通常是

- 听广播或看电视只关心内容提要，不听（看）内容全文，占 8%
- 既听（看）提要也听（看）详细的全文，占 16%
- 既听（看）提要也听（看）详细的全文，但内容不喜欢就不听（看），占 74%
- 始终从头到尾地听（看），不管内容如何，占 2%

问题 I：你看网络新闻，一般看多少？

- 只看首页标题，占 8%
- 只看首页新闻全文，占 12%
- 既看首页标题，也看相关的二级、三级页面，占 30%
- 只看重点新闻的首页标题，一直到最后一个页面，追求完

整，占 10%

- 随心所欲，没有规律，占 40%

问题 J：你看报纸新闻，一般看多少？

- 只看首页的导读栏目或新闻标题，占 6%
- 既看首页的导读，也看后面相关的正文，占 57%
- 只看首页的新闻全篇，占 2%
- 随便翻看，不管内容，没有规律，占 35%

2. 对不同羡余度的新闻语篇成分的选择

问题 K：网络新闻中多个页面的标题基本相同，你是否喜欢？

- 喜欢，占 4%
- 不喜欢，占 90%
- 看情况而定，占 6%

问题 L：网络新闻中常提供大量的背景羡余信息，你是否讨厌这种安排？

- 我喜欢，它可以提供给我选择阅读的机会，占 90%
- 根本不需要，占 8%
- 就是需要，我也不看，占 2%

根据上述问卷调查的结果，我们可以将受众感受到的反馈羡余度对照信道编码实际设置的羡余度，如果两者接近，就说明传播中的信息共享基本实现，否则就得调整信道编码的羡余度，使之进一步适合受众的需要。

综上所述，新闻语言的羡余问题虽然涉及新闻传播的整个过程，但无论是出于什么语用功能而需要出现羡余信息，都必须综合调控其羡余量，使之适合特定的信道容量（如报纸版面、广播电视的播出时间等）所要求的“度”，最终落实到新闻信息的语言编码中。而贯穿这个“羡余度”调控的最高准则是：以信宿为判断标准，综合传播媒介的特点，以保证信息编码“量”的最低限度传输到位（传、受双方信息共享）为基准，并到达信息“质”的最高标准，即以实现信息的语用功能（审美功能，以及能动地影响、改造社会和信宿个人，促进社会和人类进步的导向功能）为努力方向。在此基础上适切地安排各个不同信道中质和量的羡余度，才能最经济地发挥新闻语言负载新闻信息的最高效能。

第三章　报刊新闻语言羡余度调控的个案分析

香农(Claude Shannon)认为,信息是由“有效信息和羡余信息”组成的。两类信息是此消彼长的关系:有限的信道容量中,羡余信息占用多了,一定时空内所能传递的有效信息也就减少了。(崔梅、周芸 2011:69—70)一般认为,信息传播过程中,羡余信息是一把双刃剑,使用适度、得当,有助于打通信道,提高接收效果,谓之有效羡余;反之,无助于这一目的的就属于无效羡余,它与经济原则对立,导致信息损耗,只会降低传播效果。复旦大学徐培汀认为,一篇新闻作品里,羡余信息愈多,信息量便愈少。但为了便于理解,必要的羡余信息,如新闻背景,是需要的;不必要的羡余信息,如冗词赘余,应尽可能删除,以提高信息的密集度。[①] 显然,新闻信息的传播同样必须保持适中的羡余度,过大过小都会影响传播效果。羡余信息的有效与无效,其判别标准在于是否具有特殊的语用功能,包括主观导向功能、情感认知功能、排除干扰消除噪音的补偿功能等等。总的说来,在适度保留有效羡余信息的基础上,对其总量必须予以调控,即最大

① 徐培汀《信息传播与新闻改革》,见《新闻学论文集》,人民日报出版社,1986 年版,第 325 页。

限度地删减无效羡余信息，以免喧宾夺主，占挤更多的信道，影响主要信息的传播。

本章将以视觉信道的报刊新闻为例，讨论新闻语言羡余度的调控问题。就报刊新闻语篇来说，调控羡余度的方式有两类，一类是主要信息复现的羡余，主要针对新闻事实的核心信息，即调控负载该信息的相关成分的复现方式和数量。包括同义类成分同指复现，或蕴涵复现。前者的复现又分为语形相同与相异两类：前者复现的成分不但语义相同，形式也相同，后者只是语义相同，形式却不同。而同义成分的蕴涵复现，是指某个成分的信息，已被其他成分所包含，而其本身又出现了一次。如“花钱买”，“买”已经包含“花钱”，但在前者（“买”）出现的情况下，后者（“花钱”）又一次复现。另一类是次要信息的羡余，主要针对新闻非核心信息，其主要代表就是新闻业界所谓的“背景信息”。需要调控的是此类信息的详略程度，它们虽具有重要的语用功能，但终因其具有的羡余性质而必须严控其数量规模。

一、核心信息复现的羡余度调控

报刊新闻语篇中复现的羡余信息调控有局部和整体两个层面。前者为局部各个组成部分（即新闻语篇中标题、导语、主体部分）的微观调控，后者是整体语篇纵向的宏观调控。考察的语料主要是报刊新闻，必要时兼及其他媒介的新闻。

（一）微观的局部调控

新闻语篇微观的局部调控，主要对象是没有明显语用功能的无效羡余信息。包括同义类成分的同指式及蕴含式复现羡余信息。

1. 同义类成分的同指式复现羡余

(1) 语形相同的复现羡余

此类现象,是指两个或多个语形相同(或基本相同)的语言成分所表达的语义是同一的,通俗地说,就是同一(或基本相同)词语两次或多次使用。就新闻语言来说,总体要求是精练、简明。尤其是标题,更应该如此。它必须是新闻事实内容的高度概述,也是传播者渗透主观意图的基础。这样的寸金之地,必然要求保留信息的精华,剔除没有任何语用功能的无效羡余成分。重复的词语当在此例。主要是实词性成分:

1) 名词、动词、形容词性成分

我们先看新闻标题中的实例:

[1]**招贤榜似春风吹皱了一滩死水**

四平市张榜招贤以后,二十多天就有八百多名省内科技人员应招(标题,《吉林日报》1980-10-8)

[2]**洪湖水上秋色好 社员采菱挖藕忙**

……每天早晨东方还未发白,社员们就划着船向莲场、菱场进发……(标题,《人民日报》1961-9-10)

[3]把方向盘的同志您想学哪位同志

道路泥泞"60014"故意脏妇孺

道边呼救 桑道生调头奔医院(标题,《抚顺日报》1985-7-31)

[4]**推广一项新技术 振兴十间水泥厂**

华南工学院研究成功的"立窑低温烧制快硬水泥"新技术,可用劣质煤快烧制高标号水泥,在省内十多间水泥厂推广后,经济效益显著(标题,《南方日报》1982-10-6)

[5]牡丹亦喜漫天雪

洛阳出现牡丹傲雪开放奇观(标题,新华社 1994-11-16)

上述例子均有词语(或其中的一部分)复现,已有着重号或下画线标明,其中的某些词语属于无效羡余成分,应适当删除。例1,"招贤榜"在主题中已有说明,与副题"张榜招贤"明显重复,后者当删。例2、3两个标题,引题、副题中分别出现了重复信息,似可精简。例4,副题对主题的"新技术"进行的诠释过于详细,两者有部分重复,而且副题"在省内十多间水泥厂推广后"与主题直接重复(且数字有出入)。可以精简如下:

[4]′**华南工学院研究成功用劣质煤烧制高标号水泥的新技术,经济效益显著**

例5,复合标题中,引题已有"牡丹""喜漫天雪",主题又有"牡丹傲雪",既有字面同形的重复,又有非同形的语义信息复现。经修改后的见报题如下,避免了无效羡余:

[5]′候选国花传佳音 国色天香傲雪开

洛阳一株牡丹初冬怒放(《人民日报》1994-11-16)

再看新闻语篇正文部分中需要精简的复现词语(下述画线部分),其中的某些成分亦属无效羡余成分:

[6]阿玲是个有志气的姑娘,她想,既然当了个体户,要干,就要干好。(《好新闻——1985年全国好新闻入选作品》,1986,45)

[7]在他们荣立集体一等功6年后的今年9月1日,他们再次荣立集体一等功。(引自巩衍杞等1992,179—180)

[8]美国总统罗内德·里根今天早晨离开华盛顿,开始了他的访问中华人民共和国之行。他将途经加利福尼亚州,夏威夷和关岛,于(1984年4月)26日到达中国。他是中美两国自1979年建立外交关系以来访问中国的第一个美国在职总统。

里根和夫人南希在前往中国途中将在加利福尼亚州、夏威

夷和关岛停留，于26日到达中国。（同上）

例6，“要干”、“干好”直接造成了动词的复现羡余。应删除“要干”这个分句，整个语段也避免了假设复句中推论类（即“既然……就……”）与说明类（即“要……就……”）之间的冲突，逻辑语义上也更为贯通。例7，第一个“他们”可以删除。“荣立集体一等功”两次复现，属于无效羡余，应当精简。如将第二个“荣立集体一等功”改为“获此殊荣”或“荣立一等功”、“荣立”。例8，第二段几乎都是复现词语，完全是羡余信息，应删，同时在第一段“里根”之后加上“偕同夫人南希”即可。

[9]对他们无休止的，甚至是不成问题的问题，不能抱应付和烦躁的态度，要耐心地回答和解释各种疑问。（《齐齐哈尔日报》1986－6－16）

[10]14点20分，中方北侧志愿队员李政新，孤身一人孤军作战，第四个登上珠峰顶峰。（《人民日报》1988－5－6）

上述例9的状语里已经有了“问题”，作后面动词“回答和解释”的受事，该动词后就不必再出现“（各种）疑问”。“问题”、“疑问”是一个意思，构成复现羡余，后者应删除。例10画线词语部分甚至完全重复，存在不当羡余信息，应删除“孤军作战”，并改“顶峰”为“之巅”。

[11]女人随着年龄的增长，嗅觉丧失的程度要比同年龄的男人要小。（《电视报》1986－2－28）

[12]古有名谣，“举秀才，不知书；举孝廉，父别居……”……联系到老同学的怀才不遇，不是也从另一个侧面看出个别领导在选用人才上存在一个类似“举秀才，不知书”的弊端吗？（《生活报》1986－9－7）

[13]我数了每个车厢的人数，超员数都在40人以上。（《山西青年》1986－9）

上述例子中的"要","举秀才,不知书","人"、"数"均重复了一次,其中之一为无效羡余成分,皆应去掉后一个。

2) 数量词、代词类

[14]**"三千万翡翠丢失",民警7小时找到**

一位先生报警价值3000万元翡翠丢失,民警用心理战询问10余名清洁员,找到翡翠(标题,《新京报》2012-1-26)

上述主、副题充斥了复现词语,除了数词外,名、动词也有重复,存在着无效羡余成分,理当去除一个,并适当调整相关词语。

[15]双城县幸福满族乡发生一起因婚事大操大办造成的一起严重的食物中毒事件。(《生活报》1988-9-2)

[16]我好像一个担簦蹑屩足迹遍万里的一个旅客。(《生活导报》63期)

[17]到家就看见一张使馆里送来的一张纸条儿。(《大公报》1944-5-2)

[18]中曾根建议,改变这种在宴会上或聚餐会上这种传统的做法。(《生活报》1987-5-20)

上述例子中数量短语、指量词重复,其中之一必为无效羡余成分。如要强调,就保留前一个,删除后一个。末例的"这种传统的做法",是指人们互换酒杯,或一个酒杯轮流喝酒的习惯。

[19]那是五月五日那天,石油五厂新建一座锅炉,需要用火碱液洗涤。(通讯,《党给了我第二次生命》)

上例是指示代词复现,前面用"那(是)",后面就不应再出现"那(天)",应删掉一个无效羡余成分。

再看整个新闻语篇中前后复现的无效羡余信息:

[20]**甘肃14名婴儿同患肾病疑因喝三鹿奶粉所致**

9月8日,位于甘肃省兰州市的中国人民解放军第一医院泌尿科又接收了一名8个月大，来自该省岷县的患有“双肾多发性结石”和“输尿管结石”病症的婴儿，这是该院三个多月来接受的第14名患有同样疾病的病例。

……

不排除出院还有后遗症

解放军第一医院泌尿科已经接受了14名患肾结石的婴儿，到昨日为止，有6名在手术后康复出院，其余8名仍在医院治疗。

该院泌尿科首席医生李文辉介绍说，该科是在6月28日收到第一例婴儿患“肾结石”的病例。在3个月时间里，陆续共有14名婴儿因患同样的疾病住院。

……

罪魁指向“三鹿”奶粉

据李文辉介绍，经过检查后发现，这14名婴儿中有90%以上为尿酸胺结石，这种情况在结石中非常少见，一般是因为营养不良造成，多见于儿童和老人的膀胱结石。而经过进一步检测，医院推测这14名婴儿是由于摄入的脂肪和蛋白含量比例失调，引起体内嘌呤碱代谢异常，继而产生尿酸和尿酸盐结晶，在上尿路梗阻后形成肾结石，导致肾衰竭。

…… （《东方早报》2008-9-11）

上述新闻中，“14”这个数字重复有6次之多，应该去掉一些无效羡余成分，如最后的两个“14”完全可以不说。

3）副词类

最常见的是时间副词。它们一般是新闻语言中的时态标志，消息中必须交代，但也不必处处出现这一标记。例如下述消息中的“将”的使用就有过度羡余的现象，应予删减：

天安门城楼[将]展新姿

为了庆祝中华人民共和国建国四十三周年，天安门城楼已焕然一新，[节日的天安门城楼][将]以更加壮观和绚丽多姿来迎接中外宾客。这是记者近日从北京市人民政府天安门地区管理委员会获悉的。

[据管理委员会王蕴荣主任介绍，为了庆祝中华人民共和国建国四十三周年，天安门城楼已焕然一新。]

城楼四面的红墙和观礼台已重新粉刷一新，还换上了新绘制的巨幅毛主席画像。九月三十日，城楼上将悬挂起新制作的八盏大红灯笼，城楼上的大厅内的壁画也进行了更新，通往城楼顶上的东西两侧的马道也铺上红色的地毯。

入夜，238 盏照明灯[将]使整个城楼大放异彩。为了迎接中国共产党十四大胜利召开而特意安装的十四道红色光柱直射夜空。照明灯与光柱交相辉映，[将]使天安门城楼更加金碧辉煌，耀眼夺目。

节日当天，城楼前的金水河内象征着五十六个民族团结向上的 56 组彩色喷泉将同时喷放。入夜，一束束彩色激光束将打出不断变化的字幕和使喷泉呈现出图形和字幕的变化。

据悉，今年天安门广场[将]摆放了十七万盆鲜花组成十五个大花坛。夜晚，旋转变化的激光束也[将]使广场中心的直径为 62 米的环状大喷泉变幻多彩。

异彩纷呈，绚丽多姿，雄伟壮观将是今年节日天安门的主旋律。

（新华社北京 1992-9-29 电讯[原稿]）

上文共出现 10 个时间副词“将”，其实，除了必要的未然事实外，凡能通过语境省略，以及属于已然的事实，均可以删除。

见报稿去除了6个“将”，并做了适当修改（上述方括号内的文字为删除的内容，有着重号的字是增加的），避免了信息的无效羡余，文字简省又顺畅。

虚词复现的无效羡余情况比较少。例如：

[21]旧社会为的是为养家糊口，不得不这样。（《精神文明报》1987－9－30）

上例两个“为”，应去掉后一个。

（2）语形相异的复现羡余

这是指语符形式不同而语义内容相同的成分构成同指式复现羡余。此类构成羡余的相关成分也有实词和虚词两类。先看实词类成分。

1）不同句法成分的同义词语复现

此类情况，是指两个非同类的句法成分之间出现语义同指，构成复现羡余。主要出现在与定语、状语、补语相关的句法成分中。这些修饰、补充成分本是传播者有意强调的信息，但无意中又在其他成分中复现了同样的信息，构成了无效羡余。

A. 定语与中心语

定语与中心语是直接成分，必须避免相互之间出现信息羡余。有一类定语是同一性定语，语义所指与中心语相同，除非强调，一般不应出现。例如：

[3]珠海市两级法院昨日共宣判13起毒品案件，贩毒团伙头目范某等28名被告人分别被判处死刑至有期徒刑三年不等的刑罚。（今日最新闻，南方电视台2013－6－27）

上述例子中的“刑罚”是范畴词，“死刑至有期徒刑三年不等”是具体内容，两者属于同一关系，构成了复现羡余，显然前者是多余的，“的刑罚”三字当删。

[4]**一对再婚的老两口**(引自要建军 1997,42)

[5]我自己虽然没有受过旧社会的苦,但我很知道许多老工人们的悲惨经历。(通讯,《傅聪的再生》)

上述两例中的定语与中心语中存在同指复现的羡余信息。首例,“一对”、“两口”意义重复,可保留前者,将后者改为“人”;或删除“一对”,保留后者。次例,“许多”与“们”用一个即可。

B. 状语与中心语

与定语和中心语一样,状语和中心语这一对直接成分亦容易出现信息复现的羡余现象。例如:

[7]加上芦席、竹竿、桁条等,约花 700 元左右。(《新华文丛》1981,105)

[8]自己从医 30 多年,应该有义务用自己的一技之长为群众解除病痛。(《生活报》1987-2-22)

上述首例,状语中的副词“约”与中心语中的方位词“左右”,意义重复,构成同指羡余,取一即可。次例“应该”,表示理所当然,用在这里跟中心语中的“有义务”是等值的,两者构成了同指式复现羡余,只能保留一个。

C. 定语与状语

定语与状语,均属于修饰语,陈述同一个对象时,应力避重复的羡余信息。

[1]六名劫机暴徒何许人也?

原来都是一伙刑事罪犯(标题,某报 1983-5-11)

上述主题中,“都”、“一伙”,分别为状语与定语,均表多数,属于互为羡余的两个成分,保留一个即可。

[2]在改革开放的新形势下基层党组织是否可有可无?基层党组织如何在高等院校的深化改革中充分发挥其政治核心作

用？清华大学近年来摸索出的新形势下党支部的工作经验，对此作出了回答。（消息导语，清华大学切实做好支部工作[原稿]，新华社 1993－5－7 电讯）

同样，上述分别处于状语、定语中的三个方位短语，意义基本相同，说明同一个背景，语义上明显重复，构成了同指羡余，应该删除后两个（文字还须适当调整）。

D. 状语与补语

虽然状语、补语的分布位置前后不同，但对同一个对象进行陈述说明时，容易顾此失彼，出现信息羡余的现象。例如：

[10]在抗洪救险的第一线上，一个叫周晓渊的党员，连日奋战在抗洪一线上……（陈力丹 2007，172）

[11]城楼四面的红墙和观礼台已重新粉刷一新。（天安门城楼展新姿[原稿]，新华社北京 1992－9－29 电讯）

首例，"在……上"，同样的语义内容，出现在状语和补语中，两个互为羡余的同指成分，当删一个。次例，状语成分"重新"与补语"一新"语义亦重复，其中之一为无效羡余成分，同样只用一个即可。

E. 定语与宾语

定语具有陈述性，与同样具有陈述功能的谓语部分（包括宾语）容易出现信息复现的羡余现象。例如：

[6]这个贫苦农民出身的共产党员，在党的培养和教育下，发扬了艰苦朴素的光荣传统。锡伍同志过去受过苦，现在的生活水平一天比一天高，在这幸福生活中，他并没有忘记过去的苦。（通讯，《忠心耿耿为革命　全心全意为人民的好会计》）

上例"贫苦"、"苦"分别在定语、宾语中复现，构成语义同指羡余，其中"苦"应去除一个。原句似可改为：

[6]′张锡伍同志是贫农出身的共产党员，在旧社会受过苦，

现在虽然生活一天比一天好，但是他仍然保持着艰苦朴素的革命传统。

2）同类句法成分的同义词语复现

此类情况，是指在同一个句法位置上存在同义信息的复现，构成同指式羡余。构成羡余的语言成分亦有实词和虚词两类。先看实词的例子，它们分布在主语、兼语、谓语、定语、补语等位置上。

A. 主语

主语成分中的信息复现，在不同的媒介新闻中，有不同的要求。听觉类新闻传播的信道中，为抵消噪音的干扰，必要时主语可以多出现几次；而视觉信道的纸质媒介中，在不影响受众解读的情况下，主语的使用可适当地精简。有时过频出现，反而会引发信息噪音，误导受众。例如：

[1]据调查，该犯1986年9月7日晚，马权在建华区北大街朝鲜饭店附近，将无辜群众董俊海用菜刀砍成重伤致残。（《桐城晚报》1988-9-13）

[2]7月30日，第二机床厂工人张利福，他同啤酒厂工人吴德胜等4人，在江桥一带抢劫农民瓜车。（《齐齐哈尔日报》1986-8-6）

首例，"该犯"，就是"马权"，两者构成不当的同指羡余，后者当删，否则易误解为两个人。末例，主语代词"他"，与宾语先行词"张利福"紧密相连，同样形成无效的同指羡余，前者不必出现。

B. 兼语

兼语成分同主语一样，应尽量减少无效的同指羡余现象：

[3]啄木鸟在它身上用嘴震出过多少蛀虫，除恶务尽，吞食之，使其病树逢春。（《齐齐哈尔日报》1986-5-1）

上述兼语中的"其",是代词,就是前面啄木鸟"用嘴震"过的树("它",原句位于状语中),跟后面的"病树"是同一个对象。"病树"二字当删。

C. 谓语

谓语成分的信息复现,除非出于特殊的强调,一般应该避免。标题中亦有此类无效羡余现象。例如:

[4]**各级检察机关维护法制有成绩**

一年来已办理八千余案件

得到广大群众拥护(标题,某报 1980-10-2)

[5]人口教育进入中学课堂

我省四所中学开设人口教育课(标题,引自蔡雯 2006,337)

首例,主、副题的谓语在语义上构成同指复现羡余。"有成绩",指的就是"办案八千余件",前者显得多余,应予删除(文字还得适当调整)。次例的"进入"、"开设"分别位于主题、副题中,其语义也有同指复现羡余,另有多个词语直接重复,均令人乏味,原题可以调整为单行题:我省四所中学开设人口教育课。

D. 定语

定语成分中,亦可见到叠床架屋地使用信息同指的多个词语,应力避此类无效羡余:

[6]特大的豪华车,价值惊人……实际上还是省油的迷你小型车实用和经济。(《海外星云》1987-24-3)

[7]10 月 31 日晚上……来自四川的一家马戏团在公园拉上警戒线的一处封闭场地里,正在驯化动物。到了 20 点多钟时,一名 8 岁的女孩……进入夜间封闭未开放的马戏团驯兽场地……(重庆一马戏团老虎咬死 8 岁女童,《扬子晚报》2014-11-2)

上述例子中,"迷你"、"小型"分别是外来词和本族词,意思相同,构成同指羡余,不应同时用。“点”,“钟”,都可指时间,亦形成了不当羡余。应去掉“钟”,或将“20”改为“8”即可。

E. 状语、补语

状语、补语成分,与上述定语一样,亦不能重复使用同义复现的多个词语:

[8]一天、两天过去了,没人找王国东的“茬”,他却反倒耐不住了。(巩衍杞等 1992,179)

[9]8月15日中午,贵州省长顺县公安局……趋车前往王小六家将其捉拿,途中正巧在鼓扬乡岩上村集贸市场上了解到王小六恰好来赶集。(某通讯员稿件)

[10]去年7月,齐长义两眼泛黄,常常病得夜里睡不着觉,有时烧到39度,浑身是汗,被子都被汗水浸湿透了。(某报)

上述前两例是状语成分出现同义词语的复现羡余,副词“却”、“反倒”,都表示转折,分别用于书面和口语,“正巧”、“恰好”意思相同,均只需保留一个。末例是补语成分出现复现羡余,“浸湿”、“湿透”,语义重复,实际是两个补语“湿”、“透”的同义信息的复现,“透”宜删,另外,复现的第二个“汗(水)”也应一并去除。

虚词类成分的羡余主要表现在介词、连词、语气词等成分上。如果此类词的语法意义有了复现叠加,同样必须删除一个。例如:

[11]到至9月13日,特区永久性居民及非永久性居民将分别获发8000澳门元及4800元。(南方电视台 2013-7-2)

[12]如果当时我若是懂得法律,依靠法律,本来可以摆脱不幸,重新获得爱情和生活的权利。(《妇女之友》1986-1)

[13]由于这次事故,淮海中路宛平路地段为此封闭了近3

个小时，26 路电车改由淮海路全庆路驰往徐家汇。（一辆 26 路无轨电车翻车，《解放日报》1979－8－12）

上述例子中，介词“到”、“至”为同样的语法意义构成羡余，均表时点，显得累赘，应改为“从即日起至 9 月 13 日……”；同样，连词“如果”、“若是”均为假设，“由于”、“为此”都表原因，亦必须删除重复的后一个羡余成分。

[14]嗨，谁知半路上吵起来咧咯！（引自孙也平 1991，326）

上述句中“咧”，“咯”，都是“了”的派生词。语气词叠用形成不当羡余，应删除一个。

2. 同义类成分的蕴涵式复现羡余

一般说来，除非有特殊的主观强调功能，新闻语言句法上的相关成分不能有因蕴涵而构成的羡余信息，以免影响受众接受有效信息。与上文同指式复现羡余一样，我们的讨论也分不同的句法成分及同类句法成分两种类型展开。

（1）不同类句法成分之间的复现羡余

根据两个成分之间是否有直接的句法关系（即两者是否是直接成分），复现羡余又有两种情况：

1）有直接句法关系的两个成分之间的羡余

A. 偏正结构中的两个部分

此类情况又分定语与中心语、状语与中心语两类。

a. 定语与中心语

首先是定语蕴涵中心语，两者构成信息羡余。例如：

[1]石狮市坑东小学德育教育有声有色。（《光明日报》1990－8－14）

[2]这个不满 20 岁的小伙子，从 94 年起就主动加入暑期抗洪斗争的行列。（某通讯员稿件）

[3]饭堂每张桌上都摆着 8 个盛满菜的瓷碗和几瓶啤酒。

（某报）

首例，定语“德育”，蕴涵了中心语“教育”之义。因为德育，就是政治思想、道德品质的教育。后两例，加点的词语与划线的成分有语义上的蕴涵关系，“不满20岁”自然是“小伙子”，“盛满菜”的必定有“瓷碗”，除非是其他东西装的。上述三例被蕴含的羡余信息似应精简，可以分别改为：

[1]´石狮市坑东小学德育有声有色。

[2]´他还不满20岁，从94年起就主动加入暑期抗洪斗争的行列。

[3]´饭堂每张桌上都摆着8个满满的菜碗和几瓶啤酒。

其次是中心语蕴涵定语，两者亦构成信息羡余。例如：

[4]朱建华在五个多月中，三破高水平、跳高记录，这在世界上是少有的。（引自巩衍杞等1992,180）

[5]在学生中树立革命风尚，是当前全国中小学工作的当务之急。（同上）

[6]**三类历史名人遗迹应受保护**（标题，某报2010－4－22）

[7]在我们从事的这项事业当中……（浙江电视台“金士明杯播音员节目主持人大赛”参赛节目）

[8]这就是本期节目的真正话题（海南电视台“金士明杯播音员节目主持人大赛”参赛节目）

上述一二例，中心语“记录”、“当务之急”分别蕴涵修饰语“高水平”、“当前”，后者可以删除。第三例，“遗迹”本身已有“历史”的含义，此定语实属多余。最后两例，“事业”当然是必须“从事”的，何需再重申？“话题”已经播出，还需加上“真正”？加点的词语均为其他成分所蕴涵的不当羡余信息，应去除。

b. 状语与中心语

此类复现羡余多为中心语成分蕴涵状语成分所致。例如：

[9]看来，以强硬著称的里根政府为挽回信誉，是有可能不惜破釜沉舟大干一场的。（某报）

[10]一位身材魁梧的欧洲青年，兴奋地从警察手里接过一本英文本的《外国人出入境管理法实施细则》，口中连声道“OK，OK。”（某报）

[11]到六日三点，病人已重新恢复血压正常，呼吸正常。（通讯，《傅聪的再生》）

[12]杨大夫接洽后，中药加针灸，数月后就使她彻底痊愈了。（《生活报》1987－3－25）

上述画线的词语与加点的成分有语义蕴涵关系，“破釜沉舟”蕴涵“不惜”。“道”必定是“口中”，后者似不必说，除非特别强调。“恢复”加副词“重新”修饰，意思重复。“痊愈”，就是从根本上治好了，与“彻底”重复。上述加点词语均为被蕴含的无效羡余成分，当删。

[13]**美两位换心者互相见面**（标题，《人民日报》1987－5－27）

上述标题报道的是有关心脏移植手术的事。“见面”蕴含了“互相”可以改为“美两位换心者相见”。因为“见”只是一方对于另一方的单向行动，而“相见”才是双方共同实现的行动。

B. 连谓、动宾结构中的两个部分

连谓、动宾结构的两个成分常会出现蕴涵羡余现象，标题中必须避免。例如：

[14]**××铁路胜利接轨通车**（某报消息标题）

[15]这是中国游泳运动员四十五年征程中的又一个里程碑，值得可喜可贺。（《新晚报》1994－9－13）

[16]近两年来，许多家庭用品日益趋向舒适、艺术、阔气的

方向发展。(《黑龙江日报》1985－1－5)

[17]若于台湾官员访美之际,有资格请谒她的“过境请安”。(《妇女之友》1986－1)

上述首例,连谓结构的两个成分有蕴含关系。“通车”,必已“接轨”,后者是表示过程的词语,当删。标题中新闻事件的叙述应简洁,可以仅保留事情发生的结果,略去不必要的过程及细节,因后者已被前者蕴涵。

后三例,动宾结构的两个成分亦有蕴含关系。“可喜可贺”,本身就是值得欣喜、值得庆贺之义,无须再加“值得”,后者当删。次例,动词“趋向”的意思就有“朝着某个方向发展”的意思,与宾语“……方向发展”重复,构成了蕴涵式羡余。应该去除一个:拟将“趋向”换成“朝着”,或去掉“的方向发展”,并在“艺术”、“阔气”之间加上一个“和”字。末例,动词“请谒”,表示拜见地位或辈分较高的人,跟宾语部分表示问候的“请安”,亦构成蕴涵关系,意思有重合的地方。似可删掉后一个“请”,成为“有资格请谒她的‘过境安’”。

2) 没有直接句法关系的两个成分之间的羡余

此类复现羡余信息可以出现在同一句子的宾语与状语、状语与定语等句法成分之间,亦可以是跨句的两个成分之间:

[18]自从你受伤以后,党召集了各方面的力量全力抢救你,工区职工决心以实际行动来感谢党对工人阶级的关怀,把你的一份工作分担下来。(通讯,《傅聪的再生》)

[19]95年,(他)与他父亲一起被新闻联播誉为“抗洪父子兵”。(引自陈力丹 2007,172)

上述例子均为两个句子成分之间出现的信息复现羡余。首例“召集”的宾语“各方面的力量”和副词状语“全力”,意义上前者蕴含了后者，构成了羡余，后者可删。次例的状语中，“与他父亲”就是“一起”，而后面的宾语中有“父子(兵)”，也蕴涵了“一起”的意思，故该词当删。

复合标题中主、副题之间属于一种句间关系，它们之间的某些成分，也会出现不当的蕴含式复现羡余。例如：

[20]**一德路海味纷呈杂货满街**

货栈、集体商店、个人摊档有如雨后春笋，

使这条闻名的咸鱼杂货街又“旺”起来(标题，《羊城晚报》1981-4-15)

上述副题的最后一句，仅仅是一种空泛的背景，没有形象；而且“又‘旺’起来”，是一种蕴含复现信息。因为主题及副题中的其他部分陈述的事实已经表明了这层意思。原副题可以精简为：这条闻名的咸鱼杂货街，货栈、集体商店、个人摊档如雨后春笋。

[21a]**原有八大名酒保持特色**

新增十种名酒各有千秋

全国第二次评酒会议评出十八种名酒(标题，某报1964-2-22)

[21b]全国评酒会议细心品定

八大名酒喜添十名佳侣(标题，同上)

上述例21a副题宾语中的“十八”蕴含了主题兼语中的“十”和“八”，构成信息羡余，且另有同形词语构成同指式复现羡余(“名酒”)；而例21b剔除了蕴含和同指的复现羡余信息，仅用十个字的主题就表达了例21a中二十个字的信息。

(2) 同类句法成分之间的复现羡余

此类情况，是指充当同一句法成分的几个词语，相互之间有了蕴涵，若无特殊语用功能，就会造成语义复现的无效羡余。

A. 定语之间

常常是几个定语修饰同一个中心语，语义上有重复。例如：

[1]这一周，石翔仍然收到了许许多多数十封听友的来稿。（今日有约，扬州人民广播电台）

[2]前阵子的“出国热”动摇了一大批正在就学的莘莘学子。（《青年报》1992－10－27）

[3]……购买了一套别致新颖的新式家具和电器用品。（《中国青年报》1985－1－4）

首例，“数十（封）”就有“许许多多”的含义，后一个定语似应删除。次例，“莘莘”，就是众多，“一大批”已经被蕴涵了，可去掉一个。末例，“新颖”的意思就包含了“新”和“别致”两个方面，这个句子定语部分的“别致”、“新式”均应删去。

[5]人民网南昌4月5日电　清明这天，本网来到南昌瀛上墓区青山墓园，看到不少墓碑的背面刻着墓志铭。墓志铭是逝者一生的浓缩，也是他（她）们留给世界的最后一句话，游走墓园，看着这些墓志铭或触动心灵，或引人思索，或给人启迪。

（人民网-江西频道 2014－4－5）

上述画线与加点的词语语义上有蕴含，“他”已经包括了女性的“她”在内，除非特别强调有两性的成员。

[5]教育人、培养人的事必须从一点一滴细微小事做起。（某报）

[6]为了开扩学生的思路，使他们的思维活动达到更高的水平，教师要运用各种灵活多样的方法，使学生在教师的指导下加强自学。（某报）

[7]日前，记者涉足南岭村采访，记录了南岭村一串串感人肺腑的动人故事。（广播新闻，引自王泰兴 2000，107）

上述例子中的羡余信息，主要是修饰语语义的蕴含复现造成的，如“一点一滴”、“细微”蕴含“小”的意思，“各种”有“多样”之义，“感人肺腑”，也即蕴含了“动人”之意，必须剔除后者。总之，新闻信息不必这样叠床架屋，同义成分应删除一个。

B. 状语之间

此类蕴涵式羡余信息的出现，也是几个状语修饰同一个中心语，语义有了重复。又可分为几个成分前后相接及有间隔两种情况。前者如：

[8]**金正恩将不出席俄“胜利日”活动与朝内务有关**（标题，中国新闻网 2015-4-30）

[9]“代您读”服务中心可以乐意为你服务（上海电视台“金士明杯播音员节目主持人大赛”参赛节目）

[10]其实，我早就久仰他的大名了。（通讯，物理“神兵”郑志鹏，《光明日报》1993-6-10）

上述首例，“不”否定动词性词语，已经蕴涵了未来时，故“将”可以删除。次例，“可以”已被“乐意”蕴涵，亦可删除。末例，“早就”，“久”，都有时间长远的意思，前者蕴含后者，可将原句改为“已久仰”。

蕴含式复现羡余的几个状语成分亦有前后相隔的。例如：

[11]就在几秒种前，鲍姆加特纳刚刚落地了……（美国：鲍姆加特纳 3.9 万米高空跳伞成功，央视新闻频道 2012-10-15）

“几秒钟前”就有“刚刚”的意思，两者语义有蕴含关系，后者可删除。

C. 主（宾）语之间

此类蕴涵式复现羡余出现在主（宾）语内部几个成分之间。先看主语的例子。

[12]“您俩位是部队搞摄影的吗？”看着他俩一人背着一个相机，我问道。（引自巩衍杞等 1992，136）

“俩”，就是“两个(位)”，已经蕴含了量词，再用量词“位”就是不当重复的羡余信息。

[13]参加南长河劳动的40个单位的6000名青年、学生清理河坡、河底、河岸上的垃圾渣土达3000多立方米。(《北京日报》[郊区版]1984-3-5)

[14]“一亩小麦收三百斤靠干劲，四、五百斤靠水肥，五百斤往上就要讲科学了。”这话虽不完全准确，却反映人们开始按照自然规律和客观规律办事了。(某报)

上述例子均为并列成分不当，首例主语成分中“青年”、“学生”相互蕴涵，不能并列。次例宾语成分中，“自然规律”和“客观规律”并列，构成蕴含式羡余了，只可保留一个。

D. 谓语之间

可以是连谓结构的几个部分，或者是复句中几个分句的谓语成分，存在蕴涵关系，构成信息复现羡余。例如：

[15]**三巴掌酿成大祸 丧人命被判徒刑**(消息标题，《南京日报》1981-11-10)

[16]种畜场三队已经获救，脱离险境了。(通讯，《在洪水包围中战斗》)

[17]尽管自己当了干部，却从不脱离劳动。他当会计十几年来，自始至终出现于普通劳动者之中。(通讯，《忠心耿耿为革命全心全意为人民的好会计》)

首例，谓语部分的“丧人命”必是“大祸”，两者构成蕴涵式羡余，后者不很具体，前者才言其严重性，可以精练为一句：三巴掌酿成命案被判刑。次例谓语中“脱离险境”蕴含了“获救”，两者语义重复，有了羡余，可删除后一个。末例“当会计”，也就是文章中说的“当干部”，语义有了蕴含，宜删除一个，似可改为：

[17]′他尽管当了十几年干部，却从来没有脱离过劳动，始

终以一个普通劳动者的身份出现在群众之中。

以上我们分析了不同类型的蕴涵式羡余现象，只是为了叙述的方便。而实际语言中，蕴涵的类型可能是相互交织综合在一起的，有时难以做到界限分明。

至此为止，我们讨论了新闻语篇微观层面无效羡余信息的调控。就两种不同方式的复现羡余来说，同指式出现较少，蕴含式较多，前者又是同形同指的较少，而异形同指的较多。出现频率较高的类型更应该引起我们的重视，以便最大程度地减少无效羡余，帮助受众提高接收新闻信息的效率。

（二）宏观的整体调控

根据新闻语篇结构以及信息传播的有关理论，标题、导语、主体三者之间必须具有一定的羡余性，即在新闻内容及其评价方面，三者之间必须有所关联，而不能相互脱节、游离，以便于受众顺利解读；但为了不挤占有限的信道容量，影响有效信息的传播，语篇各部分之间的信息羡余度又不能过高，即彼此同指、蕴含的复现信息不能太多。换言之，标题必须高度精练地概括全文并定下评述的基调，导语必须紧扣、承接题目要点及主观意图，主体又必须在导语基础上予以展开，三者既要紧密相承，又要有所侧重，力避重复，至少在语言形式上不能同现。也就是说，在导语（主体）中，对标题（导语）中已经做过展示的内容不再过多提及，而着重对未曾涉及的内容予以补充拓展；后者的内容，应当与前者有一定的关联，否则就会成为枝蔓的闲笔。同时从语形（字面）上来看，同一语词、句子等不能重复太多。总之，必须调整好三者之间的羡余度，使它们既相互联系，一脉相承，又各得其所，相得益彰。本节将对标题和导语、导语和正文，主体内部，以及标题、导语及正文之间的羡余现象进行分析，并力图从怎样利用羡余信息达到理想传播效果（即努力构建有效羡余信息）的角度予以探讨。

1. 标题与导语之间的羡余

标题必须是新闻核心事实和主观导向意图的凝练与概括，而又不是导语的浓缩；导语并非都是新闻事实的精华，其后面常有重要的背景信息等予以补充，同时又要反映新闻中最重要、最新鲜的事实，也即最能凝聚新闻价值、最吸引人的要素或事实的表述。这就容易使得标题、导语之间产生一定的羡余信息。对此必须努力避免，尤其是不能出现同形成分的语义同指羡余（即同一语句的复现），否则过量的羡余信息会影响受众解读的兴趣，达不到有效的传播效果。例如：

[1]福建省副省长施性谋出席省工商联执委会并指出

工商联开展非公有制经济成分工作很有意义

各级政府在工作条件上应给予大力支持

本报讯　副省长施性谋日前在省工商联召开的五届四次扩大会议上说，工商联开展非公有制经济成分工作，具有积极和深远的意义。省政府要求各级政府支持工商联工作，帮助协调好与有关部门的关系，在工作条件上给予支持。（福建某报）

[2]超负荷行车 + 大货故障 + 路面破损 + 违章驾驶

108 国道患“暴堵并发症”

交管部门提醒市民：黄金周期间拥堵可能更严重

本报讯　由于超负荷运行、货车故障及道路破损严重等原因，108 国道近日出现暴堵现象。今天上午，记者随房山交通支队来到 108 国道现场调研。交管部门告诉记者，他们已经采取了多项措施疏导，为了防止黄金周更大面积的拥堵，他们提醒市

民文明驾车，免得因为路堵而心里添堵。（北京某报 2004）

[3]　为建国四十周年庆典增添色彩

中国第二届艺术节将在京举办

五十八台高水平剧目一竞风采

新华社北京 8 月 16 日电　规模盛大的中国第二届艺术节，为中华人民共和国成立四十周年庆典增添色彩。9 月 15 日至 10 月 5 日，代表我国表演艺术最高水平的 58 台剧目，将在首都舞台上推出。（《人民日报》1989－8－17）

上述例子，例 1 标题和导语的语句几乎完全相同，顺序也一样。例 2 则稍有增减。例 3 两者的顺序、文字略有不同。但总的说来，上述标题和导语传递的信息基本相同，此类语义同指复现的羡余度太大，不符合消息惜墨如金的原则，必须予以调整。方法有二：①

(1) 变换方式

所谓变换方式，是指新闻信息（内容）表达的方式（形式）应该改变。出于特殊的语用功能而必须出现羡余信息时，要让羡余的方式从同一词语的重复变为同义词语的复现，亦即变同形同指的复现为异形同指（或蕴含）的复现，尽量避免受众解读羡余信息时的厌烦情绪而影响接受效果。具体的变换方式可以从以下角度着手：

1) 变换叙述（思维）角度

新闻事件是多维的。改变话题，从不同角度看同一事物，它的本质是相同的。据此可以避免标题、导语之间出现羡余信息

---

① 本节引用了张子让《标题制作与版面设计》（复旦大学出版社，1991 年版，第 25—29 页）、高歌东《新闻广播语言概论》（天津社科院出版社，1995 年版，第 62—64 页）的部分内容。

时，因语言形式（同一）单调而带来的枯燥乏味，导致无效羡余现象的产生。

［1］ **延寿七百干部下乡抓春耕**

延寿百分之八十五以上的村，都有县乡干部在那里帮助搞好春耕。

［2］ **干部无私心 分房才公正**

广州市第一针织厂干部分配新房以身作则，不搞特殊化

广州市第一针织厂一幢四层宿舍楼落成了。分配到新房的三十户职工，欢欢喜喜地搬进了新居，他们当中，没有一户是这个厂的领导干部。

上述标题和导语的话题有别，叙述角度不一，但内容信息有部分羡余却不令人反感：首例，标题着眼于机关，突出“下”（深入基层），导语着眼于基层，突出“在”（进行状态），而两者都谈及春耕；次例，标题、导语分别着眼于干部和职工，各自进行正面叙述和侧面引证，使得标题和导语各具姿态。如前一例是“干部”在“那里”的“乡”（村），搞（抓）“春耕”，后一例是“新房”“没有一户”“是”“领导干部”，蕴涵了“无私心”，“公正”等等，但此类羡余并非语形完全相同的同指复现，因而传播效果较好。

2）变换表述方式

记人叙事可以有多种方式：记叙或描写，概括或具体，着眼整体或局部，直接或间接。交替使用不同的记述方式，构成具有一定蕴涵度的相关信息的复现羡余，就可以避开语形上的雷同。

A. 记述和描写的变换

［1］ **金山同志追悼会在京举行**

鲜花、翠柏丛中，安放着中国共产党党员金山同志的遗像。千余名群众今天默默地走进首都剧场，悼念这位人民的艺术家。

（新华社北京 1982－7－16 电讯）

［2］　　**天津第二炼钢厂消烟除害**

天津第二炼钢厂近十年来严重污染环境的一条浓浓的黄褐色浓烟，现在再也看不见了。居住在方圆十里范围内的工人、农民和城市居民高兴地说，第二炼钢厂为人民办了一件大好事。

上述两例的标题都是叙述，导语都是描写，前者是粗线条的勾勒，后者是细腻的具体描写，两个抽绎度不同的记述对象均为同一件事。导语蕴涵了标题的信息，虽有复现羡余，但不完全重合。

B. 具体和抽象的变换

［3］　　**以色列侵黎每天耗费一亿美元**

入侵黎巴嫩，使得以色列经济很不好过。

上述例子，标题是具体的记述，导语则比较抽象。它们各自对事件进行了不同角度的叙述，两者密切相关，标题蕴涵了导语的信息，存在羡余现象："耗费"巨大，表明"经济不好过"。而此类不同叙述方式的信息复现，毫无累赘之感。

一般说来，标题和导语的语言抽绎度（概括和详述）应该互补，以避免造成无效羡余信息。例如：

［4］　　本市昨日召开大会宣判 12 起大案要案

严惩破坏改革和建设的严重经济犯罪

在被判刑的 30 名罪犯中，投机倒把、诈骗犯吴胜明与盗窃犯纪永合处死刑；盗窃犯唐一鸣处死刑缓期 2 年执行；投机倒把、受贿犯陶仲林、王亨铭与诈骗犯陈志林处无期徒刑

本报讯　昨天，市纪律检查委员会和市委政法委员会在市体育馆联合召开严惩严重经济犯罪分子大会。（《文汇报》1986－1－

22)

［5］　　沈阳市电机产品敲开了国际市场大门

机床、电缆竞争力增强，94 种产品远销到 60 多个国家和地区

本报讯　沈阳市机电局系统 1981 年出口的机电产品总产值比上一年增长 70%以上，出口品种由过去的 60 种增加到 94 种。其中铅夹头、铁壳开关、钢芯铅绞线、裸铜线、车床、汽车蓄电池、摇臂钻床和微电机等都大批量出口。这些机电产品远销美国、法国、澳大利亚、意大利、民主德国、泰国、马来西亚、香港等 60 多个国家和地区。(《沈阳日报》1982)

上述例 4，标题文字对新闻事实都已做了交代，导语部分就比较抽象，不必再具体提及。例 5 的标题仅对新闻的主要内容做了交代，导语则详细叙述事实。如此可以避免不必要的羡余信息的产生。

C. 模糊和明晰的变换

［6］　　“基地”组织和塔利班巨额资产被冻结

新华社华盛顿 1 月 22 日电　美国财政部副部长达姆 22 日说，自“9·11”恐怖袭击事件以来，在全世界范围内共有价值 8000 万美元与本·拉登的“基地”组织以及阿富汗塔利班有关的资产被冻结。(《光明日报》2002－1－24)

［7］　　阿拉维再次遭遇未遂袭击

据新华社巴格达 4 月 21 日电　伊拉克临时政府发言人纳基卜 20 日说，临时政府总理阿拉维的车队当晚在巴格达西部遭到自杀式汽车炸弹袭击，阿拉维本人幸免于难。这是阿拉维第 5 次遭遇未遂袭击。(《湖南日报》2005－4－22)

［8］　　上海队轻取江苏队

在首先进行的一场半决赛中，上海男排直落三局战胜江苏

男排，抢占了晋级决赛的有利位置。(《人民日报》2005－2－20)

[9]　　　中国对邻国震灾感同身受

外交部发言人刘建超28日在例行记者招待会上说，中国政府和人民对东南亚国家在近日地震和海啸中遭受的损失表示同情和慰问。(《湖南日报》2004－12－29)

上述例子中的划线词语，标题均为模糊词语，导语为明晰成分，分别是数量词、动词、名词性词语，两者构成异形成分语义同指的复现羡余，满足了不同受众的概览和详阅的不同需求，而又不显字面同一语形的重复。

D. 直接和间接的变换

[10]　　　青年技师雷志军提升为工程师

提起工程师，人们总是习惯地和头发斑白、老花眼镜等联系在一起。然而，福建省军区党委今年初提拔的有线电青年工程师雷志军，年龄只有二十三岁。

[11]　　　电视系列片《马可·波罗》开拍

尽管马可·波罗在他那部写于13世纪的名著中并没有提到长城，但是，美国、意大利，中国合拍的电视系列片《马可·波罗》仍从长城开拍。(美联社1981电讯稿)

上述两例均为标题直接叙述新闻事件，导语则从背景材料落笔铺垫，间接记述人物、事件的特征，两者的关系是导语蕴涵标题。通过信息的蕴含式羡余，使双方有了关联，但导语又有所强调。例10，导语借助反衬手段，表明提拔的工程师仅仅二十三岁，更具体地强调了“年轻”程度，蕴涵标题中较为概括的信息：被“提升为工程师”的“青年人”。例11，导语通过让步关系的复句，强调电视系列片具体的开拍地点，蕴涵了标题中片子“开拍”的抽象信息。

E. 整体和局部的变换

［12］　　　　　　**政策上山　百宝下山**

吉林省去年各种土特产品获得丰收。驰名中外的人参、貂皮、鹿茸和著名的长白山蜂蜜，木耳的产量都创造了历史最高水平。各种野生药材、纤维，果实的产量也都比前年有较大幅度的增长。

［13］　　　　　　**各地新茶名茶源源到货**

有九百多年历史的名茶“双井绿”，盛产于江西修水县三都茶场。北宋大文人苏东坡和著名诗人黄庭坚等称道此茶叶如“双井之源”，故而得名。现在豫园茶室迎客。

（引自张子让 1991：29）

上述标题均叙述了全局整体的情况，导语仅仅涉及局部。两者的部分信息构成蕴含式羡余，通过有点有面的不同角度强化了标题和导语的关联，却无任何单调的重复。首例，标题叙写了事情的全部，包括因和果两个方面，而导语只说了结果，实际蕴涵了标题“政策上山”是英明的这一前提。次例导语仅举例说明了标题“各地”、“新茶名茶”中的一处一种：“江西”、“双井绿”。总体说来，仍是导语蕴涵的标题，即局部蕴涵了整体。

F. 评价与叙述的变换

［14］　　　　　　**好啊！诚实永存**

本报讯　一位年轻的女售货员昨天来到本报，要求登一则广告，寻找她接待过的一位外国顾客。因她在卖给他酸奶时，少找了钱。

她叫张建华，26 岁，是北京市东单大街祥泰义食品店的售货员，11 月 3 日，她错把一张 50 元外汇券当成了 5 元。（《中国日报》1986－11－8）

［15］　　　　　　**北约野蛮轰炸我驻南使馆**

本报贝尔格莱德 5 月 8 日电　当地时间 7 日午夜（北京时

间8日早5时45分),以美国为首的北约至少使用3枚导弹悍然袭击我驻南斯拉夫大使馆。到目前为止,至少造成3人死亡,1人失踪,20多人受伤,馆舍严重毁坏。(《人民日报》1999-5-9)

上述标题主要着眼对事实的评说,导语重在客观的叙述,后者蕴含了前者,体现了评与叙、主观与客观信息的有机结合。首例标题是纯粹的评论,次例标题虽有叙事成分,但仍有评论的成分;两则导语均详叙了具体事实,分别以确凿的数据有力证实了新闻事件的"诚实(好)"与"野蛮",褒贬情感强烈。导语(事件)对标题(评述)的蕴涵十分贴切,丝丝入扣。由于标题中的评述属于蕴涵的羡余信息,因此,显得很有说服力,毫无强加于人的多余的感觉,令受众容易接受。

3) 变换记述词语

标题与导语之间复现某些羡余信息,亦可以直接通过变换记述词语的方式,避免同一词语的再次出现,由此可以给受众带来新鲜感。也即上文所说的,出现语义同指式复现羡余时,应尽量采用异形(同义的不同词语)的方式,不用语形相同(同一词语)的方式。

[1] **娜地娅仍是奥运会的宠儿**

美联社莫斯科1980年7月18日电 娜地娅·科马内奇仍然是奥运会上最招人喜爱的角色。

[2] **肯尼迪遇刺丧命**

路透社达拉斯1963年11月22日电 肯尼迪总统今天在这里遭到刺客枪击身死。

上述画线部分的词语,几乎是同一个意思,即语义上的异形同指羡余,但比起同一词语反复,即同形同指羡余,吸引力毕竟要强一点。当然,这样更换的同义表达形式要注意准确贴切。

总之，新闻标题、导语的避重，就是尽量避免两者出现同形同指的羡余方式，而尽量使用异形同指或蕴涵的羡余方式，即避免语形上相同的词语复现。另外，这种避重，也应从标题、导语两面着手，以免单方面的努力而束缚手脚，影响新闻传播的效果。

(2) 删除内容

删除内容，是指去除没有语用功能的无效羡余信息。如若标题、导语存在此类复现的羡余信息，可以删改其中的任何一个方面，重新编码。一般说来，可以改写导语。这类调控手段比较简单，此处不赘，仅举两例作一说明：

[1]第五届世界杯田径赛将在西班牙巴塞罗那举行

24名中国选手入选亚洲队

本报讯　我国有24名田径选手入选亚洲代表队将参加第五届世界杯田径赛。(《北京晚报》1989-8-23)

上述导语与标题重复较多，且是同形同指复现的羡余方式，羡余信息过量。导语可改写为直接转入事件的叙述：

[1]′第五届世界杯田径赛将于9月8日至10日在西班牙巴塞罗那举行。亚洲、非洲、欧洲、美洲、大洋洲、美国及东道主西班牙各组成一队参赛。另外，获得今年欧洲杯田径赛男女团体总分前两名的英国、苏联男队和民主德国、苏联女队也将各自组队参赛。世界杯田径赛是世界田径精英的一次高水平大聚会。

上述导语，顺着标题的原引题展开，至于主题中的内容，可以在下面的叙述中出现。

[2]　**房失火人落井　包大娘祸不单行**

救火勇救人急　董班长奋不顾身

本报讯　3月4日，烟威警备区某守备团一连十二班班长、共青团员董世福，在救火过程中，又从六米深的水井里救出七十八岁的包德升大娘，在当地传为佳话。（引自彭朝丞 2012，553—554）

上述新闻标题已经概述了主要的事实和评价信息，导语没有必要再单独重复与标题类似的内容，出现过多的羡余信息。应该瘦身导语，去掉部分词句，移入主体，这样既能让主体叙事完整，又可以避免再与导语重复：

[2]´本报讯　烟威警备区某守备团一连十二班班长董世福，救火又救人，智勇双全，在当地传为佳话。

修改后的导语较原来的文字更为紧凑，也更简练了。

2. 导语与主体之间的羡余

上文已经指出，导语反映新闻中最重要、最新鲜的事实。而主体是对导语的展开和诠释，其内容可以分为主要事件（经过）、情节、背景。两者的关系，是补充与被补充，解释与被解释的关系；它们既有分工又有联系，同样应避免不必要的重复，即无效的信息羡余。具体包括：

（1）同形词语的复现羡余

此类羡余，属于同一词语的复现羡余。对于这样的同形词语的避重，仍可以从导语或主体一方着手，也可以同时从双方着手。例如：

[1]　　**我国选手获得奥运会第一块金牌**

新华社洛杉矶（1984 年）7 月 29 日电　中国在奥运会历史上“零的记录”的局面在今天 11 时 10 分（北京时间 30 日凌晨 2 时 10 分）被中国射击选手许海峰突破。许海峰以 566 环的成绩获得男子自选手枪冠军，夺得了奥运会第一块金牌。

中国体育代表团副团长陈先在许海峰获得金牌后，对新华社记者发表谈话说，这对中国运动员是极大的鼓舞。这是中国在奥运会历史上得到的第一枚金牌，实现了“零”的突破，在中国体育史上具有深远的意义。他表示感谢运动员和教练作出的艰苦努力。

……

上述加点、画线的文字，相互之间都有（部分）重复，应去掉一个（并增加相关文字衔接语篇）。

［2］ **牡丹亦喜漫天雪**

洛阳出现牡丹傲雪开放奇观

新华社1994年11月16日电　正当①牡丹被确定为候选国花之际，素有牡丹之乡称谓的洛阳，出现了牡丹傲雪开放、②人们踏着瑞雪赏牡丹的奇观。

记者现场观察，傲雪开放的牡丹在洛阳耐火材料研究院办公室前花坛内，这株牡丹今年第二次开出3朵大花，还有5个花蕾含苞待放，引来许多人争相观赏。

洛阳耐火材料研究院是洛阳市庭院绿化先进单位。这里种的一批牡丹唯独这株上开了3朵花，最大的花径达11厘米。雍容华贵的粉红色花朵上仿佛戴着一顶白帽，十分好看，游人们纷纷在花前合影留念。有人说，评选国花传佳音，牡丹有知傲雪开。研究院花匠郝海成向记者介绍，这株15年树龄的牡丹今年5月已开过，因前些日子天气较暖，他在修剪时把多余的枝条剪掉了。正值14日北京传来牡丹为候选国花的消息，15日这株牡丹就开了花，恰巧下了雪，就出现了“牡丹欢喜漫天雪”的奇观。今天，洛阳初雪放晴，人们等待着其他花蕾继续开放。

上述例子导语不够简练，原因之一是羡余信息超量：①（加点部分）、②（画线部分）的内容与主体重复，应删除其中的一部分。

（2）概括和详述信息的复现羡余

此类复现信息，多为异形成分语义同指的羡余。包括观点或结果信息的例证材料。

消息主体，一般是对导语中提出的问题或结论用具体、典型的材料予以回答或说明。但为了简洁起见，不必举详尽的例证材料对观点或结论予以证明。例如：

［3］**北京铁路局职工合理化建议多创经济效益大**

为铁路扩大运输能力和提高经济效益提一条合理化建议，已成为北京铁路局38万职工的自觉行动。“八五”期间，这个局的职工共提合理化建议212万5千多件，其中90万2千多件被采纳，56万8千多件被实施，创经济效益16亿多元。

北京铁路局十分重视发挥职工的主人翁精神和聪明才智，把组织广大职工为铁路扩大运输能力，缓解运输紧张状况，提高运输效益献计献策，作为科技兴路的一个重要的源泉，列为每年的局党委和局行政的一项重要工作来抓。每年年初，这个局都要针对当年实现运输安全生产和完成运输生产任务所遇到的问题和困难，通过每年一次的职工代表大会或召开全局的电话会议，如实地告诉广大职工，动员每一个职工为解决这些问题和困难，提一条合理化建议。对影响安全生产和客货运输的一些关键技术问题，北京铁路局则作为技术攻关课题，也向全局职工公布，发动全体职工出谋划策，参与攻关。

随着我国旅游业的发展，近几年来，每到七八月份，坐火车去秦皇岛的旅客猛增，北京至秦皇岛的铁路客运能力十分紧张。在开展职工提合理化建议活动中，北京铁路局采纳了局运输处技术科干部王家杰提出的建议，利用外局到京停留时间较长的一趟旅客列车车底，增开北京至秦皇岛的临时旅客列车，两个月运送旅客10万1千多人，增加运输收入117万多元，既满足了旅客的需要，又解决了这趟旅客列车到北京站后没地方较长时间停放的问题。

（北京铁路局职工合理化建议多收益大[原稿]，新华社1996-4-18）

上述消息，导语已讲明了概括的信息（见加点的语句），主体中的第3段（画线）又举例说明合理化建议带来的效益，两者形成了概括与具体的不同抽绎度的信息复现羡余。主体（画线）部分的这些材料，无特殊的语用功能，属无效羡余，应当删除。

3. 主体内部的羡余

主体部分对新闻事件的叙述可以是宏观概述，也可以是微观的事实和细节，两者属于不同抽绎度的表述。限于新闻传播信道容量的限制，从简练角度来说，两者同现时，语篇信息就有了羡余性。通常删除微观羡余信息，不管其属于同指式还是蕴涵式，以尽量避免不同抽绎度的信息复现。此类信息有：

(1) 对概述信息的证明材料

综合类消息中，常有概括的叙述，若外加具体事例或细节等说明的成分，两者就会构成信息同指的复现羡余。为避免挤占有限的信道，可以突出概述信息，保留新闻事实内容的基本框架（宏观的"骨架"），而删除详述信息（微观的"筋肉"）。例如（画线的为删减成分）：

[1]据调查，52名老人中92%是体力劳动者，自幼开始劳动，七八十岁才逐步减轻体力劳动，现在仍有半数以上的老人能操持家务，不少老人外出办事还坚持步行。多数老人至今坚持气功、太极拳、按摩等体育活动。106岁的廖富辉老人，鹤发童颜，精神奕奕。他每天数次上下四楼，到茶楼饮茶，去公园散步，几十年如一日。他从不间断"干洗脸"（双手由额向下拂面）、舒

大肠(用手沿着大肠走向擦揉)、旋膝盖(用手掌按摩双膝)、甩双手等头、面、躯干以及四肢的保健按摩和其他运动。

作息有规律,起居讲卫生,这是城市长寿老人生活中的又一个显著特点。他们大多数能够坚持早睡早起,其中有6位老人每天一早五六点钟就起床,步行到茶楼,品茶吃早点。许多人经常亲自打扫庭院,整理内务;90%的老人一年四季坚持每天用温水擦身或洗澡。106岁老人李英常常一日擦身3次,每次40分钟以上。99岁的李剑每次擦身长达1个小时。医务人员说,这种擦身不仅使老人身上干干净净,还可以起到按摩肌肤,改善血液循环,舒经活络,健体强身的作用。

调查发现,城市长寿老人绝大多数胃口好,消化能力强,但非常注意节制饮食。这些老人多数家庭经济比较宽裕,但他们从不暴饮暴食,也不偏食,饮食定时定量。52名老人中,只有15人喝少量酒,12人偶然抽点烟,多数人没有烟酒嗜好。他们中间有40人喜欢饮水,包括茶、凉茶、各种汤类以及糖水。从医学上来说,多饮水对清洁胃肠道,保持大小便通畅,增加皮肤的水盐代谢,促进消化吸收等都有好处。

性格爽朗,情绪乐观,无忧少虑,是这些长寿老人所共有的精神方面的特点。52名老人中,有40人开朗乐观,从容温和,有12人襟怀坦白,心直口快。他们多数在旧社会受过苦,解放后翻了身,得以欢度幸福的晚年。

上述例子是先宏观后微观,亦有先微观后宏观的类型,即先微观举例,后宏观概述。不管是哪种顺序,均须剪除微观层面所表达的羡余信息:

[2]　**北京市百货大楼实行"消费者赔偿办法"**

消除消费者对产品质量的忧虑,商家亦有不可推卸的责任。

北京市百货大楼本着这个原则，在京城率先实行了“消费者赔偿办法”。

最近，一位外地顾客得到了百货大楼的退赔费2000余元。他因去年底从百货大楼购走一台空调机，回去后发现产品质量有问题，年初虽已退款退货，但经过多方鉴定，大楼发现在买退过程中，给消费者造成了误工、路费等方面的损失。经与消费者协商，大楼向这位外地顾客退赔了误工、旅费、运费。这是今年北京市百货大楼依据《中华人民共和国消费者权益保护法》中有关条款制订出“消费者赔偿办法”后处理的产品质量退赔问题中的一件实例。据了解，北京市百货大楼根据本店经营的实际情况，以及过去形成的商品出售过程中的一些服务条例、办法，重新制订一个对消费者的赔偿办法。这个办法包括对包修、包换、包退的大件商品，除在购买时要当面检验内在质量和外观，并提供保修单位，需要送回经营部门或委托维修点维修的，由经销或修理方解决运力；由于商品质量问题造成消费者或其他人身伤害的，经销部门有责任协助追究生产方的责任及医疗期间费用和误工费，造成财产损失的要赔偿相应损失；属于商品赔偿，设立应收款帐户，按事先约定向厂方或售货方追偿，属服务质量由经销方负责；由于店方当事人玩忽职守，不认真试机造成的商品质量纠纷引出的费用赔偿，对当事人处以一倍或两倍的罚款。……(新华社北京1994年5月8日电讯[原稿])

上述消息的主体材料较为繁琐，开始的例子没有必要出现。因为“据了解”开始到文末，已对导语中提出的消费者赔偿方法做了清楚的概括说明，充分揭示了消息的主旨。原稿见报时删除了这一事例(画线部分)，观点、材料的联系更为紧密，文字信息亦更为精当。

(2) 叙述事情的具体经过、细节等

从信息精粹的角度考虑，主体部分有具体情节的叙述，与核心事件的概述信息会构成信息同指的复现羡余，可以精简前者。例如：

[3]前一段时间，有的生产队在实行大包干中，由于放弃了统一领导和管理，在使用农机具、抗旱排涝、发展多种经营和集体事业等方面，出现了一些新的矛盾。为了解决这些矛盾，不久前，汉川县委派出调查组，对实行大包干的生产队进行调查，总结推广典型经验。杨林公社联一大队第四生产队，在实行大包干过程中，坚持统一领导，统一进行抗旱排涝，统一使用大型农机具，既充分调动了社员的积极性，又发挥了集体经济的优越性。今年，这个队的粮食和棉花都获得了丰收。而与这个生产队相连的第七生产队实行大包干以后，由于放弃了统一领导和管理，集体经济受到损失，抗旱排涝工作不好开展，粮食单产比第四生产队低300斤以上。县委通过典型对比，看到了大包干责任制的发展方向，也摸索出完善责任制的具体方法。(汉川县大包干责任制不断完善，湖北日报1981-10-17)

上述文字叙述了汉川进行典型对比的过程，加点字的部分是概述，画线的是详述，两者构成同指复现羡余。显然，该报道对典型单位的情况和县委的调查过程写得过于详细，仅仅叙述典型调查的就有250字。若是纸媒消息，尚勉强可以承受；如该新闻作为广播消息，则必须予以精简(删除上例中的画线部分)。湖北人民广播电台播出本消息时，对其中进行典型调查的过程进行了删减，形成了下面的文字：

[3]′为了解决这些矛盾，汉川县委派出调查组，解剖了两个生产队，总结了杨林公社联一大队第四生产队实行大包干后，坚

持统一抗旱排涝，统一使用大型农机具的经验。经过调查，他们看到了大包干责任制的发展方向，也摸索了完善这种责任制的具体方法。

对比修改前后的语段，主要意思未变。修改稿的信息抽绎度较高，突出了宏观的信息，压缩了微观详述的内容，剔除了过多的羡余信息。

［4］**中央国家机关十四个部委领导在京义务植树**

今天上午，中央国家机关 14 个部委的 200 多名干部冒雨来到京郊顺义县参加义务植树活动，为美丽的潮白河畔再添新绿。

中央国家机关干部在京植树，已经持续了十余年。每年在北京全民义务植树日前后，他们都主动要求参加植树，尽一个公民的义务。上午九点钟，国内贸易部部长陈邦柱、化工部部长顾秀莲、人事部部长宋德福、劳动部部长李伯勇和十四个部委的副部长、司局长等共 200 多人一起，一下车就放下雨伞，拿起铁锹，大干起来。雨水淋湿了衣服，这些领导却忙得不亦乐乎，有的扛树苗，有的挖坑，有的培土，共植下千余棵毛白杨、垂柳和刺柏。（新华社 1997 年 4 月 2 日电讯［原稿］）

上述这类动态性消息，一般只要整篇概述即可，具体说，要求概括、具体，完整、简洁。可见消息中的画线文字当属事件的细节，属于被概述蕴含的羡余成分，应予删除。事实上，用“植下千余棵毛白杨、垂柳和刺柏”的概述替代一串细节，已经准确、鲜明地表达了事实。再说，这些植树的细节众所周知，羡余度高，新信息不多，而且导语中已经有了“冒雨”的交代，主体部分不必赘述。

（3）对事件叙述的数字表述

新闻中的数据表达，是表现新闻真实性的重要手段，但必须把握好度。对于事件数据的表述若是过于详尽，就会令人难以卒读。这类超出受众容忍限度的信息近似于噪音，应当删减其中过多过细的无效羡余成分，予以概述。

具体说，就是对于有蕴涵关系的数据，应删除被蕴涵的羡余信息，如大数字里套小数字，可去除后者；数据有主次之分的，如主要数字里套次要数字的，删除后者；精确数与概数并存的，删除其中之一。请看例子：

[5]……××市的地方财政收入，1985 年仅为 6275 万元，1986 年达到 7707 万元，增长 22.82%；1987 年达到 8811 万元，又增长 14.2%；1988 年跃过 1 亿元“龙门”，达到 10825 万元，又增长 22.86%；1989 年达到 1.4 亿元，再增长 29.56%；1990 年全省各地经济普遍下滑，唯独××市还往上窜，当年财政收入达到 1.65 亿元，比上一年又增长 18.11%。1990 年与 1985 年相比，财政收入实实在在地增长了 1.57 倍。

上述文字是同一事物数字纵向比较不当的叙述，精确数和概数并存复叠，羡余信息过量。艾丰(2010)在评论这段报道文字时指出，集中引用如此众多的数字，无非是为了说明推行某项政策后财政收入连年增长，但一般受众无需了解这么详细。他对该段文字做了如下修改：

[5]′……××市的地方财政收入，1985 年仅为 6275 万元，此后的连续 5 年，每年的年递增率都是两位数，最高的一年达到 29.5%，到 1990 年，财政收入已经比 5 年前增长了 1.57 倍。

修改后的文字仅保留了主要的精确数，以及总的增长率，删除了过详的羡余信息，将要表达的意思较好地传达给了受众。

4. 标题、导语与主体之间的羡余

此类羡余，多指同形同指的信息复现羡余。广东外语外贸大学郭光华曾指出，消息写作中存在着三重复的问题，即标题、导语、主体的重复。复旦大学李良荣亦认为，此类消息存在的重复现象，是一种结构上的缺陷。确实，这是倒金字塔结构带来的较大信息羡余度的弊端，虽有帮助受众迅速解读新闻信息的功能，但亦应控制好必要的“度”，而且还要兼顾不同传播媒介的要求。如电子媒介的羡余度宜适当放宽，而报刊新闻，还是要严控。例如：

[1] **我国选手获得奥运会第一块金牌**

新华社洛杉矶1984年7月29日电 中国在奥运会历史上“零的纪录”的局面在今天11时10分(北京时间30日凌晨2时10分)被中国射击手许海峰突破。许海峰以566环的成绩获得男子自选手枪冠军，夺得了本届奥运会的第一块金牌。

中国体育代表团副团长陈先在许海峰获得金牌后对新华社记者发表谈话说，这对中国运动员是极大的鼓舞。这是中国在奥运会历史上得到的第一枚金牌，实现了“零”的突破，在中国体育史上具有深远的意义。他表示感谢运动员和教练作出的艰苦努力。

许海峰今年17岁，是安徽省供销社的职员。他在获得金牌后对新华社记者说，这还不是他最好的成绩，只不过是正常发挥技术，他最好的成绩是583环。他表示要不骄不躁，继续努力，争取今后取得更大成绩。

上述新闻，曾获全国好新闻奖，但也存在“美中不足”，即羡余信息过量：标题中已经点明了“第一块奥运会金牌”，导语再次提及许海峰夺得的这枚金牌，既是中国奥运史上金牌的‘零的突破’，又是本届奥运会所有金牌中的第一块。紧接第二小节，转述陈先副团长谈话时，又将这些信息复述一遍。这样，受众从标题开始,到第二小节结束,二百多字中,三次读到'第一块金牌',两次读到'零的突破'。尽管上述信息令人振奋,但由于几乎是同形成分语义同指复现的羡余信息,仍会使人感到腻烦。显然该新闻中过量的羡余信息必须予以控制。

[2] 中共北京市委宣布

天安门事件完全是革命行动

对于1976年清明节因悼念敬爱的周总理、反对"四人帮"而受到迫害的同志要一律平反,恢复名誉

新华社北京(1978年)11月15日电 中共北京市委在最近举行的常委扩大会议上宣布:1976年清明节广大群众到天安门广场沉痛悼念敬爱的周总理,愤怒声讨"四人帮",完全是革命行动。

会上宣布:1976年清明节,广大群众到天安门广场悼念我们敬爱的周总理,完全是出于对周总理的无限爱戴、无限怀念和深切哀悼的心情;完全是出于对"四人帮"祸国殃民的滔天罪行深切痛恨,它反映了全国亿万人民的心愿。广大群众沉痛悼念敬爱的周总理,愤怒声讨"四人帮",完全是革命行动。对于因悼念周总理、反对"四人帮"而受到迫害的同志要一律平反,恢复名誉。(《人民日报》1978-11-16)

上述新闻是作为新时期思想解放拨乱反正先驱的著名消息,但在羡余信息的处理上亦有不当之处:其中标题和导语(加点词语),导语和主体(仿宋字词语),标题和主体(水浪线词语),甚至标题、导语、主体三者(标题中的水浪线下加点的词语,在导语、主体中)都有部分信息同形同指复现,如主体内部"悼念周总理"就出现了三次。在如此短的消息里,出现过量的羡余信息,固然有反复强调天安门事件的真相及其历史意义的语用功能,

但因信道容量的限定，似有精简的余地。

综上所述，新闻语篇宏观层面的整体调控无效羡余信息的方法，原则上就是尽量避免语篇的不同部分出现无特殊语用功能的重复信息，以便最大程度地传播有效信息。

二、非核心信息的羡余度调控

为了提高新闻信息的传播效果，新闻传播者常常在新闻事实的核心信息之外，有意加上对新闻事实或其中的某一部分进行解释、补充、烘托的辅助性材料，这就是背景信息。它常被称为“新闻背后的新闻”，是“用来说明新事实的旧事实”。它本身不提供新信息，只是为人们正式接受信息予以“导向”(刘仁圣 2005：233)，仅对新闻事实的传播起辅助作用，是一种“衬托性叙述”(宋春阳 2004：30)，而且并非所有的新闻(如简讯、标题新闻、一句话新闻)都必须有，吴缦、曹璐(1997：210)认为，它们具有羡余性质。虽然它具有帮助受众解读，或间接表达主观导向等重要的语用功能，但由于传播信道的容量限制，背景信息的羡余度必须受到一定原则的制约，予以调控，以便发挥其最大效能。

1. 紧密相关原则

背景羡余信息应该紧扣新闻事实，为表达新闻价值和意图服务。具体说，要服从新闻传播主旨的需要，服从相关话题，围绕主要关键的问题展开，应起到对比、解释、释因等功能。否则会造成羡余信息过量而影响传播效果。

例如，杭州“楼外楼”菜馆扩建后恢复营业，上海两家报纸曾于 1980 年 7 月 18 日同时登载消息，具体文字如下：

[1a] **杭州楼外楼菜馆焕然一新**

本报杭州(1980 年)7 月 17 日电　以烹制西湖醋鱼名播中

外的杭州第一名菜馆楼外楼，今天在一片“名不虚传”的赞扬声中度过了它扩建后的第一个营业日。

该店女经理寿金娣带着激动的神情向光顾者介绍说，这座具有130多年历史的老店，是遵照周总理生前提议的式样扩建的。1957至1973年间，周总理曾九次登临“楼外楼”宴请友好国家的首脑，招待身边的工作人员，他在此留下的许多平易近人、廉洁奉公、体恤人民的感人往事，至今传为美谈。九次接待过周总理的退休职工姜松龄今天一早就回店里指导，他颇动感情地说，要是周总理看到他当年的愿望已变为现实，该有多好啊！

新的楼外楼挑檐拱栋，古朴典雅，具有浓厚的民族特色，建筑总面积3700平方米，相当于旧日的4倍。主楼分6个大厅，可以同时接待1000多位顾客。有关人士称：这是全国屈指可数的大型餐馆之一。

上午八时，店门初开，三五成群的慕名者即涌入各大厅，耐心等候中饭时间的到来。菜馆列出20来种名菜和100多种菜肴。供中外游客挑选。该店的拿手好菜西湖醋鱼格外受欢迎。

一些有经验的顾客对楼外楼屋宇设备全新之后菜肴价格未涨一事感到意外。

［1b］　**杭州楼外楼扩建一新**

供应各种传统名菜款待四方佳客

本报杭州讯　蜚声中外的百年老店杭州楼外楼菜馆扩建工程已全部竣工，本月17日恢复营业。

“山外青山楼外楼，西湖歌舞几时休？”一般认为“楼外楼”由南宋林升此诗而得名。另一说是，楼外楼始建于晚清，位于著名学者俞樾别墅“俞楼”的前侧。店主请俞樾题名，俞说，既然你的菜馆建在我“俞楼”的外侧，就称“楼外楼”吧！

现在的楼外楼地处孤山风景区，背靠孤山，面临西湖，是一座品字形的两层建筑。飞檐画栋，花窗青瓦，富有民族特色。进入大厅，辟有精致的庭园，园中紫藤高攀，冬青挺立，假山错落，盆花飘香。在一个小巧玲珑的喷水池里，一泓清泉从池底喷涌而出，尾尾金鱼嬉逐于丛丛莲荷之间。新楼外楼总面积 3700 平方米，比旧楼增加三倍。楼上楼下共设六个餐厅。可同时接待一千多名顾客。楼下东侧是大型点菜厅，西侧是快餐厅，正中是西点和冷饮小吃厅。楼上设三个餐厅。全楼装置落地钢窗，进餐时，湖光山色尽收眼底。

1973 年 9 月 16 日，周恩来总理第九次，也是最后一次来到楼外楼用膳，听说菜馆要扩建，他说：“要照顾到西湖的风景和孤山的环境，房子不要修得太高太洋，要有民族特色，要中西结合。”新楼的建筑体现了总理的指示。

西湖醋鱼是楼外楼的传统名菜。“亏君有此调和手，识得当年宋嫂无？”据说这位宋嫂就是第一个做出西湖醋鱼的人。西湖醋鱼取料于一斤多重的章子草鱼，要先把鱼放在特备的无饵水塘中静养三天，使其肉质结实而无草味。然后现抓现杀，精心烹调，端上桌来的醋鱼双眼爆出，鱼翅撑开，肉色光亮，其形态有“猛虎下山”之势，其味则胜于螃蟹。新开业的楼外楼除了突出西湖醋鱼这道名菜外，还有龙井虾仁、叫化童鸡、蜜汁火方、荷叶三鲜、干菜焖肉等 20 多种杭州地方名菜。

两篇消息各有特色。首篇以扩建复业现场活动为主，富有动感，第二篇以知识性介绍为目的。因而背景羡余信息后者多一些。两篇消息中，都提到菜馆是按照周总理生前提议的式样扩建的，根据紧密相关原则，这个背景有助于提高新闻主体事件的报道深度，是十分必要的。但首篇有周总理九次来到楼外楼，留下感人往事，传为美谈的信息，有点游离于新闻事实，与楼外楼的扩建联系不紧密，似无必要；而介绍周总理对外扩建的建议内容，却又没有交代，会使受众感到不足。显然，该新闻的背景羡余信息没有紧扣与新闻事实的相关性来安排详略，其羡余信息量的安排不当是其欠缺之处。在这个问题上，第二篇的背景交代抓住了关键，重点介绍了第九次，对建议扩建的内容交代具体清楚。但第二篇对店名的由来和拿手名菜西湖醋鱼的背景介绍，虽然可以为新闻增添色彩和趣味，而篇幅却又长了一些，有的离新闻事实较远，有喧宾夺主之嫌，根据相关性原则，似可精简此类羡余信息的数量。

2. 概括简明原则

背景材料本身是辅助新闻核心事实的羡余信息，必须高度精练浓缩。这就要求：

(1) 语符编码简洁概括

语言简洁，即羡余量低，就是要尽量减少羡余信息。因而背景材料应言简意明，本身应力戒语义同指的复现羡余，包括语形相同的同一词语，或相互蕴含的成分同现，以及与新闻核心事实无关联的信息等。例如有一篇新闻，报道上海某工厂有针对性地对青年工人开展思想政治工作，其背景材料是：

[2]这家工厂共有职工1000多名，其中青工就有900名，占职工总数的70%。他们生产的机械设备又是市场上的紧俏产品。

显然，上述材料中，尽显语义同指、蕴含的羡余信息："1000多名"的数量必定是"共有"，"70%"的比率蕴含了"900名"的数量,“职工”重复出现。“其中”不言而喻。另外,报道的主体是强调该厂做好青工思想政治工作的,而最后一句与此无关,属于主旨以外的无关联信息。因此,这儿的背景材料只需交代一句“这家工厂的青工占全厂职工总数的70%”即可,其他的文字均可略去。

语符代码概括,就是指背景羡余信息应采用抽绎度较高的形式。即使用羡余度较高的概述手段,不必同时展示过程和细节。背景材料要交待事件的来龙去脉,也只能是其中最重要、最能说明问题的一两个环节。必须避免把交待背景与详写过程混同起来。否则就会把过去的情况当成新闻主体,而让新闻事实成为陪衬,造成主次信息颠倒、冲淡主体、堵塞信道的后果。例如:

[3] **北京采用新技术贮存大白菜**

春节期间,首都蔬菜市场运来了一批采用新技术贮存的大白菜。它们叶绿味浓,质量新鲜,深受居民欢迎。这一成果预示着,北京居民今后将不再为冬季搬运、贮藏大白菜而发愁了。

<u>农历年二十九,记者来到大兴县礼贤乡白菜新法贮藏基地。只见18个长30米、宽4米的砖砌菜窖整齐排列。窖内挖了个长长的暗槽,上面的木板架上大白菜按井字型码成堆,顶头是带有鼓风机的通气窗,风量、温度由微机统一调解控制。看上去真有点现代化菜窖的味道!</u>

北京市农科院蔬菜研究中心科技人员高丽朴介绍说,利用现代技术改变传统白菜贮存方法,是北京市为解决居民冬季吃鲜菜难和避免社会浪费而采取的一项重大措施。中心开发的强制通风贮存法,从窖的设计、菜的码放及外界给风等方面,让菜在恒温通风的条件下保鲜。这种方法省工省时,损耗也小,比传

统菜窖每万斤多获纯益300余元，而且直到2月底3月初，白菜的味道仍然鲜嫩如初。

……

据了解，去年北京在小试的基础上，分别在大兴、顺义、通县等地建立了115个新技术试验窖，贮量为2000万斤。今年将推广贮存白菜1亿斤。

（新华社北京1991－2－18电讯稿[原稿]）

上述新闻报道北京主要的冬令蔬菜——大白菜的新贮存技术，其新闻价值在于该技术给百姓带来的实惠上。而上文的原稿中却在背景信息中重复了相关过程信息。如第二小节中对位于京郊新技术试验窖基地的描述。虽说这也与新闻事实有关，属于新技术过程，但不是百姓感兴趣的焦点问题，既是背景信息，就应该概述(且下文已有“农科院蔬菜研究中心科技人员的介绍”，详见加点词语)。见报稿将上述文字中的第二节全部删除了，使文字更精练，其反映的新闻价值也更为突出。

(2) 信息总量要小

信息量小，即背景羡余信息的篇幅要短，介绍的内容不可太多。背景材料终究是从属于新闻主体的羡余成分，而不是新闻事实的主要内容，它的功能仅仅是衬托和说明新闻事实，不宜太多，以免喧宾夺主。这就要求：

不堆砌数字和头衔。数字给人以证据确凿的印象，又能显示新闻的价值意义。拿过去的统计数字与现在的进行比较，是一种较好的背景材料。但此类列举若是过多过滥，易使人枯燥乏味。人物身份材料亦然，虽也是重要的背景材料之一，同样不宜出现太多的头衔，职务等。否则就会耗费篇幅，使有限的信道淤滞不通，影响受众对新闻事实主要信息的接收。例如：

[4] **首都巡警执法制度出台**

五月一日起，在城近郊区和重点风景旅游区，巡警将上街巡察

新华社北京(1995年)4月17日电　记者从日前召开的北京市十届人大常委会第16次会议上获悉：今年北京市将在全市推行巡警巡察执法制度，五月一日起，在城近郊区和重点风景旅游区，巡警将全面上街。

刚刚在北京市十届人大16次会议上获得通过的《北京市人民警察巡察条例》规定，首都巡警的职责是：在道路、广场的巡察范围内，维护社会治安秩序和交通铁序，维护市容环境整治，保护公共设施，维护经济管理秩序；参加突发性灾害事故的救援工作；接受公民报警，受理拾遗物品，劝解、制止在公共场所发生的民间纠纷；救助突然受伤、患病、遇险等急需帮助的人及履行法律法规规定的其他职责。巡警在巡察时可盘问、检查有违法犯罪嫌疑的人员；暂扣与行政违法行为或者犯罪嫌疑有关的车辆、物品和证件；必要时依法查验居民身份证、外来人口暂住证、营业执照、占路许可证或其他证件；缉捕被通缉的犯罪分子和现行犯罪行为的人；在追捕、救援、救护等紧急情况下，依照规定优先使用公私交通工具和通讯工具；收容在道路、广场乞讨或露宿的人员送交附近公安派出所处理等。巡警执法时有权决定"警告、罚款、没收财物"三种处罚，对有关责任单位和个人可分别处5—1000元的罚款。

据北京市公安局局长张良基介绍，北京市自1994年1月1日在崇文区、海淀区试点巡警上街执法，迄今这两支人民巡察支队共查获各种违法犯罪分子近千名，由此破获刑事案件一百多起，打掉犯罪团伙20多个，使巡察区域的治安状况得到了改善，增强了人民群众的安全感。巡警上街还使一些地区长期存在的

乱摆摊、无照经营和卫生脏乱问题得到了治理，一年多来巡警共查处违法违章行为95万多起，其中违反治安管理和经济管理秩序的行为16.7万起，违反交通管理秩序、市容环境卫生和市政管理的行为78万余起。此外，一年多来，巡警还为人民群众做好事40万余件，为市民排忧解难，博得了人们的广泛称赞。

（新华社北京1995-4-17电讯稿[原稿]）

上述稿件由三部分组成，即新闻导语（第1小节）、主体（第2小节）及背景（第3小节）。

其中前两段干净利索，而背景却有些繁琐，内容杂而多。从内容上看，它把北京市试点巡警上街执法一年多来所取得的成绩数据都一一列举出来。原稿主体400多字，而背景羡余信息却达200多，使这条新闻形成两个中心：既讲巡警上街执法及其职责（导语、主体），又讲试点巡警上街执法的效果（背景）。本来一二部分就能构成一条新闻，第三部分背景信息，属于羡余成分，原本只是为了衬托上文，帮助理解实行巡警执法制度的意义，篇幅上应点到为止，用不着面面俱到。见报修改稿删除了第三节背景材料中的画线部分，这样就比较精当，它分别保留了原稿第三部分开头和结尾的一个分句，有力地突出了新闻主体，新闻价值由此而更为突出。

[5]　**北京市政协委员到京郊密云祭奠抗战烈士**

为纪念世界反法西斯战争胜利五十周年，清明节前夕，北京市政协组织了部分委员来到京郊密云县，祭奠在那块土地上为抗击日寇入侵而光荣牺牲的烈士们。

委员们首先祭扫了位于北京密云县古北口镇南关外的长城抗战“古北口战役阵亡将士公墓”，敬献了花圈。

1933年3月11日，日军进犯长城古北口。当时驻在古北口的中国守军中央军十七军的三个师的官兵，在杜聿明、郑洞国、章异之等将领的指挥下，与侵华日军展开殊死抗争，浴血奋战两月有余。这场战役毙伤日军逾五千，中国守军伤亡八、九千人。

战争结束后，一些尸骨被当地民众自发的加以收集后，合埋在古北口南关外西山脚下。当时的国民政府军事委员会北平分会还在坟前树有墓碑。

为弘扬中华民族不畏强暴、抵御外侮的爱国主义精神，保护历史文物古迹，1984 年古北口镇政府曾集资对此墓进行修缮。

据悉，今年恰逢抗战胜利五十周年纪念，北京市政府和密云县政府还计划出资对此墓再进行修缮，计划增建一座碑亭，并立“纪念碑”，碑文将记述长城抗战古北口战役全过程。另外还计划修建一座纪念馆，使公墓成为一座“阵亡将士陵园”，以供后人凭吊。

政协委员们还凭吊了当年北京地区著名的抗战英雄白乙化，到他的陵墓进行了扫墓活动，并献上了花圈和鲜花。

白乙化生于 1911 年，是辽宁省辽阳人。他年轻时就读于北平中国大学，并且在 1935 年爆发的“一二·九”学运中成为学运领袖。抗战爆发后，他任八路军晋察冀军区步兵第十团团长，并率部挺进北平北部地区，创建丰(宁)滦(平)密(云)抗日根据地。在他的指挥下，打击日寇，令驻北平地区日军闻风丧胆。他甚至率部深入伪满洲国与日军浴血战斗。日军惊呼：“延安的触角伸进满洲了！”

白乙化在 1941 年 2 月，指挥马营战斗时，不幸中弹，以身殉国。

此次政协委员祭扫的陵墓就是白乙化牺牲时的所在地。白

乙化作为一名具有传奇色彩的抗战英雄，他的故事至今仍在老百姓中广为流传。（新华社北京 1995－4－4 电讯稿［原稿］）

北京政协委员祭奠抗日烈士（见报稿）

新华社北京（1995 年）4 月 4 日电　清明节前夕，北京市政协组织了部分委员来到京郊密云县，祭奠当年为抗击日军入侵而牺牲的烈士们。

……

战争结束后，当地民众自发地将阵亡将士的尸骨掩埋在古北口南关外西山脚下。当时的国民政府军事委员会北平分会在墓前树有墓碑。

1984 年，古北口镇政府曾集资对此墓进行修缮。据称，今年，北京市政府和密云县政府还将再修缮此墓。另外，还计划在此修建一座纪念馆，并将公墓建成“阵亡将士陵园”，以供后人凭吊。

市政协委员们还祭扫了当年北京地区著名的八路军抗战英雄白乙化墓，并献了花圈和鲜花。（《人民日报》海外版 1995－4－4）

上述新闻是在抗日战争和世界反法西斯战争胜利 50 周年的背景下，北京市政协委员到京郊密云县祭奠抗日烈士的报道。其新闻价值较高，对照原稿和见报稿，可以发现：原稿的背景羡余信息中对白乙化的身份介绍篇幅不当，一写就是近 300 字，整整占了三个小节。对他的详细介绍，分量超过了古北口战役阵亡将士。如此安排就使得主体信息和背景羡余信息的比例失调，后者的比例过高，让人有头轻脚重的感觉。见报稿将这三小节文字全部删除，降低了羡余信息量，提高了有效信息的比率，文章就显得匀称、协调了。其中对白乙化身份的介绍只用了“当年北京地区著名的八路军抗战英雄”这 16 个字。这种采用高抽绎度的语言，将原稿三小节的背景羡余信息缩减到一个同位语来表达，是恰当的。

总之，背景羡余信息要最大限度地发挥辅助作用，必须严格遵守其使用的原则。其实，这两条原则也有条件和结果的关系，唯有同时兼顾才能概括简明，因此我们应该加以综合运用。

本编小结

本编从传播信道的视角讨论了新闻语言编码中的羡余现象。

新闻传播信道，是传输新闻信息的通道。新闻信道编码主要是语言代码的编制。不同的新闻信道有不同的编码要求，亦决定了其中的羡余度和羡余量。而影响新闻传播达到最佳传播效果的因素之一，就是一定传输信道中语言信息代码的选择、编制方式中的羡余度。

本编首先概述了新闻传播信道中有关羡余现象的若干因素，接着比较不同信道新闻语言的羡余度，最后个案考察报刊新闻语言羡余度的调控。

（一）传播信道中有关羡余现象的若干因素包括：与传播信道编码有关的羡余特点，以及不同媒介的信道编码组合结构中的羡余度。

涉及信道编码中有关羡余特点的因素有量度问题，与信息量、新闻媒介、信息传播的关系，主客观问题，语言编码的性质等多个方面：1.羡余度。羡余度是指语言符号及其组合使用的频度，或语符因语义、语法系统的结构性而在组合中可预测的程度。这样的频度或程度与信息量成反比。羡余度在具体信息文本中的测量，就表现为羡余率，即羡余信息在信息总量中的比例。2.羡余度与信息量，即信息的不确定性（熵）有关。信息的不确定性（熵）越高，信息量就越大，羡余度越小；反之，信息量越小，羡余度就越大。就语言代码信息来说，负载信息的词、句子及其组合方式，它们出现的频率关系到信息量的大小。3.新闻媒介，作为信息传播的通道，是新闻语言传播环境的重要组成部分，它直接制约了信宿（受众）对编码的特殊要求，也决定了其对新闻语言的解码方式。媒介的不同带来了各自新闻语言编码和解码中羡余量的差异。4.羡余与信息传播关系密切。适度的羡余信息可以提高传播效果，过多过少均会带来弊端。5.传播信道中影响羡余度的因素有主观和客观之分。主观因素来自信源（传播者）和信宿（受众），传播者应有的功能、意愿要求增加羡余度，而接受者主观需求和容忍又要求羡余度维持在一个适切的水平。客观因素是来自信道，其允许的信道总量限定要求降低羡余度。6.信道羡余主要是在编码中产生的，考察不同媒介的新闻语言的羡余度，有语言要素和言语成分两个方面，分别属于质和量的不同类别，一定信道里对信息编码羡余度进行调控的方式，必须从上述两者入手，且调控方式亦不相同。质的羡余度调控是选定信息度适中的语言要素，如词语、句式等编码符号和方式，在宏观上增加（或降低）新闻文本的信息量，间接控制其羡余度。量的羡余度调控则是直接取舍羡余成分：重复或避免同义或近义类的言语成分，或增减具有传播者、接受者特殊语用功能的、非同义或近义类的言语成分，确定新闻文本中的羡余信息（总）量，直接控制量的羡余度。

不同信道编码组合结构中的羡余度涉及两种情况：纵向多层面（立体）的动态羡余和横向单层面（平面）的静态羡余。前者是形成于受众历时解读中的羡余，由单信道（包括视觉类和听觉类）多层面新闻信息的立体复合而产生的。受众就单个语篇看没有羡余，就多个语篇看则存在羡余信息。后者是产生于受众共时解读中的羡余，由并列的多信道（或单信道）传播的信息在单层面上的复合而产生的羡余。为方便受众解读信息，我们应根据需要适当增加动态的羡余，而尽力减少并严格控制静态的羡余。

（二）不同信道新闻语言羡余度的量化比较

作为不同传输信道的新闻媒介下的新闻语言羡余度，是存在差异的，本章通过信道编码和信宿反馈两个方面给予了量化分析。

信道编码的羡余度比较，主要是以消息为例，通过对封闭语料进行统计，从质和量两个方面揭示了报刊、广播电视、网络新闻的差异。质的羡余度考察，比较了包括一定新闻文本中词汇（实词、虚词，动词、形容词）、句子（单句中的简单句和复杂句，复句中的形合句和意合句），一定新闻媒介中的语篇结构（顺序结构和倒金字塔结构）等几个方面的相关语言成分的比例关系，以此间接测出不同新闻语言的羡余度。结论是：词汇、句子层面的羡余度是报刊最高，广播电视或网络较低；语篇是广播电视最高，报刊最低，网络居中。具体的羡余度等级情况如下：

词汇　（以虚词、形容词数量多为羡余度高的标准）：报刊＞广播电视＞网络。

句子　（以复杂句中修饰语数量多为羡余度高的标准）：报刊＞网络＞广播电视

（以形合句中关联词语数量多为羡余度高的标准）：报

刊＞广播电视＞网络

语篇　（以顺序结构数量多为羡余度高的标准）：广播电视＞网络＞报刊

量的羡余度考察，比较了多层面的立体复合羡余中同义信息（包括语形相同与相异）的羡余现象。具体是通过封闭的新闻语篇，以标题为考察对象，直接统计了报刊、广播电视新闻的标题和正文部分之间，网络新闻第一层面和第二层面标题，以及第二层面标题与正文之间的复合羡余数据，得出新闻标题的羡余度等级序列是：广播电视＞网络＞报刊。

信宿（受众）在新闻解码时反馈的羡余度考察，主要通过问卷调查的方式，了解他们对不同媒介新闻语言羡余度的感受，以检验新闻编码中设置的羡余度的适切性。具体的调查涉及质和量两个方面，前者包括对不同羡余度的新闻作品所赖以传播的媒介（报刊、广播电视和网络）的选择，对语言要素（词汇、句法结构、句式等）的选择，以及语篇组合方式（倒序和顺序结构、信道中编码组合结构）的选择；后者包括对新闻中不同语用功能的羡余信息（议论类、情感类）的选择，对多层面新闻语篇的不同组成成分（标题、正文、标题＋正文）的选择，以及对羡余度不等的语篇组成成分（多个页面标题同义、新闻背景）的选择等。当然这样的羡余度考察只是初步的探索，更进一步的理论探讨还有待今后的深入研究。

（三）有关报刊新闻语言信息的羡余度的调控

报刊新闻由于传播信道容量（版面）的限制，必须严格控制其羡余度，以免喧宾夺主，占挤更多的通道，影响主要信息的传播。

就报刊新闻语篇来说，调控羡余度的方式有两类，一类是针对新闻核心信息复现的羡余，即调控负载该信息的相关成分的复现方式和数量，包括同义类成分同指复现，或蕴涵复现。另一类是针对新闻非核心信息的羡余，主要是背景信息的羡余，即调控该信息的表达方式及数量，包括详略程度和增减取舍。

新闻核心信息复现的羡余度调控，有局部和整体两个层面。前者为局部各个组成部分（即新闻语篇中标题、导语、主体部分）的微观调控，后者是整体语篇纵向的宏观调控。前者包括：删除或修改构成同义类成分的同指式及蕴含式复现羡余的相关成分。后者包括：删除或修改标题和导语，导语和正文，主体内部，以及标题、导语及正文之间不当的同义复现的羡余信息。总之，调控的原则就是尽量避免重复的语句或信息在无特殊语用功能的情况下出现，必要的复现羡余亦应采用异形同指或蕴涵的方式，避免同形同指的复现羡余。

新闻非核心信息的羡余度的调控，主要是指背景羡余信息的精简。虽然它具有帮助受众解读等重要的语用功能，但由于传播信道的容量限制，其羡余度必须受到紧密相关、概括简明原则的制约，予以严控，以便发挥其最大效能。

第三编

接受者视角的新闻语言羡余现象

引言

学界一般认为，新闻传播的过程就是在一个相互制约的传播结构内，新闻信息从传播者向接受者的流动，从而达到信息共享的过程。（黄旦 1997：138）

能否实现传受双方的信息共享，是评价传播效果的依据。新闻信息必须被接受者接受，并为其所接收，对之产生影响。这里的首要条件是要被接受，包括认知方面的，如语言知识，必须保证从编码符号到解码理解没有差异误解；包括情感方面的，如对信息内容认识的意图目的是否一致。而通常的情况是，新闻信息从发出到接受，信息量是逐步减少的过程，即传、受双方的信息不对等，传播多，接收的少，这就是所谓的有限传播效果论。如若受众接收较少、偏误的信息或者没有接收，那么，传播的效果就是极差或等于零，其后果必然是传播者输送的原有信息，对接受者来说，成为无效的羡余信息了。这样的羡余信息包括对传播者语符编码的译码误解的信息，也可以是符码的信息内容有悖于受众情感的信息（包括不感兴趣、不合要求、已知的信息等），它们均非接受者在传播活动中接收的目的信息。同时，传播中亦有传、受信息不对等，信息没有共享的另一种情况，即受众在接受信息的过程中会产生信息增值的现象：通常是传播者有意将部分信息隐含起来，让受众推测或作发散性思维。这属于受众解码时衍生出的羡余信息。

本编将从传播效果及受众接受信息的心理出发，以受众的视角分别阐述新闻语言解码中可能产生误解的多义羡余信息，不符合社会大众需求的羡余信息；以及受众根据自身的认知及社会背景知识，从新闻语言编码中衍生的羡余信息。讨论将分别从如何避免理解中的无效羡余和引导受众衍生有效羡余的角度展开。

第一章　新闻语言解码中的多义羡余信息

信息论认为，羡余信息是传播者和接受者之间信息差的表现之一。此类羡余信息之一就是语言中同一形式(包括语音、词形、语法形式)在一定语境下产生的多义信息。

此类同形多义(亦名歧义[①])，在不同传播信道的语言符号中有不同的表现：听觉信道的广播电视新闻，语音方面主要有同音词或同音结构多义，语法方面主要有倒装句、超长句的多种理解；视觉类信道的报刊、网络新闻，语法方面主要是多义结构或句式。网络新闻中还有字母词、缩略词语、汉外双语词混用，一味追求新奇而带来不同层面的信息相佐的误导或多义。总之，所有的语言符号中，都可能存在因不规范使用而造成同形多义现象。

王德春(2002：243)认为，多义词在使用中传达其中某个特定的信息，与它所可能传达的信息，或者曾经传达的信息，构成羡余。同形多义(歧义)结构，使用时只有一种结构信息起作用，

---

① 邵敬敏认为，“歧义”，也叫“多义”，通常“多义”是指词的多义，“歧义”是指句法结构的多义。所谓“同形”是与着眼于意义的“多义”相对的说法。参见邵敬敏《汉语语法专题研究》(修订版)，北京大学出版社，2010年版，第170页。本章统一使用“多义”的说法。

其余的结构信息也是羡余的。此类羡余信息产生的原因在于：新闻传播者常常无意中忽视了同一语言形式会包含多个语义信息，而这给接受者解码带来了误解(即传播者表达的是A义，接受者理解的却是B义)，是一种干扰有效信息接收的噪音。为此，我们认为这是传播者一方无意发送，而接受者一方却接收到的多出字面信息的另一类信息，可以谓之同形多义的羡余，故放在本章讨论。

从传播信道特质的规定性来说，新闻语言的表达方式有口语和书面语两大类，分别对应广播电视新闻和报刊网络新闻，即听觉新闻和视觉新闻，两者的根本区别在于耳听和目看。由于负载信息的语言代码本身的特征，由声音和文字两种介质带来的同形多义羡余各有不同的原因，下面将分别讨论听、视觉等不同传播信道，以及两者共有传播信道中的同形多义羡余，并提出消除多义的手段。

一、语音听觉信道的同形多义羡余

听觉信道的同形多义羡余主要存在于广播电视新闻语言中。几乎所有的广播新闻写作的论著都提到了多用双音节词，少用单音节词、代词，不要滥用或生造简称，不用同音不同义的词语，不用倒装句等。所有这些都是为了避免同一语音形式负载不同信息的同音多义的羡余现象。此类同形多义羡余可以因新闻口播时的发音不规范造成，亦可以是新闻文本本身的语音问题所致。

1. 新闻口播时的表达不规范而导致的多义羡余

播音员、节目主持人的表达技巧，是利用语音的音长、音强、音高和音色表情达意，用声音塑造形象的创作手段，这方面若是处理不当就会引发同形多义羡余。主要有：停连不正确，重音、句调不正确。

（1）停连不正确

有声语言语流中声音的停顿和连接，统称“停连”。（吴郁、侯寄南 2001：62）停顿位置确定的依据在于自然语句中的语义和语法结构（王泰兴 2000：48）。语流中的音节根据语义及语法结构，自然形成节奏，也就是音步及停延段。如果播音员或主持人备稿不充分，随意停顿，就会破坏自然音节的节奏，造成句法结构、意义改变或不明，产生与本来意义不一样的羡余信息，即多义羡余信息，影响受众理解。

1）停连不当造成句法结构关系改变

某些特殊的句法结构，停连处置不当就会使该语言形式改变原有的结构关系。主要有以下几种：

A. 主谓短语做宾语句子的停顿

[1]美联社报道，75000 名反对堕胎者 23 日举行示威游行，抗议∨克林顿总统#决定取消政府对堕胎的限制。

[2]阿拉法特∨指责以色列#企图破坏中东和谈基础。

上述例子，只可以在“∨”处安排一个停顿。播音员错误地在“#”处停顿，就改变了原句的结构和意义：首例由原来的两个分句，变为三个分句：反对堕胎者举行……，抗议克林顿总统，（反对堕胎者）决定……。因为停顿就是分句分界的标志。而原来的意义是：反对堕胎者对“克林顿决定取消……限制”而进行“抗议”，即“决定……的限制”的是“克林顿”，而非“反对堕胎者”。改变结构后的意义就是羡余信息。次例在“#”处停顿，就将原来的单句变成了复句，“企图破坏中东和谈基础”的施事也由“以色列”变为“阿拉法特”了，后者也是多义羡余信息。

B. 动宾结构的停顿

[3]夏粮收成没有∨预料#de好。(央视新闻联播1988-8-23)

上例理论上可以有两处停顿:"没有∨预料de好"(动宾),说的是夏粮不及原先预料的;但也可以理解为"没有预料#de好"(偏正),即夏粮获得了意外的丰收。根据新闻事实,原句的下面,播音员介绍了夏粮减产,并说明全年收成要看秋粮。很显然,第一种停顿才是要表达的原意。这里产生的多义羡余是错误的停连所致,使得动宾结构变成了偏正结构。后者是不同于原意的羡余信息。

C. 较长的复杂结构的停顿

较长的复杂结构的层次切分,要靠正确的连停来表现。处理不当亦容易产生多义的羡余信息,影响听众的理解。例如:

[4]提高∨遵守#和维护法律的自觉性(央视新闻联播1998-3-21)

上例有两处停顿:前者符合原意,应该为:提高∨遵守和维护法律的自觉性;后者错误地划分停延段,改变了句法结构:原来的动宾关系被误解成联合关系,虽然后者意义上不合情理。

2) 停连不当造成意思改变

同一语言形式,因内部停连不当,会导致该形式的语义改变。这是同形多义的表现形式之一。

张颂《朗读学》(2010:123)阐述停连位置时举过一例:漫画家张乐平在新中国成立前为救济部分贫苦儿童举行了义卖画展。其中有这样一句:最贵的一张值八百美元。下面的两种停顿是意义不同的:

[5]最贵的一张∨值八百美元/最贵的∨一张值八百美元

前者是表示"一张画最贵,买到八百美元",后者表示"最贵的有好几张，每张都卖八百美元”。两者的句法结构均为主谓关系，但直接成分的边界不同而导致了多义羡余。此类羡余属于句法结构层面直接成分的不同而引起。

请看新闻作品中的实际例子：

[6]今年5月#在北京杀害8名女青年的罪犯×××∨今天被判处死刑。（某电视台消息，引自王泰兴2000，110）

[7]×××将于下周∨前#往俄罗斯访问。

[8]八连∨长#年累月战斗在风雪高原上。

上述例子中，“#”处的停顿是错误的，“∨”处才是正确的。首例，原话的本意是，罪犯×××今天被判死刑，该犯今年5月在北京杀害了8名女青年。可是，句子在“今年5月”之后来了个停顿，就多出了羡余信息：被判刑的时间到底是5月，还是今天？次例中错误的停顿，使得“下周”，变成“下周前”，出现了时间差错，后者为多出的羡余信息。末例中错误的停顿，让一个完整的成语“长年累月”一分为二，生生造出一个官职“八连长”，一个姓名“年累月”。后者多出的羡余意义与原意大相径庭。

上述同形多义羡余，从类型上看，首例属于句法结构层面，将“今年5月”这个本是作“在北京杀害8名女青年”的状语，强行变作整个全句的状语，造成了时间上的自相矛盾。后两例均是强行分割原有的词语结构，重组或生造了新的词语，造成了句子意思的改变，属于词汇层面的同形多义羡余。

（2）重音不正确

重音是指语句中念得比较重、听起来特别清晰的音。包括语句重音与词重音。重音不正确而导致的多义羡余，通常属于语用层面，是一种潜在的多义羡余。

1）语句重音误读

语句重音有语法重音、逻辑（强调）重音两类。语法重音，一般有固定的位置，而逻辑（强调）重音则是灵活多变的。逻辑重音的误读，会导致不同的意义。例如：

[9]才能种好粮/种好粮（焦点访谈，央视1999-6-18）

[10]预计产值一个亿/一个亿（新闻30分，央视1999-6-12）

首例，读错了重音“好”，使得语义改变，与原意不符，产生了多义羡余。原意是“种好/粮”（“粮”应使用语法重音，动宾结构的宾语一般重读，没有潜在意义），而不是“种/好粮”（“好”重读，即为强调重音，表示对比，有了潜在的对比意义，即“不种坏粮”）。后者是让受众误解的多义的羡余信息。次例，重读位置不同，前后意义有变，原意是客观叙述数字（“产值一个亿”，为主谓结构，语法重音应是谓语重读，重音落实到“亿”，没有潜在意义），误读的数字（“一”重读，为强调重音，同样有了对比意义，即不是“两个”或“几个亿”）。后者亦是让人误解的羡余信息。

2）词重音误读

汉语的词重音表现在词的某个音节可分重、中、轻三个等级。轻音就是普通话中的轻声，有表义作用。而无轻声音节的词汇中，又可分为重音和中重音，它们不起表义作用。尽管这样，汉语非轻声音节的词语中，双音词往往最后一个音节重读，前一个音节中读；三音节词，则是中轻重。（吴洁敏、朱宏达2001：284—289）违背了这一规律，词重音误读，会混淆词和短语这两种不同语法单位的界限，形成多义羡余。例如：

[11]目前洛巴族不仅有自己的大学生/大学生，还有自己的人大代表。（新闻联播，央视1987-2-28）

上例中的“大学生”，本应读为“大学生”（作为一个三音节词，重音在末尾的音节上），而误读成“大学生”（作为短语，修饰语“大”重读，成了逻辑重音），就解释为“年龄大的学生”了，产生了潜在的对比意义，即不是小年龄的学生，与后面的“人大代表”并列，是很不协调的，听来十分别扭。后者正是误导受众理解的羡余信息。

(3) 句调不正确

句调是指整句话的音高升降的格式，是语句音高运动的模式。广播电视新闻播出时，若句调不正确就会造成句类理解上的失误而带来不同语气的多义羡余：

[12]滥吃野生动物对人类健康有害↗（中国野生动物保护协会调查食用野生动物情况，今晚三十分，石家庄电视台 2000－1－25）

上例中句调上扬是错误的，因为句子的内容本来是肯定的，应该是下降的陈述语气，而上扬的语调却变成了疑问语气。后者是让人误解的语调，传送了不同于原有语气的羡余信息。

2. 听觉新闻文本不当而导致的多义羡余

有声语言传播的新闻文本必须符合语音线性传播的规律。违背这一规律的广播电视新闻文本出现语音、句法问题，可能会产生多义羡余，如同音词语、语句过长等。其多义羡余的类别可以是语义、句法、语用层面。下面分别讨论。

1) 同音多义羡余

此类羡余主要是词汇层面的多义羡余。广播电视新闻通常应力避同音多义的词语，如无法换用另一个词，就必须立即加以解释，通过同指羡余信息方便受众理解，否则很容易造成词语理解上的多义羡余。例如：

[1]**兴安岭上巡医忙**（某广播通讯标题）

[2]入春以来，我国南方农村桑事繁忙……”（央视口播新闻）

[3]**赞“才”迷心窍**(广播评论标题)

[4]**分“优”不足取**(广播评论标题)

上述首例,本是一则报刊通讯标题,某电台按照原来的新闻文本播出时,身为农民的受众误听为“寻医忙”,这一羡余的信息竟然把原意搞反了。其实,广播通讯可以把标题改为《兴安岭上医生巡诊忙》。次例为电视中的口播新闻,有受众听了惊吓不已,心中纳闷:为什么入春以来就“丧事”繁忙了呢?莫非是出了瘟疫!听到后来才明白,原来是采桑之“桑事”,而不是死人之“丧事”。后者正是误解而产生的羡余信息,如果将“桑事”改成“采桑养蚕”,即可避免。上述后两例由于照搬纸质媒介的评论标题,引发了不当的羡余信息:例3,人们会理解成赞扬“财迷心窍”,觉得不可思议,应放弃套用成语的修辞手段,改用直白的表达。例4,本是说一些地方评先进扩大化,方方面面都要照顾到的事。文章将常用词“分忧”改成“分优”,道出了问题的实质,又颇具幽默。但是,作为广播评论播出,人们就会把“分优”理解为“分忧”,产生疑问:为国为民“分忧”有何不好?为什么不足取呢?可以将原题改为“评先进不能分先进”。

有时滥用缩略语也会造成同音多义。缩略词语本应没有多义,但针对广播电视新闻语言,要特别注意避免此类同音多义,如jiwei,可以是“计委”也可以是“纪委”。后者最好改用“纪检委”。“调人”(调解纠纷的人),最好改用“调解人”。因为“调人”(词形),也可以读成diaoren,容易误读误解,造成多义羡余。再如,曾有广播新闻出现这样的报道语言:

[5]采取必要的措施,端正shangfeng

“商风”,是“经商作风”的缩略形式,可受众听了后,感到不解,“伤风”怎么能端正。这就是多义羡余造成的误解。其实“经商作风”，仅四个字，且又限用于某一行业，不必缩略。

广播电视新闻文本的语言编码，必须十分注意同音多义现象。业界人士根据实际工作的经验，整理了一些常见的同音词表、同形（多义）词语表、别字表（详见本书附录一、二、三），可供参考。涉及此类词语的使用，应尽量通过语境明确其特定的含义，力避多义羡余现象的发生。

2）代词多义羡余

此类羡余是同一词语有了多个指代对象，亦可归入词汇层面。听觉新闻解读时间上的一维性，使得代词的使用受到限制。由于受众无法很快回溯到其所称代的先行词，而容易产生理解上的偏差，出现不当的多义羡余。此外，吕叔湘（1993：168）曾指出，代词区分男女的“他、她”只能在书面上起到别义作用。广播电视新闻中使用不当就会产生指代不明的信息噪音。美国的蔡尔尼在《广播新闻》一书中举了一个典型的例子：

[6]阿尔布莱总统要任命一位新的国务卿，他在……

上述例子中的代词“他”用得很不明确，不知指的是哪一位，“总统”还是“新的国务卿”。广播新闻里应采用同形词语的复现方式，以避免多义羡余信息。原句可以改为：

[6]′阿尔布莱总统要任命一位新的国务卿，总统在……

这里“总统”的复现羡余，不但不是累赘，而且是十分必要的。

3）句子过长造成多义羡余

此类羡余多属于句法层面，亦有语用层面。几乎所有的广播电视新闻写作论著，都指出要少用长句，多用短句。实际就是让语流中两个停顿的间隔不至过长。不然受众会听不出点号，导致句法结构的多义羡余而影响解读。例如：

[7]听众朋友，王主任也是原青岛贸易促进会和中国国际商

会的会长。∨中国建设部部长、原青岛市市委书记兼市长俞正声同志，在青工作期间曾经说过……

（青岛人民广播电台第四届金话筒奖评奖参赛节目）

广播新闻信息的收听是一维的有声线性组合，听感上是一次过，即使上文"∨"处停顿时间很长，听众也容易理解为"王主任也是原青岛贸易促进会和中国国际商会的会长"，"中国建设部部长、原青岛市市委书记兼市长"。即"中国建设部部长、原青岛市市委书记兼市长"原本是"俞正声"的定语，而不当停顿会误导受众将其理解为前一个句子谓语中的宾语成分。另外，"在青工作期间"听感上不易理解。原文本不适合有声传播的要求，应修改为：

[7]′听众朋友，王主任也是原青岛贸易促进会和中国国际商会的会长。王主任的工作得到过中国建设部部长俞正声同志的肯定。俞正声在担任青岛市市委书记兼市长时曾经说过……

上述文字，采用同指式复现羡余，两次重复人名，避开了两个人在职务信息上的多义羡余，不会让人误解。

有时句子过长，还会造成语用层面的多义羡余。例如，反问句一般表达强烈的语气，但若反问句句子太长，到句末时，此类语气就会被拉散，受众会误认为是陈述句，产生句类上的羡余信息。而有声语言解读的一维性使得记忆的长度十分有限，受众因无法追溯已逝的信息而不能理解原句类的语气。请看新闻作品中的句子：

[8]我在想，只有人老了才知道，老年人看上去虽然硬朗，但腿下已经没有了根基的道理吗？（某广播新闻）

上述动词与宾语中心语之间（"知道……道理吗？"）充斥了过长的定语，受众无法理解这是一个反问句，而倾向于陈述句的

句调了。可以增加一个语义上与上文具有同指关系的羡余成分“这样的道理”,将原句改为:

[8]´我在想,老年人看上去虽然硬朗,但腿下已经没有了根基。这样的道理一定要等到人老了才知道吗?

总之,语音听觉信道的同形多义羡余是由新闻有声传播时的表达不规范,以及听觉新闻文本不当所导致的。前者主要有停连不当造成的同形句法结构多义、同一词语(重组或生造而来)的多义,重音、句调不当带来的同一语句语用意义(对比、语气)多义;后者主要有同音词语带来的同一语音形式多义,以及长句子带来的同一句法结构多义、同一句子的语用意义(语气)多义。上述不当的多义羡余,可以通过规范的播音以及适合有声传播要求的语言编码形式予以消除。

二、文字视觉信道的同形多义羡余

由视觉信道传播的报刊、网络新闻语言代码的介质主要是文字,其同一形式亦可以与多个语义内容发生联系,造成同形多义羡余,干扰受众解读信息,造成误读。本节主要以新闻标题为例,讨论其句法结构中的多义羡余问题。主要有以下三种类型:

(一)层次不同、结构关系也不同的同形多义羡余

此类羡余包括短语结构内部,以及单句结构与复句结构的同形多义。

1. 短语结构内部的同形多义

短语结构内部容易产生同形多义的类型有,主谓/动宾、主谓/状中、主谓/偏正、兼语/连谓、定中/动宾、连谓/主谓等结构。

(1) 主谓/动宾结构

[1]弯身亲吻带路狗头部意外撞桌

失明十年离奇复明(某报)

上述标题中的引题有两种理解，构成多义羡余：一种是在“带路狗”后面断开，主人公的头部撞桌，另一种在“头部”后断开，“带路狗”和“头部”是领属关系，主人公因亲吻带路狗头部而撞桌。也就是说，“头部”既有可能是“亲吻”的宾语，也有可能是“撞桌”的主语。正文中交待主人公是在弯腰亲吻带路狗时，自己的头部意外撞到咖啡桌，结果竟然使失明十年的双眼复明。引题只能作第一种理解，消除多义羡余的方法应在“带路狗”后面断句(留一空格)，以便与正文的新闻事实相一致。

(2) 主谓/状中结构

[2]**金奖银奖　不如用户口讲**(《中国石油报》1994-11-6)

上述标题中，“用户口讲”有两种切分，同样构成多义羡余：一是“用户/口讲”，前后为主谓关系；一是“用户口/讲”，“用户口”是“讲”的方式状语，整个结构是状中结构。与前面的“金奖银奖”对应起来看，“用户口讲”显然表达的是前一种意思，即用户称赞。可以改为：不如用户“口奖”，如此只能在“口奖”前面停顿，等于确定了唯一的结构关系，即主谓关系。

[3]**联大与布什辩论　内贾德提议再次被拒**(新华每日电讯2006-9-9)

初看上述标题，辩论的双方为“联大”与“布什”，拒绝内贾德提议的既可能是“联大”也可能是“布什”，形成了多义羡余。而实际情况为“联大”仅是辩论的场所，“内贾德”与“布什”辩论，但提议遭到白宫拒绝。从句法结构角度分析，“联大与布什辩论”，本是状中结构，但也可以理解成主谓结构。可将原题更改如下，即可避免“联大与布什辩论”的施事不明：

[3]′**内贾德联大与布什辩论　提议再次被拒**

(3) 主谓/偏正结构

[4]**西方兴起男性化女装**(标题,《生活报》1988-9-11)

上述标题的结构亦可有两种切分,构成多义羡余：男性/化女装,男性化/女装。前者是说男性可以化女装,主谓结构,表示一种行为。后者是说男性化的女装,“男性化”作修饰语,成为偏正结构,指的是一款服饰。若不看正文,确有两种不同结构的理解,必须加以分化。

(4) 兼语/连谓结构

[5]**刘亚萍说服婆母结婚不操办**(引自彭朝丞2012,434)

[6]**歹徒持刮胡刀劫持孕妇被击毙**(标题,《羊城晚报》2009-1-24)

上述首例,谁“结婚”,该行为的施事到底是“刘亚萍”还是“婆母”？存在着多义羡余的可能。如果是“刘亚萍”,整个结构是连谓;如果是“婆母”的话,整个句子就是兼语结构,“婆母”既是前面“说服”的宾语,又是后面“结婚”的主语。消除多义的方法：若是第一种意义,可以在结婚前加上“自己”,构成语义同指羡余;或将标题改为:“结婚不操办　刘亚萍说服婆母”。次例标题中,被“击毙”的是谁,其受事可能是“歹徒”,也可能是“孕妇”,构成多义羡余现象。如果是“歹徒”,全句就是连谓句,意思就是“歹徒持刮胡刀劫持孕妇,被击毙”;如果是“孕妇”,全句就是兼语句,“孕妇”是兼语成分。根据拟题者本意,所要表达的是前者,可以将原题改为：持刮胡刀劫持孕妇,歹徒被击毙。

(5) 定中/动宾结构

[7]**讨厌歌功颂德的彭德怀**(标题,《报刊文摘》2003-7-7)

[8]**报告文学的丰收**（标题，《人民日报》1963－12－8）

上述标题，一般的切分应该是在“的”字的后面，但也未尝不可在“讨厌”、“报告”的后面，如此就产生了多义羡余的可能。关键是“的”字管到那里，即定语的范围有多大。具体来说，首例“讨厌”的受事既可以是“歌功颂德”，也可以是“歌功颂德的彭德怀”。消除上述理解上的多义羡余，根据文意，应将原标题改为“彭德怀讨厌歌功颂德”。次例“报告文学的/丰收”是定中结构，“丰收”的仅限于“报告文学”这一体裁，而“报告/文学的丰收”就是动宾结构，“丰收”的可以不只是“文学”。根据新闻正文的内容，才能确认哪个是原意，由此再采取适当的避免多义羡余的分化手段。

（6）连谓/主谓结构

[9]**听证会免了再过堂**（《北京晚报》2011－3－2）

上例中的“免了”既可以指“听证会”，也可以是“再过堂”。前者意为不召开听证会，要二次庭审，全句是连谓结构；后者意为听证会开了，不用进行二次庭审了，全句为主谓结构。正文部分讲述了一起当事人要求抗诉的案子，经检察院的听证会调解避免了法庭的二次审理。作者拟题的本意显然是后者，但由于句子结构有两种分析而产生了多义羡余。可以将原题改为：开了听证会，免了再过堂。

本部分所述的同形多义羡余，产生的原因都是结构层次不明，部分是因书面语中的停顿不清晰而引起，如果放在听觉新闻中，可以通过停连手段消除多义羡余，部分需改变语序，或增加某些词语才能避免多义。

2. 单句结构与复句结构的同形多义

此类同形多义可以是因书面停顿不明确，或标题折行不当而引发。

(1) 因停顿不明确而导致的同形多义

主要类型包括：连谓结构/因果复句的多义，以及并列复句形式做宾语的单句/并列复句的多义。

1) 连谓结构/因果复句的多义

[1]针对“中国模式”的形成和崛起，新报载文指出——

西方势力施压北京奥运必成输家(标题，《参考消息》2008-2-21)

上例中，“必成输家”的主体是谁？可以是“西方势力”、“奥运”或“北京”等三个，形成了多义羡余现象。相应地，就可以有三种理解：西方势力施压北京/奥运必成输家(因果复句)；西方势力施压/北京奥运必成输家(因果复句)；西方势力施压北京奥运/必成输家(连谓结构)。根据文意，“必成输家”的是“西方势力”，可以通过移位予以明确，将标题改为：施压北京奥运，西方势力必成输家。

2) 并列复句形式做宾语的单句/并列复句的多义

一般认为，为了避免同形多义羡余，新闻标题的句子不宜太长，主谓短语、复句形式作宾语的句子要少用。对有并列关系共用主语的分句，必须在每个分句前重复出现主语。这在修辞上称为提挈语。这方面如若不谨慎处理，就会引发多义羡余。例如：

2009年1月20日，中国政府发表《2008年中国的国防》白皮书。我国相当多的媒体当天和第二天报道这条新闻时，因对其中关于核武器问题的表述做了不正确的解读，使用的标题多有不当：

[2a]**国防部：中国停止研发新型核武器**(人民网国内新闻)

[2b]**中国停止研发新型核武器**(中央电视台4套、中国新闻网、中国网、北京日报)

仅有两三家媒体的标题使用了下面的正确表述:

[2c]**中国主张各国承诺停止研发新型核武器**

事实上,我国自1964年试制成功第一颗原子弹开始,一向承诺不首先使用核武器,主张世界核国家承诺共同销毁核武器。在他国没有承诺停止研发核武器的情形下,我国为何要单方面承诺?实际是报道文字与原文的白皮书有差异,存在同形多义的信息羡余(噪音)。白皮书原文是:

[2d]中国主张所有核武器国家明确承诺全面、彻底销毁核武器,并承诺停止研发新型核武器,降低核武器在国家安全政策中的作用。

上述文字中,"并承诺"是与哪个动词并列?若与"主张"并列,其主语就是"中国"(这是大多数媒体的误报);若与"明确承诺"并列,其主语就是"所有核武器国家"(这是白皮书的本意),即倡议"所有核武器国家停止研发新型核武器"。

原白皮书确实可能会引起误解,即存在着多义羡余的前提条件。因为"主张"后面没有停顿,容易误认为"并……"这个语言片段是承前省略了主语"中国",而实际上省略的主语是"所有核武器国家"。从句子类型来说,上述例子的同形多义就在于:原句可以是一个并列复句,也可以是一个复杂单句。前者,复句的后一分句主语是"中国",承前省略。后者,复杂单句的主语是"中国",谓语是"主张",其宾语是个并列复句形式,俩分句的小主语均为"所有核武器国家",只是后一分句的小主语承前省略。

为了避免上述同形多义,可以对原句做如下修改:在"中国主张"后加冒号,加大动词"主张"与其后宾语之间的停顿时间,使之成为较大停延段的韵律节奏的分界点。或改为复句，去掉“并”，第二分句前面重复出现前一分句中的动词与其后宾语中的小主语“主张＋所有国家”：

[2d]′中国主张：所有核武器国家明确承诺全面、彻底销毁核武器，并承诺停止研发新型核武器，降低核武器在国家安全政策中的作用。

[2d]″中国主张所有核武器国家明确承诺全面、彻底销毁核武器，主张所有国家承诺停止研发新型核武器，降低核武器在国家安全政策中的作用。

上述多义羡余，产生的原因都是某些动作的施事，即动作的发出者不明，消除的手段只能是改变原来的结构，重新编码。

(2) 标题折行不当而导致的同形多义

在多行的新闻复合标题中，句法结构的切分表现为折行(即停顿)。何处折行必须慎重，若在不当处强行分行，容易造成结构多义羡余。当复杂单句中的谓语部分，或谓语中的宾语部分较长时，对于涉及施事、受事关系的动宾、主谓结构的折行不可掉以轻心。常见的不当折行会导致连谓结构、状中结构、动宾结构作谓语的主谓句与复句之间的同形多义。

1) 连谓结构做谓语的单句与并列复句

[3]**教师奸淫猥亵**

学生被判死刑(《涪陵日报》2003－10－11)

[4]**河北货车司机撞死**

大同交警弃车逃逸(新华日报 2004－5－18)

上述标题，若是单行排列均为复杂的单句——连谓句，但是报社编辑为了美观而在排版时折成字数相等的两行，导致了不该产生的羡余信息。首例容易让人误以为教师犯了罪，结果学生受刑，形成多义羡余。而新闻事实则是：因奸淫猥亵学生，山西某教师被判极刑。可见此处折行不当，极易理解为相反的意思。次例的新闻事实为，货车司机肇事，将交警撞翻在地，弃车逃走，民警不幸身亡。折行错误而形成的多义羡余，完全改变了事实真相：司机身亡，交警犯罪！避免多义羡余的方法是，将上述两例中的"被判死刑""弃车逃逸"的施事予以明确：

[3]′**奸淫猥亵学生**

　　教师被判死刑

[4a]′**撞死大同交警**

　　河北货车司机弃车逃逸

[4b]′**河北货车司机**

　　撞死大同交警弃车逃逸

2）状中结构作谓语的单句与因果复句

[5]外交部发言人沈国放说

　　中国对美再次袭击

　　伊拉克深表不满（标题，某报 1996－9）

上述标题的多义羡余仍是由于折行不当造成的。本来复合标题的整体是一个单句，主题是单句中的宾语成分，该成分较复杂，又是一个主谓结构，其谓语部分是状中结构，"对美再次袭击伊拉克"为状语，"深表不满"是中心语，折行后极易误解为因果复句，"中国对美再次袭击"为因，"伊拉克深表不满"为果，该意思与原意完全不同。排除多义的方法有：

[5a]′**对美再次袭击伊拉克**

　　中国深表不满

[5b]′**中国对美再次袭击伊拉克**

　　深表不满

3）动宾结构作谓语的单句与并列复句

[6]市政出台办法

奖励“四乱”行为

投诉举报人（《西安晚报》2004-6-16）

[7]中台办、国台办负责人发表谈话——

坚决反对分裂势力

按两国论修宪（《宁波日报》1999-7-21）

上述首例，整个复合标题为主谓句，其谓语部分是动宾结构，宾语较复杂，引题中的“办法”有一个同位语，即主题的内容，由动宾结构来表达，动语是“奖励”，其后余下的部分为宾语。主题的原意是要奖励深受其害的投诉人以及知情的举报人，而将两者合称为“投诉举报人”的简称，有损原意，表达不准确，又因折行不当，带来了语法结构的改变，造成多义羡余：原来动宾结构，折行后却变成了“（市政）出台办法奖励……，投诉……”的并列复句，意思十分荒唐（“四乱”行为反成了要奖励的对象）。现拟作如下改动：

[7]′**奖励“四乱”行为的**

投诉（人）和举报人

上述次例的问题与首例一样。主题如果不折行，意思是明确的：“坚决反对”的是“分裂势力按两国论修宪”，两者是动宾结构。而折行后，“坚决反对分裂势力，按两国论修宪”极易理解为并列复句，产生与原意完全不同的羡余信息。

（二）层次不同、结构关系相同的同形多义羡余

此类情况在书面语中，可以通过标点，留空格，或移行，即明确句法结构的停顿位置，以消除多义羡余。易引发此类羡余的

结构有主谓、联合、定中、动宾、连谓等。

1. 主谓结构

主谓结构同形多义的羡余，主要存在于主语或谓语部分的语言成分边界不明确。例如：

[1]**手机电视直销泡沫破灭**(《羊城晚报》2008－5－8)

[2]**情人节浪漫没缩水消费缩水**

巧克力热卖不再贵价玫瑰无人喝彩(《羊城晚报》2009－2－15)

上述例子均有两种切分。首例标题中的主语可以是“手机电视”或“手机”，而实际的新闻事实是后者，因而可以将原题改为：

[1]′**手机：电视直销泡沫破裂**

次例的副题可以有两种切分：巧克力热卖不再贵价/玫瑰无人喝彩，巧克力热卖不再/贵价玫瑰无人喝彩。这是主语及谓语成分均边界不明，前一个分句的谓语部分，可以是“不再贵价”或“不再”，后一个分句的主语可以是“玫瑰”或“贵价玫瑰”。新闻的实际事实均是后者，消除多义羡余的手段是：可以在“贵价”前加上逗号，或留一空格。

[3]**王海复出起诉金山毒霸构成欺诈**(某报)

上例从句法结构来说，“构成欺诈”是谓语，但主语是什么？“王海复出起诉金山毒霸”，还是“金山毒霸”？边界不明确，两种意思的层次关系不同。从语义指向上说，“构成欺诈”的主语可能是王海的“起诉”行为，也可能是“金山毒霸”，由此构成了多义羡余。新闻事实应是后者，消除多义羡余的方法是：可在“起诉”后加上冒号或空格，亦可改为：王海复出起诉金山毒霸的欺诈行为/王海复出起诉金山毒霸虚假宣传构成欺诈。

2. 联合结构

联合结构的多义羡余，主要是由并列成分之间的停顿不当所致，书面上是由标点引起。如某新闻的正文部分有这样的句子：

[4]比起马玉，张忠相，沈文山确实多了几分机灵。（《生活报》1986-12-5）

究竟是“比起马玉、张忠相，沈文山……”，还是“比起马玉，张忠相、沈文山……”，存在多义羡余。消除多义羡余的方法是将某个逗号改为顿号，或加助词“来”，成为“比起……来”。口语中也可以通过停顿长短的方法来消除。

3. 定中结构（多层定中结构的切分）

定中结构的多义羡余，源自定语与中心语两个直接成分之间的界限不明。其原因可以是因缺少或多余某个词语所致。前者如：

[5]**银川一中学生涉嫌犯罪**（《新消息报》2008-1-6）

上例画线部分的句法结构是多义的，层次切分有两种方式：

[5]′银川/一中学生——→银川的一个中学生

银川一中/学生——→银川一中的学生

显然上述结构中缺少一个表示修饰关系的助词“的”。而原意应该是第一种理解，但亦无法排除第二种。因为当地银川一中曾就此报道专门与报社交涉，最终对方不得不刊登道歉声明，以消除负面影响。可见新闻信息的多义羡余会给社会带来副作用。

有时多使用某个词语，亦会造成多义羡余。例如：

[6]我国少数民族使用和尚保存的乐器有400余种（《光明日报》）

上例比较特殊，由于出现一个“尚”（本为副词），与“和”极易优先组合，成为高频名词“和尚”，画线成分就有了多义羡余的可能：

[5a]´我国少数民族//使用///和///尚保存的/乐器

[5b]´我国少数民族//使用/和尚保存的//乐器

上述多义羡余的纠葛在于：定语、中心语可以理解为“我国少数民族使用和尚保存”与“乐器”，也可以是“我国少数民族使用”与“和尚保存的乐器”。前者定语部分的主语是“我国少数民族”，谓语是“使用///和///尚保存”，后者定语中的主语也是“我国少数民族”，谓语却是“使用”；整个定中结构内部构造不一样，前者是单层定语，后者是多层定语，第一、二层次的定语分别是“我国少数民族使用”（本身是主谓结构）和“和尚保存”（本身亦为主谓结构）。新闻事实应该是第一种理解，避免多义羡余的方法就是删除一个“尚”。

定中结构多义羡余的形成，亦可以是某些数词的语义指向不确定而引起。例如：

[6]依靠集体致富

石户大队出现10户万元存户（某报）

[7]**56民族高校师生 举办专题文艺晚会**（《北京青年报》2008-12-19）

[8]金融危机引发命案

失业男枪杀5家人后自杀（《厦门晚报》2008-10-8）

上述首例标题存在两种切分，构成了多义羡余：10户/万元存户，10户万元/存户。前者意为“万元存户有10户”；后者意为“一个存户，金额是10户（家）万元”。有编辑修改为：石户大队10户[　]存万元。但修改后仍存有多义：是10户共存万元，还是每户存万元？因为10户，既可以看成“集合”整体，又可以看成若干个体。消除多义的根本是要解决“10”在语义上指向哪个词语：户(家)？存户(存款户头)？我们认为，可将原题中的“户”改为“个”。

次例标题中，“56”是指“民族”个数，还是“民族高校”(即各个民族的民族学院的汇总)个数，或者“民族高校的师生”人数？数字的语义指向不同，切分就不一样，形成了多义羡余：

[7]´56 民族/高校师生 56 民族高校/师生 56/民族高校师生

而新闻实际记述的内容是“56 民族”。为避免羡余多义，可以在“56”后加上“个”，并交代地点——“首都”。也可以根据新闻事实，消除“56”的多个语义指向，将标题改为：本市高校 56 个民族的师生参加专题文艺晚会。

末例中的数词“5”也有语义多指的现象，整个标题的内部切分有两种，形成了多义羡余：5/家人，5 家/人。即可能是“一家 5 个人”，也可能是“5 家的人”。原因就在于“家”既可作名词，也可作量词。根据新闻事实，男子枪杀的是自家 5 个人。原题中的“5 家人”可改为：家人 5 口，或 5 个家人。

4. 动宾结构

动宾结构的多义羡余存在的前提是：虽然结构关系都是动宾，但内部两个直接成分的边界不明确，即动语和宾语到底是哪一部分可能存在不同的理解。例如：

[9]**小石头砸破大缸**(《中国青年报》1987－6－13)

上述标题的谓语部分“砸破大缸”有两种切分，存在多义羡余：砸/破大缸，砸破/大缸。这是动语和宾语的边界不明确。由于“小石头”与“破大缸”构造相同，节律一致，很多人会认为“破大缸”是宾语。而原意却是后者，可以将标题改为：小石头砸破了大缸。

动宾结构的多义羡余更多地出现在宾语为谓词性成分的情况下。例如：

[10]中办、国办印发《关于加强和改进村民委员会选举工作的通知》

坚决制止查处贿选行为（《北京日报》2009－5－31）

[11]美知名防务专家认为攻击通信卫星行为极坏

必须制止制裁“法轮功”（某报 2002－9－26）

首例中“制止查处贿选行为”有两种切分，亦构成了多义羡余：制止/查处贿选行为、制止查处/贿选行为。前者是违反常理的，消除多义的方式就是让“制止查处”并列，一起带宾语“贿选行为”，可以在“制止查处”中间加个顿号或添上连词“并”。次例亦然。

[12]**中国主张全面禁止彻底销毁核武器**（某报 1982－5－12）

上述标题的画线成分，句法结构是动宾，但动语和宾语亦有两种不同的切分：

[12a]´禁止/彻底销毁核武器

[12b]´禁止彻底销毁/核武器

动语可以是“禁止”，也可以是并列结构“禁止、彻底销毁”，同样宾语可以是“彻底销毁核武器”，也可以是“核武器”。即“彻底销毁”可以充当“禁止”的宾语的一部分，也可以与其并列充当动语。新闻的原意显然应该是后者。如在“禁止”“彻底销毁”中间加上一个连词“并”，让动语成为显性的并列结构就没有多义羡余了：中国主张全面禁止并彻底销毁核武器。

为此我们要特别警惕有否定意义的词语如“否认、避免、力戒、忌讳”等与谓词性宾语的关系，谨防产生多义羡余，而把意思表达反了。

5. 连谓结构

此类结构出现多义羡余的情况较少，但亦并非没有。例如：

[13]**北京商学院药品器械系和附属工厂结合教学实习检修安装医疗器械**(《光明日报》1962-7-2)

标题中的谓语部分是一个连谓结构，内部 n 个直接成分界限不清，存有同形多义羡余。可有三种切分：

[13a]′结合教学/实习//检修安装医疗器械

[13b]′结合教学实习/检修//安装医疗器械

[13c]′结合教学实习/检修安装//医疗器械

分化上述不同结构意义的方法是：如果在“教学”或“实习”后面加个逗号，a 和 b、c 可以有区别；在“检修”和“安装”中间加个“和”字，b 和 c 可以有区别。根据新闻事实，就可以消除上述多义现象。

（三）层次相同、结构关系不同的同形多义羡余

名词性句法结构线性排列时，可能会产生多种语法意义，这就是层次相同、结构关系不同的同形多义羡余。此类羡余的消除，仅靠口头停顿或书面加空格或标点，均无济于事，而必须借助于虚词的帮助。主要类型有：

1. 偏正（领属）/同位结构

[1]**胡耀邦、华国锋等后人的质疑**(标题，《作家文摘报》2009-8-18)

[2]**安徽评选优秀公厕**

阜阳市等十四座厕所上榜(标题，《新民晚报》1994-11-5)

上述标题中，首例的“胡耀邦、华国锋等后人”有同位与偏正两种结构关系，即可以是领属和被领属（“后人”是属于“胡、华

等”的，即“胡、华等的后代”）、相互同指（“后人”就是指“胡、华等”）两种关系。根据新闻事实，应该是前一种。原题可在“等”后面加上助词“的”明确为前一种领属关系。

次例中的“阜阳市等十四座厕所”，应理解为领属与被领属的偏正关系，但理论上也可以理解为同位关系，即阜阳市被评为十四座优秀公厕之一，虽然这后一种意思很荒唐。要消除这一结构的羡余多义，让其结构关系明确，可将原题改为：阜阳市等地（的）十四座厕所上榜。

2. 偏正/联合结构

[3]武汉市人民政府咨询委员会，是一个高水平的“智囊团”，32 名委员和 8 个专业咨询组的 86 名成员，几乎囊括了社会科学的自然科学的各个门类。（《人民日报》1985－5－11）

上述画线部分可以看作是递加的定语，构成偏正结构，或看作并列关系的联合结构。原意应该是后者，改为“社会科学和自然科学”就没有多义羡余了。

[4]**盖俊和女儿结婚不收礼**（标题）

上例比较特殊，人名中偏巧有个连词“和”，极易误解为“盖俊”与“女儿”结婚，有悖常理。实际上“盖俊和”为人名，结婚人是其女儿。“盖俊和女儿”之所以会构成联合与偏正两种结构的多义羡余，一切皆由领属的人名后缺一个助词“的”所致。

3. 定中/偏正结构

[5]前不久，张凤与丈夫张某（已判刑）一起至上海、杭州等地采购服装。谁知，途中丈夫张某先后在铁路上海站旅客列车上等处盗窃钱款达 25500 余元……（《文汇报》1991－1－26）

上述画线部分，可以理解为“上海站的旅客列车”，亦可以是“上海火车站和旅客列车”。到底是多义羡余中的哪一个，须增加相关的表示特定语法关系的虚词才能明确。

总之，文字视觉通道的同形多义羡余，主要是同一句法结构可以有不同语法意义的理解所导致的。句法结构多义的主要类型有同一语形的结构中结构关系、层次类型等因素的不同而造成，可以通过增加停连标记（空格、标点、编码中的折行）、虚词，或实词性成分，调整语序、改变结构重新编码等手段消除同形多义现象。

三、视觉、听觉信道共有的同形多义羡余

视、听觉信道共有的多义羡余是同形词语的多义所致，通常存在于单词、缩略语等语词中。此类语言成分，无论在口语还是书面语中，都可能产生同形（语音、文字）多义的羡余。

（一）词汇多义羡余

1. 同一词性的词同形多义

新闻语言要尽量避免单音节词语的多义现象。单音节词，尤其是易产生多义的，不宜独用，否则会影响语义表达的明晰性。这类词大多是实词，虚词较少。

实词中动词的多义羡余较为常见，这儿重点谈谈该类词使用中的问题。

A. 借、租、分

“借”、“租”这两个词语，都是既可以有利己（借进、租用）也可以有利他（借出、出租）的意义。例如：

[1]给她（指吴兰玉）借钱的大都是一些好心肠的姐妹……

吴兰玉逐个探访给她借款的姐妹……

唐坤莲给吴兰玉借了 1.2 万元钱（我要做一个诚信的人，

《兵团日报》2008－11－13)

上述例子，孤立地看，不是吴玉兰向别人借钱，而是别的姐妹向她借了钱。而实际情况恰恰相反。消除多义羡余的方法是改变原有结构：

[1]′借钱给她（指吴兰玉）的大都是一些好心肠的姐妹……

吴兰玉逐个探访借款给她的姐妹……

唐坤莲借了1.2万元给吴兰玉

"分"，也有上面"借、租"的两种意义，必须引起注意：分（得到）、分（给出）。如：他分（了）我一块饼。两种意义是：

[2]他分（给了）我一块饼/他分一块饼（给了）我

他分（到了）我（的）一块饼/我（的）饼他分（到）了一块

具体是使用中，必须注意消除上述多义羡余的现象。

B. 待

"待"有"对待他人"之义，既可以替换"孝敬、侍奉"，用于长辈；又可以替换"抚养、养育"，用于晚辈。若语境不能区分上述两种意思，就会存在多义羡余。有一篇通讯，介绍的是一位解放军战士服役期间，长期照顾驻地一对无子女的老人，用了以下标题：

[3]**他待我们胜过亲生女儿**（标题，《生活报》1987－4－5）

若不看正文，该题可用两种理解：

[3]′他待我们（老两口）胜过亲生儿女（对待我们）

他待我们（姐弟俩）胜过（待自己的）亲生女儿

若改为"他孝敬我们胜过亲生儿女"就没有两义了。

C. 其他动词

常用的多义动词若离开一定的语境独立使用，容易带来理解上的多义羡余现象，让人捉摸不定。例如：

[4]走，怕什么，练练腿，还锻炼身体哪！

（通讯，《忠心耿耿为革命，全心全意为人民的好会计》）

[6]**毙了“香水冰王”　销了一批毒品**

我市昨开展多项活动迎接国际禁毒日（标题，深圳某报2005-6-23）

上述首例，“走”可以有多个意义，如“走路”、“走开”等。这儿单独使用，既有多义羡余的弊端，亦不符合汉语的韵律节奏，可以改为：“走路”或“走走”。次例，“销”，有“销毁、销售、消费”等多个意义，应排除上述多义羡余现象。根据新闻事实，应是“销毁”之义，但使用双音节词不和谐，拟改为“烧”。

虚词的多义羡余现象比较少，这儿举一个介词的例子：

[7]天津贸易部门已向华北东北调拨秋冬货物。（《人民日报》1953-8-21）

“向”，有“往”“从”（如“向老师借了一本书”）两个相反的意思，而上例中的的动词“调拨”正好适用“向”字的两种意义。这样就有两种解释：往华北东北调拨（拨付）秋冬货物，从华北东北调拨（调动）秋冬货物。而实际意义应是前者，当时的背景是，20世纪50年代，华北东北的消费品很大一部分要从上海天津等地调进，因而原意应是：往……拨付货物。要消除此类多义羡余，只能通过换用词语来排除。

2. 不同词性的词同形多义

常见的是连词与其他词性的同形词构成的多义。如“跟”、“和”、“既”等。

A. 跟

可以有“介词”和“动词”两种词性。例如：

[8]你看看我的货，回去有空跟我们宣传宣传，生意不成人情在嘛！（《生活报》1988-2-19）

上例中的“跟”，若看作介词，引进受益对象，说的是“为我们作宣传”的意思。做动词，就是在别人的后面行动，那就成了“跟着我们作宣传”，意思大不相同。作者要说的是前者，但“跟”用在这个句子里，也排除不了后一种用法。若改为“给我们宣传宣传”就不会产生多义羡余了。

B. 和

可以有“连词”和“介词”两种词性。例如：

[9]林虹独自去美术馆看展览，遇到顾晓鹰和她学画的老师，引起她思索要走搞美术这条路。(生活报 1986-3-23)

上例中，林虹“遇到”的是一个人还是两个人，跟“和”的词性及“她”指代的对象都有关系。如遇到的是两个人，“和”是连词，“顾晓鹰和老师”是并列关系，“她”既可能指林虹，也可能指顾晓鹰。另一种遇到一个人的情况，“顾晓鹰和她学画的”作定语，“她”同样指代不明，如她指林虹，遇到的就是顾晓鹰和林虹共同的老师，“和”仍为连词；如“她”指代后面的老师，“和”作介词，学画的就只有顾晓鹰。这里作者想要表达的是遇到了顾晓鹰和林虹自己学画的老师，即“和”应限定为连词。原句可以换用连词“还有”，并将多义代词“她”换成“自己”，改为“遇到顾晓鹰还有自己学画的老师”，表达的意思就没有多义羡余了。

C. 既

可以有“副词”和“连词”两种词性。例如：

[10]三位战友一致的回答是：“既发起冲锋，就得攻到目的地。”(通讯，《在洪水包围中战斗》)

“既”，有副词、连词不同词性的羡余多义：已经、既然。若改为“既然”就明确了，又可避免音节不和谐。

（二）词与短语同形多义

此类多义，由同形语词的本义和引申义两种理解所致。从同一语言形式所属的单位上看，横跨词与短语两个层面。例如：

A. 狗命

可以理解为词或短语，有本义和比喻义两种用法。例如：

[11]为保狗命　无视法令

葛某殴打警察和记者气焰嚣张(《鹤城晚报》1987－8－6)

上例“狗命”存在多义羡余。新闻说的是葛某为了保住非法饲养的狼狗，无视政府法令，对前来打狗的警察和现场采访的记者大打出手。但理解起来，亦会误解成葛某是为了保住自己的性命而以身试法。因为“狗命”作为短语，就是通过比喻手段获得比喻义的。由于不能分化该词语的多义，“狗”可用“狼狗”或“宠物”来替换。

B. 坏蛋

[12]**慧眼识坏蛋**

——记市蛋品加工厂的女灯照工们(通讯标题)

“坏蛋”作为词或短语，同样有本义和引申义两种用法，存有羡余多义现象。“坏蛋”，一般第一印象是理解为“坏人”，但看了副题，才了解到这里是指“坏了的鸡蛋、鸭蛋”等。而改为“坏禽蛋”就没有多义了，同时将“识”改为“识别”，保持音节韵律的协调。或给“蛋”加上引号，以示特殊的意义。

C. 发火

这是一个离合词，既可视为词又可以作为短语。亦存有本义和引申义的多义羡余现象。例如：

[13]汽车在泥水里直喘气，每走几十步，司机们就要下来发

一次火。(陕北新华广播电台 1949-9-17)

"发(一次)火",可以理解为短语,即"生(一次)气",也可以理解为"发动机点(一次)火"。原意是后者,可以改为"发动一次",即可消除羡余多义。

(三)缩略词语形成的多义羡余

缩略词语的使用前提应是没有同形多义现象,否则就不宜使用。然而新闻语言中却存有此类缩略词语的多义羡余现象,有结构关系相同和结构关系改变两种情况。

1. 结构关系相同的同形多义

此类羡余多义,是指缩略词语在结构相同的情况下有两种不同意义的理解。例如:

[14]**国考首次公布"冷门"职位**

气象局成为最冷机构,铁路公安首入"国考"也遇冷(《北京青年报》2009-10-24)

上述标题有两个缩略词"国考",分别来自两个全称:"国家公务员录用考试司"和"国家公务员考试"。前者是不当缩略,应改为"国考司",后者是正确的。这是一名异义所致。

[15a]**在阿车祸中受伤中国劳务人员伤情稳定**(《北京日报》2009-8-28)

[15b]**巴警局遭袭40余人死伤**(《京华时报》1989-8-31)

[15c]**伊基地分子称曾在叙受训**(《京华日报》2009-9-1)

[15d]**厄总统寻求关闭"间谍"电视台**(《京华时报》2009-8-31)

[15e]**哥美军事协议震动南美**(《北京日报》2009-8-28)

上述有关国名、地名的简称缩略,易引发多义羡余:这儿的"阿",原式全称是哪个国家?阿尔巴尼亚?阿联酋?阿曼?……

“巴”原式全称是哪个国家？巴西？巴基斯坦？巴勒斯坦？……“伊”是哪个国家？伊朗还是伊拉克？“厄”是哪个国家？厄立特里亚，还是厄瓜多尔？“哥”又是哪个国家？哥斯达黎加还是哥伦比亚？光看标题，无法理解！大凡涉及外国国名的缩略词，除非有区别性的，如美、英、德、法、俄、日等，可以使用；而出现频率不高，而且缩略后易产生多义误解的，哪怕是较长的多音节的国名，也应该用全称。

[16]佳木斯造纸小学全面贯彻教育方针，认真抓好音乐教育。(《黑龙江日报》1984－12－1)

原式“造纸厂子弟小学”，缩略为“造纸小学”，易被误认为是一所职业学校。例如，缩略词语可以同“纺织学校”、“烹饪学校”一样，理解为“学习造纸技术的小学”，尽管生活中没有这样的学校。这是原式全称词语和缩略式词语的意义不一样而造成的不当多义羡余。应恢复该单位的全称用语。

[17]**甲子破获特大伪造假币案**

现场缴获数千万元假人民币(某报 1998－1－26)

“甲子”一般用于纪年，受众会感到困惑：新闻事件应该直接标出具体时间，为何用已经废弃的陈旧的表达？查看事件的真相，才发现“甲子”不是时间，而是“广东省汕尾市陆丰市甲子镇”的简称，外地人很难理解，这一切均肇始于缩略词语使用不当带来的多义羡余。亦应恢复“甲子镇”的全称用语。另外，“伪造”最好改为“制造”，与“假币案”相配。

[18]**沈城开禁“黑三轮”**([沈阳]《时代商报》2004－11－16)

“开禁”，通常理解为“开始解禁”之意，真有这样的违反当前法治的政策吗？原来新闻事实表明：“开禁”是“开始禁止”的简称，但受众的理解恰好是相反的意义“去除禁令”。这又是不当缩略词多义羡余带来的误解，即原式意义与缩略词的意义正好相反的现象。为避免多义羡余，应恢复全称用语，或改为“沈阳禁开‘黑三轮’”。

2. 结构关系改变的同形多义

缩略语的原式和缩略式必须在结构关系上保持一致。否则易导致多义羡余而给受众解读带来误解。这样的多义类型有以下几种：

A. 偏正与联合结构的多义

[19]有一位女排姑娘曾经讲过这样一件事：她在排练时，累倒在地板上，抹着眼泪，接迎袁伟民不停地扣过去的球。（某报新闻）

[20]**30名职工中毒生命垂危　军工两医院抢救全部脱险**（1986新华社消息）

上述首例，“排练”，原式全称是“排球训练”，结构上看，后者的全称是偏正，而前者的缩略词却是联合，两者结构有所改变，造成了多义羡余。显然前者是不宜使用的，容易误解为“排演练习”，用于练习文艺节目等。次例，“军队和工厂”，缩略为“军工”，更容易引起多义羡余，受众不会想到缩略词是联合结构，即“军队和工厂”分别所属的两家医院，多数会理解成偏正结构，即与“军事工业”有关。为避免多义羡余，上述两例中的不当缩略语均应恢复全称用语。

B. 定中结构内部修饰语结构的多义

复杂的定中结构内部，多个定语之间有递加式与并列式的不同类型，亦易引发理解时的多义羡余：

[21]**中外文学学会首届年会在成都举行**（引自要建军1997，43）

“中外文学”，实际是“中国的外国文学学会”，而非“中、外文学学会”。造成多义的原因在于,原式全称的定语是递加式:“外国”修饰“文学学会”,“中国”再修饰“外国文学学会”。缩略词语则为并列式:“中国、外国”联合起来修饰“文学学会”。后者改变了原式全称的结构,是不当缩略。可将标题中的缩略词改为“我国外国文学学会”。

总之,视觉、听觉信道共有的同形多义羡余,主要是同一词语内部多义(同一词性或不同词性),缩略词语多义(结构关系相同或改变)而导致的,避免多义的方法只能是更换同义词语,或恢复不当缩略词语的全称用语。

第二章　新闻语言不符合受众需求的羡余信息

从新闻接受者出发，根据传播效果，以及新闻心理学的相关理论，本章将分析新闻语言中不符合社会大众需求的羡余信息。

约瑟夫·克拉珀《大众传播效果》认为，新闻传播的效果是有限的，这就是所谓的选择性理论，即受众的心理倾向性势必导致其对传播信息的选择，包括选择性接触，习惯于接触与他的现有观点、兴趣和态度相一致的大众传播内容，并有意无意地避免接触与其观点相左的信息；选择性理解，总是依据自己的价值观念及思维方式对所接触的信息做出独特的个人解释，使其与原有的认知相互协调而不是相互冲突；选择性记忆，往往只是记住自己所赞同的内容，忘却不赞同的内容。（李良荣 2011：165）我们认为，受众排斥而不选择的传播内容即是无效的羡余信息。

从新闻心理学角度考虑，受众接收新闻信息，是一种复杂的情感和智力活动，受众的多种心理要素都参与其中，其中之一就是逆反心理。新闻接受者在一定的条件下也会对新闻信息产生这样的逆反态度，其诱因是他们对新闻媒体信任感的丧失、自尊心受到伤害、好奇心得不到满足、接收成本的增加等等，而所有这些问题的产生又缘于新闻报道违反了真实、客观、全面、公正的原则。这样的新闻就是受众不愿选择而拒绝接收的信息，即达不到传播目的（或接收效果）的羡余信息。这样的信息包括：不真实的虚假信息，不客观的主观性信息，不新鲜的陈旧、平淡信息，不具体的空泛信息，不相关的枝蔓信息，以及不合情理的侵权信息等。下面依次阐述。

一、不真实的虚假信息

虚假新闻是受众深恶痛绝的信息之一，是他们对新闻信任感丧失的最重要原因。由于新闻的第一要素就是真实，因而虚假新闻传递的绝对是无效的羡余信息。人们在长期的社会实践中，通过自然领悟，对大量的信息进行鉴别和选择，逐渐形成据以评判事物真假、善恶、是非的标准，成为稳定的定势心理，并作为个体在思维过程中的内在尺度，新闻信息若是与他们的内在标准不符，受众就会产生逆反心理，并予以抵制，而不可能成为他们的选择性传播信息。迄今为止的新闻传播史表明，虚假新闻一直未能绝迹。必须采取措施，防止这一“顽症”出现，最大限度地控制此类无效羡余信息的出现和蔓延。

新闻传播虚假事实有两类表现，一是夸大、颠倒、混淆、歪曲、捏造事实等。另有一类是媒介参与现实客观事件，然后再予以报道，这就是学界所谓的“媒介事件”，也有人称之为“传媒假事件”。它的特点是媒体兼具了消息来源和报道者的双重角色，这是媒体的角色错位，而消息来源与报道者的分离原本应是新闻传播活动的常态。也就是说，媒体参与了构建被报道的事实，使得原本没有的或原本并非如此的事实产生了或变样了。无论是哪一类虚假新闻，都是报道的事实与原生态应有的实际事实不相符。马克思说过，“不真实的思想必然地、不自由地要捏造不真实的事实,即歪曲真相、制造谎言。”

有学者认为,新闻真实有微观和宏观两个层面,前者是新闻中的事实必须真实,具体说必须确有其事,对事实的描述必须真实,包括事件的要素(5 个 W),其定性、定量,及其分析、解释、评价的准确表述,来源的说明等;后者是新闻报道的总体必须真实,即报道者要通过自己连续不断的新闻传播,显示出社会的总体全貌。后者既是对整个新闻事业或某个特定媒体(报社、广播电视台、网站)所提出的要求,也是对“连续不断”新闻报道(包括数量上和事件上积累)的一个过程的要求。前者要解决如何报道与所反映的事实相符合的问题,强调媒体对事实的准确反映,后者是强调对一条条具体新闻的比较和挑选,以便在有限的新闻传播时空中,构成或传达社会整体面貌的真实途径。前者是后者的基础,后者是前者进一步的提高。

从语言学理论的视角看,作为负载新闻信息的符号系统,其组成是“能指”和“所指”,“能指”可以是传播新闻的各类符号形式,如文字形式、语音形式等,其所负载的信息(即内容)就是“所指”,必须与实际现实相符。简言之,“能指”与“所指”所结构的符号事实,必须与客观事实相符。上述微观的第一层面的真实必须是,作为新闻采访和描写所本的客观事实必须是确凿无疑的,符号事实必须最大程度地与之相符。宏观的第二层面的真实,涉及采访和描写的对象定位及报道内容信息(即“符号事实”)的数量控制,解决的是全面、平衡、公正客观的态度。这在一定程度上属于另一条新闻传播的“公平公正”原则。实际上这是宏观上的符号事实必须与客观事实(包括影响公平公正的全部相关的事实)一致。这儿仅从微观层面阐述不真实的新闻信息,宏观层面的不真实信息留待下文“不客观的主观信息”里详述。

所谓虚假新闻信息，就是微观真实的对立面，即失实报道。无论是哪种方式的虚假新闻，都是新闻符号事实与客观现实的真实面貌不相符，引起受众对真实世界的认识发生错乱，衍生信息"噪音"，使得原有所谓的新闻符号"事实"沦为羡余的无效信息。此类信息主要包括：

1. 弄虚作假、凭空捏造的信息。此类新闻陈述的事实都不是真实的，所有的内容（或部分内容）——现象、根据、过程等，都是虚假的，表现为无中生有、任意联系、精编细造等。这样的语符信息与客观现实完全脱节，纯属子虚乌有。从语言编码来说，属于符号事实对应不存在的客观事实。

我国新闻传播史上曾发生过不少完全失实的报道，比较突出的有：大跃进时期的无度浮夸，"文化大革命"中的公然造谣。新闻服务于宣传功能，常常从斗争中找材料，树典型，编故事。多为主观臆断。例如：

[1]南京专电　有人看见张勋贼手持人心，在豆腐店买豆腐，以油煎人心，下酒甚乐。（《上海民立报》1912－11－21）

[2a]**中稻亩产"卫星"放得高：开镰大吉，中稻出现万斤田**（标题，《人民日报》1958－8－20）

[2b]**"东方红"，红遍天，一亩中稻四万三千斤**（标题，《人民日报》1958－8－22）

[2c]**广东穷山出奇迹，一亩中稻六万斤**（标题，《人民日报》1958－9－5）

[3]正在这时，当二号炉炼到六百零三炉时，突然发生了炉衬砖剥落的情况，只有采取加强喷补的办法才能继续冶炼。这时，厂党委和革委会的领导干部和职工们一起学习了毛主席关于"只争朝夕"，"鼓足干劲，力争上游，多快好省地建设社会主

义”,“团结起来,争取更大的胜利”的教导。大家说,毛主席的这些教导,都有一个“争”字,我们干革命就是要争。工人们提出班班必争,炉炉必争。(首钢炼钢厂创造转炉炉龄新纪录,《人民日报》1973-4-18)

[4]……在这千钧一发的关键时刻,红小兵戴碧蓉想起了伟大领袖毛主席“为人民而死,就是死得其所”的教导,她毫不犹豫,扔下了手中的篮子就奋不顾身地一边呼喊三个孩子快躲开,一边向轨道冲去……“下定决心,不怕牺牲,排除万难,去争取胜利。”毛主席的伟大教导,给红小兵戴碧蓉以顽强的战斗力量!她不顾一切,又第三次冲上轨道,抢救安安。

(戴碧蓉舍己救人,《光明日报》1969-3-31)

上述例子中的新闻事实(或部分事实,见画线部分)均为虚假信息。例1是荒唐不可信的事。稍有常识的人就会看出,张勋是反动军阀,但不至于“油煎人心,下酒甚乐”。资产阶级革命派《民立报》的这类新闻,违背了真实性的基本原则。例2是1958年几条“放高产卫星”的标题。这类新闻,具有农业常识的人,一眼就能看穿其不可信。例3,画线部分显然是虚假信息,生产的紧要关头,不可能出现此类事件。例4的画线部分是人物报道的背景信息,政治术语和斗争背景的加入,同样是不真实的。

2. 片面夸大、歪曲真相的信息

此类新闻信息是真实的变形、虚假的整容。表现为主观渗入(认识失真,一点论代替两点论)、片面夸大(夸此缩彼)的虚假。即能指所指构建的符号事实渗入了主观因素,与客观事实不合。

当前仍然存在的某些新闻炒作就是典型的片面夸大客观事实。此类报道,是指隐匿真实,虚假膨胀,过分肯定事实,常常加进许多杜撰的东西，表现为言过其实、夸诞大言、虚张声势，把个别说成普遍，偶然说成一贯，准备阶段说成进行，进行说成完成。即逻辑层面上，故意混淆、偷换概念，改变命题主项的量词、模态，违反推理原则，语法层面上改变了时态等。就语言编码来说，就是符号事实对应了夸大、颠倒的客观事实。

此类新闻信息，典型表现之一就是标题党现象，主要是指标题严重虚夸，与正文内容却联系不大或完全无关。彭朝丞(2012：404)在评述此类标题时说，准确是新闻标题制作的第一要务，标题与新闻内容脱离，再华丽的言辞，再花哨的“创新”，都是于事无补的。标题必须是新闻事实及其所承载思想意义的浓缩，必须准确无误、实话实说地反映客观事实的本来面目。以标题党现象为例，其夸大事实的具体表现主要有：

(1) 主体身份夸大

新闻主体身份的夸大，主要表现为逻辑上的偷换或混淆概念。例如，有篇报道某位在读博士生的新闻标题是：

[4]**“十面<u>博士</u>”怀揣两支录音笔**

身兼十份工作，五部联系电话，四台笔记本电脑<u>全能</u>无线上网(《北京青年报》2003-8-25)

为突出“全能”，上述标题将在读博士生说成“博士”，罗列出太多的联络设备，以至于可能被误解为修理电子设备的个人。

再比较下面对同一事件的报道：

[5a]**只花1英镑，俄富豪买下英《独立报》**(《新京报》2010-3-27)

[5b]**克格勃<u>前特工</u>一英镑收购英报**(《京华时报》2010-3-27)

前者是叙述事实，后者却突出收购者的“前特工”身份，纯粹是贴标签，与“收购英报”之间不能简单地画等号。

(2) 事件推因夸大

事件的推因,必须拥有足够的依据,否则就是逻辑上的强加因果。例如,2006 年情人节那天,北京有一个物业保安在地下车库杀害了一少女,两家报纸的标题分别是:

[6a]**男子劫杀 17 岁女孩**(某报 2006-2-14)

[6b]**“情人节杀手”抢劫小姐灭口**(某报 2006-2-14)

根据报道内容,杀人嫌犯与被杀者没有情感联系。由此可见,前者是规范的,后者用“情人节杀手”定性杀人嫌犯,属于炒作。

[7]**大奔作证,霍晶情未了**(《新京报》2006-5-16)

上述标题是记者偷拍的照片说明的标题,内容完全是猜测郭晶晶与某大款儿子的关系“情未了”,与图片中郭晶晶下了大奔车、正在登家门的台阶的事实信息不符。

(3) 事件的结果夸大

[8]**黑瞎子岛回归,中国版图鸡嘴复原**(《北京青年报》2008-7-24)

上述标题报道的实际情况是,黑瞎子岛根据当年清王朝与俄国签订的不平等条约,完全是中国的领土,1929 年,该岛被苏联、俄国强占至今。经谈判,俄国答应归还岛的一半,我国着眼于长远发展,予以接受。但此报道过多地强调“回归”,而且误用了夸大的词语“复原”,误导了受众。究其虚夸的根源,实质是命题主项的量词不当所致,误将半个“黑瞎子岛”当成了全部。

(4) 性质夸大

此类现象主要是有意混淆新闻主体或相关事物的名称或行为的概念,模糊其本质特征。例如:

[9]**快餐店乍现疑似爆炸物**(《新闻晨报》2004-2-19)

上述新闻报道的客观事实是：消费者将遗物落在了店里，店家发现后，随即通知了失主领回。这样的寻常事，却哗众取宠地用“疑似爆炸物”的名称来制造爆炸性的新闻。

［10］**张学友：四任爱人不偏倚**（北青网 2005－12－1）

［11］**莎娃与“王子”缘定今生 美少女球拍终身不变**（网易体育专稿 2006－8－29）

［12］**陈慧琳惊现“遗像”**（腾讯迷你首页 2008－12－8）

上述首例，初看类似明星的绯闻，实际是对张学友出演的“雪狼湖”歌剧中四个女搭档的赞评。故意换用“爱人”的名称就是夸饰。后两例均为混淆了两类不同行为的差异：前一例，初看以为是两人私订终身，实际是俄罗斯女选手莎拉波娃和体育用品商“王子”签订供拍合同。后一例，初看似乎主体人物已经过世，实是借做遗像广告招揽生意。有人评说，此标题产生的多义信息，正是魅力所在。事实上，如此的“魅力”恰恰是成了忽悠受众的虚假信息，长久的失实将导致受众逆反心理，逐渐增加的不信任感，使得此类新闻沦为无效羡余信息，是无可挽回的损失。

（5）细节夸大

细节，必须依赖真实的语境才能反映新闻的本质。而虚假新闻却脱离实际的语境孤立渲染、夸大新闻事件的性质，以误导受众进行不当的因果推理。例如：

［13］ **父亲陪9岁女儿什刹海“练摊”被殴**

新京报讯 为了让9岁的女儿在暑假有个锻炼机会，住在什刹海附近的田先生带女儿在前海东沿练摊卖灯具时，于前晚9时许遭身着类似保安员制服的人殴打。

……（《新京报》2013－7－27）

上述新闻没有将其放在一定的社会背景，即用任何相关的法规来考察当事人的行为，而是根据他的主观说法，将“当事人带女儿练摊”的细节予以强调，并通过这一所谓的良好动机，有意模糊事实性质的前一部分，即违规摆摊；却重点展现小孩子的情感，突出保安如何暴力执法。理性地说，让孩子做违规的事情应该批评，传媒却不辨是非。标题和导语对事情的定性，奠定了该新闻的偏颇和煽情。客观的报道应该是“某某违规摆摊，某某暴力执法”。

又如闹得沸沸扬扬的“李刚门”事件报道，所谓当事人口出狂言“我爸是李刚”，根本就是煽情的细节，实际上这仅仅是现场一句非常普通的问答语，竟然被传媒置入特定的语境炒成讽刺“官二代”的流行语。

3. 颠倒黑白、混淆事实的信息

颠倒黑白的信息，一般指否定真实的事件，并用虚假的来替补的信息。此类信息具体来源于真伪、是非、思想与现实的颠倒，属于“文革”遗风之一。此种虚假信息，可以改变事件的本质。例如，“四人帮”炮制的歪曲事实、颠倒黑白的假新闻《天安门广场的反革命政治事件》(《人民日报》1976－4－8)就是典型例子。当年3月底至4月初，数十万群众到天安门广场吊唁周恩来总理，4月5日，他们同广场的警察发生了冲突，部分群众被捕。这场声讨“四人帮”的群众运动，现场报道竟定性为“反革命暴乱”。该文诬蔑人民群众悼念周恩来是“反革命活动”，“天安门事件”是“反革命政治事件”。上述判断均是主观臆断的产物，“反革命”即是该事件非真实的本质。

混淆事实的报道，通常是指新闻真实的错位，虚假的认同，在认识中将两个真实的东西调换了位置，误此为彼，表现为指鹿为马，思维与存在的混淆等。

所谓指鹿为马的虚假新闻，即是指信息编码的符号事实对应的客观事实有错位，本是对应甲，却对应了乙。此类报道，发展到极致，就是形成一类称之为“万金油”式的羡余材料，常在部分记者的口袋里备着，如有多少人入党，有多少个劳模，有多少项目获奖，利润增长多少，出口增长多少等等。今天要宣传加强思想政治工作了，就把这堆材料搬出去，明天要宣传改革带来新气象了，又把它搬出去。这样的万能材料，还可以配上多义性的图片、电视画面，随意粘贴、附会，配合时事宣传，与要报道的客观事实相对应。这是典型的张冠李戴的虚假信息。

电视新闻报道中声画错位也是传播此类虚假信息的典型例子，即语言信息报道的事实对应了非同一事实的画面。例如，台湾三立电视台特别报道“走过一甲子，二二八专辑”，在“血染基隆港，码头屠杀纪实”的标题下，将 1948 年国共战争纪录影片移花接木，当做 1947 年“二二八”事件中国民党军队在基隆港屠杀台湾原住民的画面。常见的电视新闻声画脱离的现象，就是以“万能画面”敷衍日常生产活动的新闻报道，即不顾画面本身信息的特质（本应是客观事实的真实画面），只求可以配合四季生产活动的代表性视频，满足以流行、时髦套话为内容的周而复始的报道需求，而且能够用上多年。如我国钢铁工业大发展、我国经济持续稳定发展、中国综合实力大踏步前进等报道内容，均可用一个钢水飞溅的镜头去填补，而无须出现与声音信息相配合的真实事件画面。这种借助一个画面任意诠释的做法，是完全违背声画组合必须真实合一的报道原则的。

将思维与存在混淆也属于混淆事实的表现之一。上世纪 50 年代初我国新闻界曾讨论过新闻中的合理想象问题。如新华社通讯《马特洛索夫式的英雄黄继光》(《人民日报》1952－12－21)在他用胸膛堵住敌人机枪口时，描写了内心活动：

[14]后面坑道里营参谋长在望着他，战友们在望着他，祖国人民在望着他，他的母亲也在望着他，马特洛索夫的英雄行为在鼓舞着他。

这段独白的语符编码信息，反映的是无法核对的客观现实，很难保证其真实性。因为牺牲前的一刹那，谁也无法知道他在想什么。如果这样的想象可以成立，记者就可以凭他的主观思维来写新闻了，很难保证新闻真实。然而，这类想象式的材料仍然存在，从雷锋的报道到焦裕禄等典型人物的身上都有某些虚假的新闻信息(陈力丹 2010：91)：

[15]焦裕禄组织大家学习《为人民服务》、《纪念白求恩》、《愚公移山》等文章，鼓舞大家的革命干劲，鼓励大家像张思德、白求恩那样工作。以后，焦裕禄又专门召开了一次常委会，回忆兰考的革命历史。……有个地区，在一个月内曾经有九个区长为革命牺牲。(通讯，县委书记的榜样——焦裕禄，《人民日报》1966－2－7)

[16]他死后，人们在他病床的枕下发现两本书：一本是《毛泽东选集》，一本是《论共产党员的修养》。(同上)

此类信息随着时间的推移，终将成为无效羡余信息。

二、不客观的主观性信息

新闻的客观性，广义地说，是指记者按照事物的本来面目如实地报道，包括内容和形式两个方面。内容上的客观，是指记者把已经发生的事实如实地反映出来；形式上的客观，即新闻的主观倾向性是通过事实本身的逻辑力量来显现的，即让事实说话。

上述第一部分讨论违背新闻内容的客观性，即不真实、虚假的无效羡余信息；这儿第二部分主要讨论违背新闻形式的客观性，即不客观、渗透了不当主观性的无效羡余信息。

新闻心理学认为，通过客观报道显示新闻的倾向性，易于且乐于为接受者接收，从而实现传播者的目的。而违背这一受众接受心理的现象，传播不客观的新闻信息，则必定受到排斥，最终成为受众的羡余信息，影响传播效果。不客观的新闻信息主要表现在以下几个方面：

1. 分不清事实和对事实的评价，以议论替代事实

消息中的议论信息应属于对事实的评价，是非客观的信息，除非是舆论导向信息为客观事实所蕴含，需要特别的强调（详见本书第一编第二章第一部分，第43—58页），一般属于无效羡余信息。例如：

[1]本报讯　城市绿化作为宜居环境的最重要、最基本的标准，是城市可持续发展的重要标志。今年是我市实现省委、省政府提出的我市城市环境“三年大变样”目标的第二年，也是攻坚年。4日上午，山西省委常委、太原市委书记申维辰带领市政府有关部分负责人深入工地，察看现场，听取汇报……（《太原日报》2008-6-5）

[2]荆楚网消息　4月3日，在汉江饮水工程各个分段面工地，机器轰鸣，人声鼎沸，一派热火朝天的建设景象。（荆楚网2016-4-5）

上述两例，画线部分是非客观的议论信息，例2使用了形容词性的词语，带有传播者的主观认识，是对事实作出的个人的价值判断，是空洞的抽象信息，没有任何具体事实支撑，即我们所说的没有为任何事实所蕴含。徐宝璜曾指出：“切不可将意见加杂于新闻之中迷惑读者”，“只有事实，可成新闻。事实登载后，阅者自然自有主张”。

2. 主观愿望统领下的报道信息

即报道的信息因主观因素的作用而变得不客观、不公正。主要表现在：

第一，传媒报道有冲突的事件，没有站在第三方的立场上，发布对争论双方公平、对称的信息，由此产生不客观的羡余信息。有时媒体为体现所谓的新闻价值，常常把处于强势的一方与弱势相对立，忽视相关细节真实性的求证。如 2009 年底成都拆迁冲突中的“唐福珍事件”，公开的报道几乎均没有全面展示事件的经过，却偏袒于被拆迁方的利益，“哪里有软弱，哪里就会有谎言”，倾向性十分明显。当时各媒体报道的文字几乎相同的内容是：

[3]1996 年，唐福珍和丈夫胡昌明在成都市区做服装生意。一天，村支部书记、村主任找到他们，说金华村搞招商引资，兴建一条“农民街”。胡昌明觉得不错，决定回家乡投资办厂。当时，他以五万元优惠价格和村委会签订了 969.8 平方米的《建房用地合同》，建房后投资数百万元，做了精心的设计和装修。那几年，胡昌明夫妇成为政府招商引资成功的一面旗帜。……2009 年 11 月 13 日早晨，女主人唐福珍以死相争未能阻止政府组织的破拆队伍，最后“自焚”于楼顶天台。

这一专题的报道语篇结构大多以“唐福珍”一家为话题展开，体现了“弱者”视角的话语强势，其中又大量使用主观性极强的词语，展示冲突的情绪倾向，而且没有平衡报道，给各方同等的应答机会。有人统计过，在 53 篇相关的报道中，平均每篇出现的词汇有：“自焚”（10.6 次）、“逼死”（8.2 次）、“强拆”（5 次）、“悲剧”（2.8 次）、“惨”（2.3 次）、“暴力抗法”（2.1 次）、“弱者”

(1.6次)。[①]

第二,对某争论事件双方的信息量发布不平衡,影响公正,由此产生受众不愿接受的羡余信息。如庭审案件的报道,前几年未成年人李某某涉嫌轮奸案的新闻就有不平衡之处。北京《法制晚报》2013年8月8日整版登载《梦鸽首曝李某某案情详情》,单方面地公布其(身份为监护人)为李某某的辩护。这对于一个不公开审理的案件来说,是明显违反公正客观原则的。李家的信息只是一面之词,未见任何反对方的回应,媒体的倾向性十分明显,有"媒介审判"的嫌疑。案情是否属实,是否或如何定罪,应走司法程序,而不是由媒介决定。如此行为带来了混淆客观真相,制造信息噪音的后果。而中新网的报道就比较客观,体现了公平公正的态度:

［4］**梦鸽披露酒吧介绍卖淫详情涉案酒吧:诬告**

中新社北京8月8日电　李某某等5人涉嫌强奸案再度升级,8日出版的《法制晚报》和《京华时报》均以一个整版的篇幅刊登了<u>李某某监护人梦鸽控告涉案酒吧值班经理介绍卖淫的详细过程</u>,并称陪酒女杨某某(原告)主动要求与几名未成年人发生性关系,出台费为2000元人民币。

当天出版的《法制晚报》以《梦鸽首曝李某某案情详情》为大标题,报道案件相关经过:关于介绍卖淫,聚会上酒吧值班经理两次问是否安排小姐;进酒吧明知有未成年人,仍安排女孩作陪;包房内陪酒女主动挑逗,值班经理表示可出台;陪酒女能自行行动,李某某首先离开金鼎轩;归途中受害女孩挤进车里,约定出台费2000元。

① 李春雷、马莉《政府信任构建与大众传媒对拆迁心理的引导机制研究》,《国际新闻界》2013年第5期。

关于敲诈勒索，该报道称，酒吧经理张某连续给李某某打了5个电话，最长通话时长9分多钟，要求将事情私了，每家出10万，李某某先出50万，否则报警并向媒体公布，遭到李某某的痛斥。在两天时间里，酒吧的多名经理分别给李某某、李双江、李家司机、李某某的朋友打了近20个电话，并发短信勒索钱财。

为何梦鸽将矛头直指酒吧，8日出版的《京华时报》以《梦鸽控告酒吧经理等人介绍卖淫》为标题称，8月6日，梦鸽前往北京市公安局报案，正式提交《关于对张某（化名张伟）等人涉嫌介绍卖淫和敲诈勒索犯罪事实的控告函》，恳请警方对相关人员犯罪事实立案侦查。

该报道称，北京警方在接受梦鸽递交的控告函后，并未当场决定是否立案。

该报道还称，针对梦鸽的控告函，<u>酒吧的回应是</u>：梦鸽系诬告，她现在为了洗清儿子已是丧心病狂。公安系统调查取证来酒吧多次，检察机关有把握才起诉，现在还说酒吧介绍卖淫和敲诈，这本身就是在犯罪，将保留起诉权。

今年2月，此强奸案一经曝光，备受社会舆论关注。北京市海淀检察院7月以李某某等5人涉嫌强奸罪，向海淀法院提起上诉。7月22日在海淀法院举行的庭前会后，李家法律顾问兰和通过其微博，要求法院对有关人员组织卖淫和敲诈勒索的犯罪事实进行调查。

关于"法院已落实卖淫调查"一事，北京市海淀法院特别公告称，该消息不实，海淀法院正在抓紧对该案依法审理。此后，梦鸽又向海淀法院提出申请对李某某涉嫌轮奸案公开审理，该申请因案件涉及未成年人和当事人隐私，和法律相冲突，被海淀法院当场驳回。

针对梦鸽的控告材料，中新社记者8日致电李家的法律顾问、新闻发言人兰和律师，他始终未接听电话。

原告杨某某律师田参军则向中新社记者表示，李某某的母亲有权对某个人或某些人提起控告，但无权将此次控告的内容向媒体披露，因为此案既涉及李某某等4名未成年人的违法或犯罪行为，又涉及杨女士的个人隐私。（中新网 2013－8－8－19：08）

上述报道中，有关争论事件双方的信息较为平衡，比较全面地反映了新闻事件的过程，容易为受众所接受，自然就不易形成不公正的羡余信息。

第三，所选的新闻题材不当（即对整个社会来说题材上的不平衡），也会产生不公正的羡余信息，造成非客观的不良传播效果：受众会将传媒着重报道的信息看作舆论所倡导的或就是主流信息。这首先表现在灾害类报道中。若记者融入个人化价值倾向，对新闻所本的各种素材进行不够中立的过滤，就会导致不客观的选择性报道。例如：

2010年3月28日山东发生王家岭矿重大透水事故，153人被困，115人获救。4月5日媒体给出了以“救援奇迹”为主旋律的真实报道：

［5］**骆琳：王家岭救援创造中国事故救援史上奇迹**

新华网山西乡宁4月5日电　国家安监总局局长骆琳在王家岭矿事故救援现场对新华社记者说，王家岭矿救援创造了中国救援史上的奇迹。到5日13时50分，记者获知可以有114名被困工人生还。

5日上午，骆琳和山西省长王君一直在王家岭煤矿通风大巷指导救援。骆琳说，有两点让我非常激动：一是被困人员的坚强，他们坚守了八天八夜，二是在党中央和国务院的坚强有力领导下，决策部署和实施方案有力有效，山西省委省政府组织十分得力，可以说创造了两个奇迹，一个是被困人员的生命奇迹，一个是事故救援的奇迹。山西省长王君接受记者采访时说，救援方案准备充分，各个环节紧密相扣，排水救人、通风救人、科学救人的原则是科学有效的。

在山西铝厂职工医院迎候生还被困人员的山西省委书记张宝顺说，这次创造了生命奇迹！目前，一方面加大救援力度，同时控制井下有害气体，保证受困人员安全升井。各大医院均按提前制定的方案实施救援，按153人全部可以获救，每人有一个专门医疗小组，每人一个医疗方案。张宝顺说，大部分受困人员生命体重平稳，尤其是今天获救的人员多是打通的二号竖井即“生命通道”附近，前几天投送的营养液可能使他们体质相对较好，能与人对话，有的人还是被扶着可以走的。（新华网 2010－4－5）

上述新闻信息是真实的，但社会效果却不好，易成为被受众拒收的羡余信息。原因在于新闻仅仅从官方的视角，从救援层面这一局部反映事件，缺少公众关注的层面，是不够全面客观的。其缺失的正是未被救的人或死难者的报道，在被救与未被救、活人与死人的权衡上，新闻本应着墨于后者。媒体应报道全部的事实来显示客观，不应对事实做明显的不平衡的过滤。

3. 虚无、模糊的引语“说话”方式引入的信息

新闻信息用事实“说话”的重要手段之一，就是引述他人的评论表达传播者自己的主观意图。即借助于他人之口叙说传播者自己的“话”。这个“他人”就是新闻引语的信源。信源的具体明确，是新闻“说话”这种客观表达方式的重要组成部分，也是新闻传播伦理规范的重要内容。然而,某些新闻恰恰忽视交代信源,甚至有意模糊信源,采用诸如“大家认为”“群众纷纷表示”等表述形式。这样的引语主体常常是复数形式,内容亦没有引号。实际上是借引语“说话”的虚假客观表达方式直接发表传播者的议论,混淆了对事实的评论和事实的界限,甚至直接以前者取代后者,使新闻信息从形式到内容均失去了客观性。此类披着客观形式外衣的主观信息,会使受众失去信任感,最终成为被排斥、拒收的羡余信息。这在我们的新闻传播史上是有过深刻教训的。

“文革”时期,曾有“四人帮”炮制的典型好新闻《解放军某部防化连批林批孔取得初步经验》,报道了全连16次发言,其中13次是“大家指出”、“战士们说”、“大家认为”、“一致指出”、“十班的战士说”、“指战员表示决心说”,都是虚假的引语表达方式,泛泛而指,查无实据。迄今为止,类似的模糊引语信源的表达仍未绝迹。例如:

[6]10月26日至29日,党的十八届五中全会在北京召开。各地、各部门的干部群众和部队广大官兵认真学习会议精神,纷纷表示,要结合自身实际,把思想和行动统一到中央的重大决策部署上来,为全面建成小康社会而努力奋斗。(各地干部群众热议十八届五中全会,《人民日报》2015-10-30)

[7]人民日报人民网北京10月30日电　连日来,各地干部群众认真学习贯彻十八届六中全会精神。大家表示,习近平总书记成为党的核心,是全党的高度共识。……

大家认为,全党同志必须更加紧密团结在以习近平同志为核心的党中央周围,全面深入贯彻六中全会精神,牢固树立“四个意识”。(各地干部群众热议十八届六中全会,《人民日报》2016-10-

31）

上述新闻，信源的交代几乎是一致的，达不到新闻表达应有的客观性要求，不容易成为受众接受信息时的选择范围，很大程度上会成为他们舍弃的羡余信息，其接收效果是不理想的。

三、不新鲜的陈旧、平淡信息

此类信息是由出现频率极高的语言编码负载的，羡余度高，包括没有新闻价值的陈旧的内容，以及陈旧形式表达的内容。主要是一些信息量几近为零的空话套话，以及信息量极低的套子模式。受众对此是排斥的，它们极易成为无效羡余信息。

信息论认为，由于信息具有的相关性，使得一些代码的出现会降低其他代码的不肯定性，即预示着其他代码包含的信息内容，而羡余度跟信息出现的概率大小有关，概率越大，该信息就越有可能成为信息接受者的已知信息，提供的信息量就越小。因为信息就是负熵，所谓熵，就是新闻报道中不确定程度的量。信息就是以消除“熵”增，消除事物的“不确定性”，以负熵的面目出现的。信息量的大小，就以消除“不确定性”的多少来衡量的。陈旧平淡的新闻难以消除“不确定性”，因而也就谈不上传递有效信息，不符合受众“喜新厌旧”的心理。所谓陈旧的信息包括内容陈旧和形式陈旧两个方面。

1. 内容陈旧的信息

包括为宣传而设立的客套语言信息，以及平淡无奇的信息。

（1）突出宣传功能的客套语言信息

“文革”期间的新闻语言就是典型样板。当时的政治需要完全成了新闻本身的任务，报道方式成为一种政治行为。新闻消息几乎全部由政治术语编织而成，报纸充斥着由语录、口号、文件及革命导师著作的只言片语组成的、千篇一律的客套语言。例如：

[1a]**用伟大的毛泽东思想统一思想和行动，把革委会建成朝气蓬勃的战斗指挥部**(标题，《人民日报》1969－1－16)

[1b]**在毛泽东思想的原则基础上团结一致**(标题，《人民日报》1969－1－16)

[2]新华社1970年4月25日讯**新闻公报**

我们伟大领袖毛主席提出：我们也要搞人造卫星。在全国人民迎接伟大的七十年代的进军号中，我们怀着喜悦的心情宣布：毛主席的这一伟大号召实现了！一九七〇年四月二十四日，我国成功地发射了第一颗人造地球卫星。

卫星运行轨道，距地球最近点439公里，最远点2384公里，轨道平面和地球赤道平面的尖角68.5度，绕地球一周114分钟。卫星重173公斤，用20.009兆周的频率，播送《东方红》乐曲。

我国第一颗人造地球卫星发射成功，是中国人民在伟大领袖毛主席和以毛主席为首的党中央领导下，高举"九大"团结、胜利的旗帜，坚持独立自主、自力更生方针，贯彻执行鼓足干净、力争上游、多快好省地建设社会主义总路线，以实际行动抓革命，促生产，促工作，促战备所取得的结果。

这次卫星发射成功，是我国发展空间技术的一个良好开端，是毛泽东思想的伟大胜利，是毛主席无产阶级革命路线的伟大胜利，是无产阶级文化大革命的又一丰硕成果。

中国共产党中央委员会向从事研制、发射卫星的工人、人民解放军指战员、革命干部、科学工作者、工程技术人员、民兵以及有关人员，表示热烈的祝贺，希望同志们更高地举起马克思主义、列宁主义、毛泽东思想伟大红旗，不断提高阶级斗争、路线斗争觉悟，谦虚谨慎，戒骄戒躁，再接再厉，为进一步发展我国科学技术，加速社会主义建设，为人类做出更大的贡献而努力奋斗！

上述画线部分的语句都是人们听腻、听厌了的宣传话语，打着那个时代的烙印，或者说是一种时代语言病。虽然今天的新闻不会出现如此大量的羡余信息，但时代过去不等于谬种绝迹，它在现今的新闻语言中仍有市场，只不过是换了一批词语罢了。如领导讲话必是“重要”，会议闭幕必是“胜利”，会见外国客人必是“友好”等等。这是典型的无效羡余信息，当在剔除之列。

即使是救灾报道，也会有此类话语的痕迹。如 2013 年芦山地震后，有人观察了 60 多家纸媒头版，发现新闻标题与 5 年前汶川地震、3 年前玉树地震的报道如出一辙，仅仅将“汶川”、“玉树”改成了“雅安”：

[3]**雅安不哭，雅安挺住；芦山不怕，坚强雅安；芦山不哭，中国坚强；雅安雄起，芦山不倒；雅安不要怕，有我们与你同在……**

这些空洞的抒情标题，没有任何实在新闻价值的信息，于救灾并无实际帮助。

又如，有一家报纸对天津市帆布厂女工毛玉根事迹的报道，前后三次报道的标题都是突出其首创无次布的最好成绩。第一次是突出她首创百万米无次布。后来的两次标题是：

[4a]当年首创百万米，如今更上一层楼

女工毛玉根又创六十九万多米无次布

[4b]当年首创百万米　如今再做新贡献

女工毛玉根又闯过七十一万米无次布大关

前后几则标题均是口号领先，且角度雷同，结构几乎没有变化。

由于信息量极低，羡余度过大，毫无新鲜感。

(2) 平淡无奇的信息

新闻阅读中普遍存在的喜奇厌谈心理，集中表现在受众对新闻作品的选择和要求上。新闻信息贵在新，一切符合常理常情的或可以推测的信息，均平淡无奇，得不到受众的欢迎，因而容易成为被排斥的羡余信息。

A. 背景信息中的旧信息

背景材料，作为新闻中补充主要事实的次要信息，属于羡余信息，其中可以有已知的陈旧信息。但即使这样，也不能是众所周知、出现概率极高的信息，必须满足一部分受众对事物不确定性的要求，否则就不必介绍。例如，《北京日报》1980 年 11 月 12 日刊登的消息《天安门城楼修葺一新更加雄伟壮丽》，同月 13 日《人民日报》转载时，删除了过于繁琐的旧信息，使得消息主体信息精干，价值亦更鲜明。下面是背景信息的原文（有下画线的文字为剔除的羡余信息）：

[5]天安门是我们伟大祖国首都的中心，始建于明代初年，当时叫承天门。明、清两代，这里是皇城的大门，是禁地。它曾因两次起火被烧而两次重建。清顺治八年（1651 年）重建后，改为现名。在近代革命史上，天安门广场是放射光辉的圣地。1919 年的“五四”运动发生在天安门前。1949 年 10 月 1 日，新中国第一面五星红旗从这里升起。1976 年，首都人民在这里沉痛哀悼周总理，愤怒声讨“四人帮”。近 30 年来，雄伟庄严的天安门成为新中国的象征。天安门广场成为中国人民和世界人民向往的地方。

解放后，党和政府十分重视对天安门的保护工作，曾几度进行修缮。1970 年 1 月至 3 月天安门城楼曾进行重建。

上述文字中的画线成分，大多是受众熟知的信息，至少对于中国人是这样。删除类似的羡余信息是应该的。

又如，有一篇记述大豆之乡决心发挥优势，扩大种植面积的报道，其中对大豆的作用作了这样的解释：

[6]大豆营养丰富，用途广泛。对人民生活、工业生产和外贸都是宝。

这就没有必要，因为大豆是广大群众所熟悉的，这段解释并没有超出一般人所了解的范围，属于无效羡余信息。

B. 主体部分的旧信息

主体部分是对导语的展开，但也应避免出现众所周知的羡余信息。请看下例：

[7]新华社太原（1982年）12月22日电　山西昔阳县大寨大队党支部委员宋立英最近对新华社记者说，大寨大队从今年秋收以后开始实行联产承包到人的生产责任制，不再吃大锅饭了。他们把860亩耕地全部分给社员承包，实行大包干责任制，原来集体经营的一座粉坊、3台拖拉机、200亩果园、800亩山林，也都承包给社员。

①大寨大队在今年秋收以前，实行的是联产承包到作业组的生产责任制，社员没有自留地。②从秋收以后，搞小煤窑的、搞林业的、作粉条的专业承包劳动力，每人承包了一份口粮田；从事种植业的劳动力，每人承包了一份责任田；全体社员每人都分得一份自留地。

……（消息，大寨再也不吃大锅饭了）

上述稿件是新华社的通稿，《人民日报》1982年12月24日见报稿对其作了删节（见画线部分）。其原因在于，①是背景，②是展开导语的信息。它们对受众来说，是普遍已经知道的或者是完全可以自己领悟的，属无效羡余信息。见报稿通过删减，突出了最有社会价值的信息。

2. 形式陈旧的内容

所谓形式上的陈旧，就是指公式化、程式化的穿靴戴帽及套子模式。可以出现在新闻语篇的任何一个组成部分。此种形式羡余度极高，具有相对固定的语言形式，无论其负载的信息有无价值，都会令受众排斥生厌，成为鲜有人关注的羡余信息。公式化、程式化的信息，主要表现在标题、导语、语篇与结尾中。

(1) 标题

标题中常有一些固定的套式表述，尽管有提高报道及受众理解的速度，适应信息时代快速检索及归类的功用，但使用多了，会遭致受众的排斥，甚至拒绝，成为羡余信息。常见的套式表述有：

A. 会议报道，模式化的表达是：某某（主人）会见某某（客人）

[1a]**习近平会见美国前国务卿基辛格**（《人民日报》2016-12-3）

[1b]**李克强会见哈萨克斯坦议会上院议长托卡耶夫**（《人民日报》2016-12-7）

[1c]**刘云山会见越南共产党代表团**（《人民日报》2016-12-13）

[1d]**李克强会见泰国客人**（《人民日报》2016-12-13）

B. 事件报道，模式化的表达是：掀起（开）某某的盖头、揭开面纱，初见成效，渐入高潮，掀热潮，创新高，站上新起跑线，再创……辉煌，等等。

[2a]**《霸王别姬》掀起艺术节盖头**（《每周广播电视报》2003-10-22）

[2b]**掀开谎言黑盖头**

——“思维源”药品广告的调查纪实(《新民晚报》2003-12-5)

[3]**生态住宅：开发商的下一块奶酪？**

万科·朗润园明年9月**揭开面纱**(《新闻午报》2004-1-2)

[4a]**今年重大工程建设渐入高潮**(《新民晚报》2004-4-24)

[4b]**“中国猴子”显功夫 “猎兔犬2”掀高潮**(《新民环球》2003-12-26)

[4c]**黄金周各项指标创新高**(《新闻午报》2004-5-8)

[4d]**上海文艺院团站上新起跑线**(《新民晚报》2004-1-1)

C. 竞赛评比报道，模式化的表达有“荣登……榜首”

[5a]**特菲尔荣登古典音乐榜首**(《新民晚报》2004-6-6)

[5b]2015年中国品牌力指数公布

北京现代首次荣登榜首(《南方日报》2015-04-17)

D. 顶级性质报道，模式化的表达有“史上最……”、“最美……”

[6a]**“史上最严环保法规”实施一年全市罚款1631万**(中国江苏网2016-1-14)

[6b]**大岭山：“史上最严厉的交通法规”今天起实行**(东莞阳光网2013-1-1)

[7a]**“最美乡村女医生”守候乡村**(《中国青年报》2012-5-7)

[7b]**广东省关心下一代“最美五老”表彰会召开**(《南方日报》2017-7-5)

[7c]**汇川区“最美旅游志愿者”表彰会召开**(人民网2017-7-4)

(2) 导语

新闻导语常有几种比较固定的模式，这本也无可厚非，但如果千篇一律就容易产生视觉疲劳，成为受众拒收的羡余信息。必须在常态中求变化、求新颖。例如，十年“文革”期间的新闻导语常有统一的模式：

[8]新华社武汉 1971 年 5 月 9 日讯　中共湖北省委和湖北省革命委员会，遵照伟大领袖毛主席的教导：“要教育干部懂一些马列主义，懂得多一些更好。就是说，要搞马克思主义，不搞修正主义”，举办干部学习班，组织高、中级干部认真读马、列的书，认真读毛主席著作，为全省干部深入学习马克思主义、列宁主义、毛泽东思想培养了一批骨干，有力地推动了学习运动的深入发展。(中共湖北省委和省革委组织高中级干部认真读马列的书、读毛主席著作)

[9]新华社 1971 年 7 月 23 日讯　在毛主席革命路线指引下，在广大工农兵群众支持和协助下，我国的文物、考古工作者在无产阶级文化大革命期间开展了大规模的文物保护和发掘工作，发掘和清理了很多文化遗址和古墓葬，发现大批珍贵的历史文物。这些文物，对于研究和了解我国历代的政治、经济、文化、军事和中外友好往来等方面的情况，具有重要的科学价值。(我国在文化大革命中发掘出大批珍贵历史文物)

[10]新华社 1971 年 9 月 17 日讯　在毛主席无产阶级卫生路线指引下，我国城乡各地正在开展一个群众性的防止老年慢性气管炎的工作，由于领导重视，放手发动群众，实行领导、专业人员、群众三结合，实行临床、科研、生产三结合和中西医结合，使这项工作在比较短的时间里就取得了一些可喜的成绩。这项工作的开展，为集中力量防止一种常见病、多发病创造了经验，同时也促进了医药卫生人员的思想革命化，推动了卫生战线的斗、批、改的发展。(我国城乡广泛开展群众性防止老年慢性气管炎工作)

上述三篇消息，曾在“文革”时期作为优秀作品的代表，开头都使用了比较流行的套子，乏味空洞，言之无物，没有新信息。此类极端形式今天自然不会重现，但类似的老熟套子又以新的腔调出现了。如有人在导语中用上公式化的格式“党的十八大以来”，“在改革开放的新形势下”，“在……基础上”，“为了……”；“……初见成效”，“……收到明显效果”，“……蔚然成风”等。一旦成为套路，因为羡余度极高，就让人看了腻烦，使得整个导语沦为被排斥的无效信息。例如：

[11]常州市区领导干部认真学习贯彻《准则》，收到了明显效果。（江苏某报）

[12]××省××县深入开展“五讲”“四美”活动，广大农村社员群众团结互助蔚然成风。（某地级市报）

上述导语中的画线成分都是总结式的套帽写法，而不是叙述事实，完全应该换用语言抽绎度较低的具体细节。

（3）语篇

整个语篇的公式化套子模式，最具代表性的仍然是“文革”期间作为政治行为的新闻报道以及所谓的“典型”报道。以后者为例，此类报道模式都是具有较高羡余度的结构，一般按照一定的标准分类，人物图谱化，几乎每篇都出现类似的视觉元素、人物特征和行为方式。先进人物主要特点是“有路线斗争觉悟”、“无限忠于毛主席革命路线”，故意上纲上线，夸大渲染一些情节，无中生有地增添一些所谓的思想高度，使典型人物失真。他们往往都有崇高的思想境界，加上闪光的语言，十全十美，高大全；而先进经验也变得模式化。这些因素为新闻叙事提供了一个宏观语篇的框架。

这样低劣的模式报道文风贻害无穷，至今仍影响着新闻界。

当前的消息写作中亦有结构模式化遗留的痕迹：

［13］ **① 濮阳：创新思想观念　优化发展环境**

本报讯　② 近日，濮阳市政府多功能厅内举行了“创新思想观念大论坛”演讲活动。市直各单位一把手走上演讲台，围绕转变领导方式讲述自己的心得体会，并结合学习成果介绍下一阶段的工作思路。

③ 自去年10月份濮阳市开展以转变领导方式为主旨的“一创双优”活动以来，全市上下形成了人心思变，人心思干，人心思发展的良好局面。为期三个月的活动结束后，为使活动形成常态化，该市今年又组织开展了“创新思想大论坛，优化干部作风大竞赛，优化发展环境大聚焦”活动。

④ 党群系统、政府机关、各县区、市直各部门纷纷围绕转变领导方式、落实重大发展战略决策、推进重点工作、解决群众关注的热点难点问题等内容举办“大论坛”。

④“一把手”带头谈，副职积极主动谈，科级干部竞相谈；各单位结合实际举办多层次、多形式研讨会，和社会各界进行广泛研讨交流；广大党员干部紧紧围绕创新思想观念、转变领导方式等，联系思想和工作实际，撰写心得体会……

⑤“主论坛有序推进，分论坛红红火火。”据介绍，自去年10月份以来，该市共举办“大论坛”3656场次，参讲8285人次，参加123801人次。一位政法系统的干部在“大论坛”上由衷地感叹道：“大论坛”紧贴思想实际和工作实际，抓什么就谈什么，谈到实处，谈出真招，谈得人“觉醒”，谈得人“振奋”。

⑥ 为了使活动的开展内化入心，外践入行，该市在各县区之间、单位之间、单位内部科室之间、岗位之间分层次积极开展“优化干部作风大竞赛”。比效率，比服务，比业绩；争创作风建

设先进单位、争当作风建设先进个人；内部比、外部比、纵向比、横向比。

⑦ 竞争机制的引入，在广大党员干部之间形成了尽职尽责、廉洁高效、明争暗赛、干事创业的良好局面。一季度全市规模以上工业企业完成工业增加值108.8亿元，同比增长15.2%。累计实现销售收入240.33亿元，同比增长30.0%；实现利润19.90亿元，增长51.1%；实现税金12.90亿元，增长35.2%。(《河南日报》2011－6－6)

上述新闻因其结构具有模式化的倾向而具有较高的羡余度，容易导致受众的反感甚至拒绝接收。①标题是套话，没有事实，能适用于我国任何地区。②导语报告的事实，缺少精确的要素，如使用一般的模糊时间词语“近日”，有以旧充新，移花接木之嫌。③导语后的背景交代是一种固定模式。“自……以来，形成……局面。为了……又……”的骨架，均为抽象固化的政治套语。主体④叙述的仍是泛泛的宏观的行为：“……各部门纷纷……举办大论坛”、“一把手……副职……科级干部……；各单位……；广大党员干部……”，这类系列的列举对象纲目齐全，可谓面广量大，但套式痕迹十分明显。⑤宽式对偶句式是笼统的描写模式，缺乏针对性；随后的“据介绍……，自……以来，共有……”是套路式的数据，类似随处可用的万金油。“一位……说……”无名人氏属于虚无的信源，加上光鲜的间接引语，仍是惯例式的采访俗套。⑥套话式的主观动机“为了……”，紧随的事实“积极开展……”，都是口号式文字。⑦结尾是万能的因果逻辑推理，而非有事实根据的证明：“……形成了……局面。……增加，实现……”这是典型的“文革”运动出成果的推论模式(套话式结论＋数字类论据)，即无论什么活动，最后都把本地区或本单位的工作数据作为成果。总之，整个消息是由模式化的结构填上套话空话编织而成，仍有以往典型的政治取向报道的影子，全文几乎都是出现频率极高的无效羡余信息。

[14]**习近平参观《复兴之路》展览强调：空谈误国　实干兴邦**

人民日报北京11月29日电　①百年奋斗铸就历史辉煌，信心百倍推进复兴伟业。②在全党全国上下认真学习贯彻党的十八大精神的热潮中，中共中央总书记、中央军委主席习近平和中央政治局常委李克强、张德江、俞正声、刘云山、王岐山、张高丽等⑤29日⑥来到国家博物馆，参观《复兴之路》基本陈列，⑦回顾近代以来中国人民为实现民族复兴走过的历史进程，号召全党同志承前启后、继往开来，把我们的党建设好，团结全体中华儿女把我们国家建设好，把我们民族发展好，继续朝着中华民族伟大复兴的目标奋勇前进。

⑤29日上午，⑥习近平等来到国家博物馆，走进一个个展厅，④仔细⑥观看展览，④认真听取工作人员讲解。⑧一幅幅图片，一张张图表，一件件实物，一段段视频，把人们带回了近代以来跌宕起伏、波澜壮阔的难忘岁月。

⑧ 在十九世纪末列强割占领土、设立租借地、划定势力范围示意图前，在鸦片战争期间虎门的大炮前，在反映辛亥革命的文物和照片前，在《共产党宣言》第一个中文全译本前，在《中国共产党的第一个纲领》等反映中国共产党成立的文物和照片前，在李大钊狱中亲笔自述前，在中华人民共和国第一面五星红旗前，在党的十一届三中全会照片前，习近平等不时停下脚步，认真观看，详细询问和了解有关情况。

在参观过程中，习近平发表了④重要讲话。③他表示，《复兴之路》这个展览，回顾了中华民族的昨天，展示了中华民族的今天，宣示了中华民族的明天，给人以深刻教育和启示。中华民族的昨天，可以说是“雄关漫道真如铁”。近代以后，中华民族遭受的苦难之重、付出的牺牲之大，在世界历史上都是罕见的。但是，中国人民从不屈服，不断奋起抗争，终于掌握了自己的命运，开始了建设自己国家的伟大进程，充分展示了以爱国主义为核心的伟大民族精神。中华民族的今天，正可谓“人间正道是沧桑”。改革开放以来，我们总结历史经验，不断艰辛探索，终于找到了实现中华民族伟大复兴的正确道路，取得了举世瞩目的成果。这条道路就是中国特色社会主义。中华民族的明天，可以说是“长风破浪会有时”。经过鸦片战争以来170多年的持续奋斗，中华民族伟大复兴展现出光明的前景。现在，我们比历史上任何时期都更接近中华民族伟大复兴的目标，比历史上任何时期都更有信心、有能力实现这个目标。

③ 习近平强调，回首过去，全党同志必须牢记，落后就要挨打，发展才能自强。审视现在，全党同志必须牢记，道路决定命运，找到一条正确的道路多么不容易，我们必须坚定不移走下去。展望未来，全党同志必须牢记，要把蓝图变为现实，还有很长的路要走，需要我们付出长期艰苦的努力。

③ 习近平指出，每个人都有理想和追求，都有自己的梦想。现在，大家都在讨论中国梦，我以为，实现中华民族伟大复兴，就是中华民族近代以来最伟大的梦想。这个梦想，凝聚了几代中国人的夙愿，体现了中华民族和中国人民的整体利益，是每一个中华儿女的共同期盼。历史告诉我们，每个人的前途命运都与国家和民族的前途命运紧密相连。国家好，民族好，大家才会好。实现中华民族伟大复兴是一项光荣而艰巨的事业，需要一

代又一代中国人共同为之努力。空谈误国，实干兴邦。我们这一代共产党人一定要⑦承前启后、继往开来，把我们的党建设好，团结全体中华儿女把我们国家建设好，把我们民族发展好，继续朝着中华民族伟大复兴的目标奋勇前进。

③ 习近平最后强调，我坚信，到中国共产党成立100年时全面建成小康社会的目标一定能实现，到新中国成立100年时建成富强民主文明和谐的社会主义现代化国家的目标一定能实现，中华民族伟大复兴的梦想一定能实现。

参加参观活动的还有赵乐际、栗战书、杜青林、赵洪祝、杨晶等中央书记处的同志。

⑧《复兴之路》基本陈列共分中国沦为半殖民地半封建社会、探求救亡图存的道路、中国共产党肩负起民族独立和人民解放历史重任、建设社会主义新中国、走中国特色社会主义道路5个部分，通过1200多件(套)珍贵文物、870多张历史照片，回顾了1840年鸦片战争以来中国人民在屈辱苦难中奋起抗争，为实现民族复兴进行的种种探索，特别是中国共产党领导全国各族人民争取民族独立、人民解放和国家富强、人民幸福的光辉历程。

(《人民日报》2012-11-30)

就领导人活动报道中出现频率极高的固有模式来说，上述新闻的部分内容同样具有较高的羡余度，尤其是划线部分大多属于羡余信息。例如，导语部分有明显的体现宣传性质而非交代事实的语句(如对偶句①)以及对事实进行价值判断的陈旧背景格式(②在……中)，主体部分有固化模式(③“他表示……，习近平强调……指出……最后强调……”)及套子式的词语(④“重要”、“认真”、“仔细”)，内容有些空泛。

另外，上述文字还有前后重复的羡余信息，如导语、主体部分重复了展览时间⑤、参观行为⑥，习近平讲话精神⑦等，主体部分重复了展览内容⑧。这些不当羡余产生的原因很大程度上仍是出于宣传的套路模式。

(4) 结尾

新闻语言中因形式陈旧而出现的无效羡余信息也常见于结尾部分，常见的就是画蛇添足地重复套话。现在的报道中仍未绝迹：

[15] **“光棍堂”引来了4只“金凤凰”**

最近，在蓟县上仓公社后秦各庄大队，人们都传颂着一段“‘光棍堂’引来了4只‘金凤凰’”的佳话。说的是地主家庭出身的社员马文志，过去曾被错划为地主成份，今年被落实政策，改为职员成份以后，他的4个打光棍的儿子先后找上对象。

马文志有4个儿子，大儿子明珠41岁，二儿子明泽31岁，三儿子明辉29岁，四儿子明伟26岁。这哥四个，个个精明强干，一贯劳动扎实，是庄稼地里的好把式。可是，就因为是地主家庭出身，一直说不上媳妇。他家成了村上有名的“光棍堂”。今年春天，大队在落实中央关于对四类分子的政策中，根据马文志的实际情况，改变了他本人的成份。于是，前来说媒的踢破了门坎子。不到一个星期光景，老大、老二、老三都说上了媳妇，老大很快就成了亲。前些天，老四也搞上了对象，这4个媳妇中，有3个是贫农的女儿。

马文志一家看到家境大变，都非常高兴，一致表示要多出勤，努力大干，为四化多做贡献，用实际行动回答党的关怀。

(《天津日报》1979-8-19)

[16] 把国家机密摆在个人生命之上

外交部顾品锷同志在一次车祸中的表现

本报讯　去年11月21日凌晨，外交部美大司共产党员顾品锷同志从钓鱼台宾馆乘小轿车回部，送印机密外交文件，行至沙滩十字路口，一辆卡车突然由北急驶过来，轿车躲闪不及被撞，顾品锷同志被撞下车座，左锁骨折断，右腿膝盖受伤，当即昏迷过去。司机要等待交通警察裁决责任问题，不能护送顾品锷同志去医院。正在这时，北京市第三机床厂工人刘瑞书同志下夜班路过这里，闻声赶来援救。他拦住一辆出租汽车，要把顾品锷送往医院。顾品锷同志苏醒后，虽然感到伤处剧烈疼痛，但他想到送文件的任务还没完成，耽误不得，便坚持先回部送文件。刘瑞书同志见顾伤势严重，便提出由他代送。顾品锷同志考虑到，自己携带的是机密文件，必须亲自送去。刘瑞书同志只好把顾品锷先护送到部，并把他背上三楼；顾品锷同志亲手将文件交给文件组值班同志，并嘱其务必当天上班前印出，然后才到医院去。

顾品锷同志在被严重撞伤后，把国家的机密摆在个人生命之前，忍受伤痛，坚持执行并及时完成了任务，表现了共产党员高度的政治责任感和对工作极端负责的精神，很值得大家学习。工人刘瑞龙同志护救顾品锷同志，表现了见义勇为、乐于助人的社会主义新风尚，也值得大家学习。(《人民日报》1982-3-6)

上述首例新闻曾在某年度获过奖，但为了突出报道主旨，结尾出现了类似表决心的语言，不符合农民的性格特征，空洞乏味，没有新意。次例报道一位外交部人员工作途中横遭车祸，不顾生命安危仍忠于职守的事，读者是可以感悟其精神实质的，无须灌输训诫，多此一举。这样的模式化结尾不符合新闻用事实"说话"的要求，令人生厌，极易成为被排斥的羡余信息。

根据上述分析，我们认为，改变落俗的固有报道模式，必须从提高有效信息量出发，不断探索新的报道方式，才能切实降低羡余度，满足受众实实在在地获取新奇新闻信息的需要。

四、不具体的空泛信息

普通语义学认为，使用语言对客观事物进行抽象是有层次的，即逐步地由低到高，这就是语言的抽象阶梯。层次越高，离客观实际的事物就越远。若是固定在一个抽象水平上使用语言，就不可能使人全面详细地了解现实，难以进行信息交流的有效沟通。有效的信息传播方式应该是沿着抽象阶梯有上有下，既有高层次的概括又有低层次的细节。

上文已经提及，新闻语篇传递信息具有一定的要求，如消息导语、主体部分不宜出现过于抽象（包括议论）、过于详细的信息，也就是语言的抽绎度必须适当，否则就会被受众排斥，成为无效羡余信息。这方面失当的主要表现是信息过于抽象。主要有笼统、空泛的信息和枯燥的数字信息。

1. 用语笼统，缺乏事实的信息

新闻导语中的语言，既要求凝练概括，又不能过于概念化、抽象化。因此要尽量运用具体的事实，尤其是经过提炼的典型事实、形象化的情节或富于特点的细节。可当下有的导语，完全由空洞的词句组成，甚至没有一件具体的事实。表现在语言成分上，就是没有精选名词、动词，却慷慨使用形容词（如下述画线部分）：

[1]本报讯　河北省总队及其所属支队的海洋执法监察员，迎难而上，依法办事，严谨执法。面对相关人及其相关的政府部门，他们不卑不亢，耐心而细致地做工作；调查取证、勘察勘测依

照法定程序循序渐进。（导语，某报2008）

上述文字，使用的名词、动词性成分，均抽绎度较高，如“相关人及其相关的政府部门”“迎难而上”“依法办事”“做工作”“循序渐进”等。这样的导语，把主语换了，就可以用于另一个单位。用字虽然很多，却没有任何的实质性内容，接收效果几乎为零，极易成为受众排斥和拒绝的羡余信息。

[2]震惊全国的电白县高考舞弊案发生后，广东省纪委、省检察院、省公安厅、省教育厅等有关部门成立的联合调查组对案件深入调查的同时，也对电白县教育局班子中存在的问题进行了彻查，以电白县教育局局长陈建明为首的班子成员中的经济问题逐渐暴露出来。新近出版的《党风》杂志披露了原教育局班子和招办班子部分成员的一些贪污犯罪的事实。

（导语，电白舞弊案续闻：查出原教育局和招生办贪污案，《中国青年报》2001-2-28）

同样，上述导语拖沓冗长，语言的抽绎度较高，缺乏有新闻价值的具体信息，而末尾的“贪污犯罪事实”的内容偏偏没有披露，却掩藏在该新闻的最后一节：陈建明及其妻、子名下的512万元巨额存款，被秘密转移到珠海，现已全部被冻结收缴。这样的导语几乎都是由无效羡余信息构成，难以吸引受众的眼球。

2. 枯燥无味的数字信息

新闻信息中的数据表达，虽是表现真实性的重要手段，但亦应有助于凸显新闻主旨，且须把握好度。否则易引发受众的乏味反感，成为无效的羡余信息。

数字信息使用中的问题主要有：不当使用，过多使用，以及相互蕴含。

（1）不当使用。新闻数据信息，凡无助于突出事件价值的，无论是位于导语，还是主体中，都必须严控，尤其是前者。例如：

[3]在州中学足球锦标赛上，弗里蒙特中学的探险者队当着两万七千名观众的面，以四十二比六大败罗斯福中学的骑兵队。（导语）

[4]中心中学筹集的水灾救济款今天是一千五百元。（导语）

[5]山东省电影放映单位已发展到一百九十四个，在1954年一年中，共放映了电影五万五千二百三十场，观众达五千九百五十四万多人次……（主体）

上述例子中的数字，是新闻事实，但由于没有用其来“说话”，虽文字不多，但仍属于毫无价值意义的羡余信息：首例没有告知，对体育场来说这么多观众显得多还是少，次例无法反映筹集工作做得好还是坏。除非加上赋予这些数字的某种意义才可以使之成为有效信息。如上述例4可以改为：

[4]′中心中学筹集的水灾救济款今天是一千五百元，达到目标的百分之五十。

对于上述末例中的数据，有位新闻界的老前辈评论说，这条新闻中的数字，没有同全国情况比较，不能说明问题。也即看不出这个省的电影放映工作成就究竟有多大，凸显不出新闻价值。（汤世英 1986：64）

（2）过多使用。新闻中突出哪些数据，应该经过严格的挑选，尽量精简。一般导语中以不超过两个为好。但某些新闻的导语仍然出现太多的数据：

[6]因为积怨，在事先没有发出警告的情况下，住在15号街433号的30岁的铸铜工弗兰克布拉迪，星期五早上8点钟过后不久，走进他的哥哥威廉布拉迪在拉涅西街45号开设的店铺，并且向他哥哥的身上开了3枪。（导语，《底特律日报》1911）

[7]本报讯　由北京图书馆与中国现代文学馆联合举办的

记录着88岁高龄的女作家冰心从1918年在晨报发表的第一篇小说《两个家庭》到现在为止的“冰心文学创作生涯70周年展览”,7月12日到31日在北京图书馆展览厅展出。(导语,《北京日报》1988－7－12)

上述文字被称为晾衣绳式导语,交代信息过于详细、具体,其中堆砌的数字尤其令人难以承受,存有受众排斥的羡余信息,因其不可能都有新闻价值。

对于广播消息来说,导语较报刊应该更短,数字的使用应更少甚至不用,以免成为羡余信息。例如:

[8]世界女子长跑精英云集的1991年横滨国际女子马拉松接力赛,今天中午12点10分发令枪在横滨球场打响。参赛的20支代表队来自11个国家和地区以及日本各地。43.195公里的全程分为6个赛段,中国姑娘一路领先,以2小时16分22秒勇夺冠军。第2名到第5名依次是罗马尼亚、苏联、日本、新西兰。(导语,《人民日报》1991－2－25)

此导语若改为广播消息,可以是:1991年横滨国际马拉松接力赛,今天中午在横滨球场举行。而将比赛结果等情况放入主体中。

与导语一样,主体中对于事件数据进行过于详尽的表述,亦会令人难以卒读。这类超出受众容忍限度和理解能力的表述近似于信息噪音,应当删减其中过多过细的无效羡余成分,予以概述。常见数字信息的无效羡余现象是系列数据的并存,例如:

[9]据有关部门统计:去年这个地区粮食总产量达到72亿斤,交售商品粮30亿斤,创造历史最高纪录。奶牛发展到7万头,黄牛发展到20万头,绵羊发展到100万只,奶羊发展到7.7万只,家禽发展到830万只,分别比调整农村产业结构前的

1980年增长了3倍和38%,34%,42%,80%。生猪转降为升,到去年底,存栏145万头,比去年增长31%。养鱼水面扩大到53万多亩。鲜鱼产量达到8500多吨,比去年增长26%。养殖业总产值由1980年占农业产值的10%左右上升到15%以上。(主体,黑龙江省绥化地区调整农业产业结构大力发展畜牧业,新华社1985-1-30)

上述文字是消息的第二小节,几乎全是多个事物数字的并列堆砌,250多字中就有19个数字,无论哪种媒介,都无需这么详尽,实际上只要保留代表性的成员,有个概念就行了。中央人民广播电台播出该消息时,将上述画线部分删改为:

[9]´绵羊、黄牛、奶羊、家畜、奶牛分别比调整农村产业结构以前的1980年增长34%到3倍。

如此处理,保留了事实中的精华,简短了篇幅,方便传播。

(3) 相互蕴含。常见的有蕴含关系的数据,主要是:大数字里套小数字,主次数据、精确数与概数并存。其中之一就是羡余的无效信息。请看例子:

[11]今天上午,国务委员宋健到北京动物园,慰问从事野生动物驯养和繁殖工作的科技人员和饲养人员。

北京动物园是我国最大的动物园,现有科技人员110人,饲养人员266人,饲养动物620种、5170头(只)……

宋健说,在新春佳节即将到来之际,我代表国务院、国家科委、建设部、林业部和国家环保局,对在第一线从事野生动物保护的北京动物园的科技人员和饲养人员,以及全国3500多名动物园的科技、饲养人员表示亲切的慰问和节日的祝贺。

……

(宋健慰问北京动物园科技饲养人员[原稿],新华社1994-2-3)

这里使用的数字是相互包含的,存在重叠的部分,“北京动物园科技人员110个，饲养人员266个”，是被总数“3500”包含的，前者是羡余信息，应予删除。

［12］　　　　**北京防疫成绩突出**

传染病发病持续9年稳步下降

① 记者从今天召开的北京市卫生防疫工作会议上获悉：北京在第七个五年计划期间，防疫工作成绩突出，去年的成绩更是引人注目。

② 去年一年，北京没有传染病暴发流行，发病报告数比上年下降4.13%，创造了北京传染病发病持续9年稳步下降的好成绩。同1982年相比，北京传染病下降76.43%，平均年递降率为8.91%。

③ 1990年预测出现的肝炎发病高峰被压低，发病报告数比1989年下降21.2%，如果这个成绩得以巩固，预示着北京的第6个肝炎高峰将安然度过。同1982年第5个肝炎流行高峰相比，发病幅度降低了60%以上。

④ 肺结核人口传染源率由1985年的56/10万下降为1990年的16/10万，为全国最低者，下降了71%，年递降率为22%。

⑤ 去年红眼病的局部暴发疫情得到及时有效的控制。食物中毒发病率比1989年下降27.5%。

⑥ “七五”期间，北京卫生防疫事业发展规划的主要目标全部实现，并大大高于目标的要求。“七五”期间北京传染病率比“六五”下降61.7%；以区、县为单位的四种疫苗全程接种率达到98.84%，大大超过85%这一目标。食物中毒平均发病率比“六五”下降51.98%，为10.9/10万。地方性甲状腺肿患病率控制在0.63%，结核病患病率为65/10万，比“六五”下降71%。目前北京卫生监督体系基本建立，公共卫生进入了法制管理的

新阶段。

据有关人士分析：北京市防疫工作取得如此显著的成绩，主要应归功于防疫工作者以高度责任心从事防疫事业，他们注重调查研究，对各项公共卫生水平、传染病发生现状、防病队伍、设备、技术情况进行系统分析，及时掌握传染病发生动向，及早加强预防措施，做到防病工作方向明确，严谨科学。各单位、各部门团结协作，密切配合，使防疫工作井然有序，水平逐年提高。(北京传染病发病持续9年稳步下降[原稿]，新华社1991-1-24)

上述消息属于数字密集型新闻，数字繁多复杂的原因有二：

一是大小数据蕴含叠套，大的数字是"七五"与"六五"的对比，小数字是1990与1989年之比(详见上面②、⑤小节)。将后者套在前者里面，无助于突出新闻主旨，反而使人索然无味，徒增了不少羡余信息。

二是主次不分地列举数字。第④小节有了主要数字"56/10"、"16/10"，又跟着出现次要数字"下降了71%，年递降率为22%"；第⑥小节，主要数据是"食物中毒平均发病率比"六五"下降51.98%"，次要数据是"10.9/10万"。这些后面的次要数据已为主要数据所蕴含，均为羡余信息，可予删除。当然这是就上面的消息数据过多的情况而言的。对于一般的消息中，次要数据是否使用，最终看是否有利于凸显新闻主旨。

五、不相关的枝蔓信息

新闻心理学的理论认为，新闻信息的接受者在接收新闻时的选择条件之一是，付出的成本要尽可能少，得到的酬赏(信息)要尽可能多。从这一心理条件出发，当今这样的信息时代，新闻语言必须高度浓缩，紧紧围绕中心，任何枝蔓、无关的信息，都会引发受众反感、抵制，最终成为受众心目中的无效羡余信息。就新闻语篇来说，标题、导语、主体等组成部分，既是报道同一或同类事件，就必须紧紧围绕核心信息而展开。否则就会赘生无效羡余信息，除非具有特殊的语用功能，必须严格控制此类羡余现象。例如：

［1］　　　　　　牡丹亦喜漫天雪

洛阳出现牡丹傲雪开放奇观

正当牡丹被确定为候选国花之际，素有牡丹之乡称谓的洛阳，出现了牡丹傲雪开放、①人们踏着瑞雪赏牡丹的奇观。

记者现场观察，傲雪开放的牡丹在洛阳耐火材料研究院办公室前花坛内，这株牡丹今年第二次开出3朵大花，还有5个花蕾含苞待放，引来①许多人争相观赏。

② 洛阳耐火材料研究院是洛阳市庭院绿化先进单位。③这里种的一批牡丹唯独这株上开了3朵花，最大的花径达11厘米。雍容华贵的粉红色花朵上仿佛戴着一顶白帽，十分好看，游人们纷纷在花前合影留念。有人说，评选国花传佳音，牡丹有知傲雪开。②研究院花匠郝海成向记者介绍，这株15年树龄的牡丹今年5月已开过，因前些日子天气较暖，他在修剪时把多余的枝条剪掉了。③正值14日北京传来牡丹为候选国花的消息，15日这株牡丹就开了花，恰巧下了雪，就出现了“牡丹欢喜漫天雪”的奇观。今天，洛阳初雪放晴，人们等待着其他花蕾继续开放。

（新华社1994年11月16日电讯［原稿］）

上述例子标题、导语、主体的联系均不十分紧密、也不够简练（加点的是重复之处），存有不当的羡余信息。标题应是全文主要内容和评价信息的概述，而上述标题没有紧扣中心，且与导语、主体重复。导语、主体之间不紧凑，导语中①的内容显得枝蔓(且与主体重复,见画线部分,下同);其次主体部分的展开和补充本该围绕标题和导语展开。首先对新闻事实予以展开的应是围绕花的信息(且不能重复),所以③的信息就必须删节,其次对于补充的背景信息也应是围绕花的非重复信息,这样,②的无关主题的信息应予精简。

上例见报的修改稿如下:

[1]′　候选国花传佳音　国色天香傲雪开

洛阳一株牡丹初冬怒放

新华社1994年11月16日电　正当牡丹被确定为候选国花之际,素有牡丹之乡称谓的洛阳,出现了牡丹傲雪开放的奇观。

记者现场观察,傲雪开放的牡丹在洛阳耐火材料研究院办公室前花坛内,这株牡丹今年第二次开出3朵大花,还有5个花蕾含苞待放,引来许多人争相观赏。

据介绍,这株15年树龄的牡丹今年5月已开过,因前些日子天气较暖,修剪时把多余的枝条剪掉了。正值14日北京传来牡丹为候选国花的消息,15日这株牡丹就开了花,恰巧下了雪。(《人民日报》)

经过删改的消息,题目与导语、主体联系更紧密,内容并不受损,篇幅更简洁明快,没有无效羡余现象。

[2]　**大寨再也不吃大锅饭了**

新华社太原(1982年)12月22日电　山西昔阳县大寨大队党支部委员宋立英最近对新华社记者说,大寨大队从今年秋收以后开始实行联产承包到人的生产责任制,不再吃大锅饭了。他们把860亩耕地全部分给社员承包,实行大包干责任制,原来集体经营的一座粉坊、3台拖拉机、200亩果园、800亩山林,也都承包给社员。

……

①过去大寨大队没有开小煤窑，②现在办了一个有30多人参加的小煤窑，过去大寨社员吃菜靠统一分配，根本不能满足需要，②现在社员在家门口用瓦筒放上土，栽上了白菜、西红柿；①过去大寨把家庭副业当做资本主义尾巴砍，②现在家庭副业也开始活跃起来，社员建起了鸡窝、兔笼，圈起了猪圈，个人养猪达140头，其中一半是近两个月才买来的小猪。宋立英告诉记者，老农贾九胜今年光卖猪卖兔就收入近500元。

现在再也不用扯着嗓子喊社员下地了，社员再也不用那么紧张了。她还说，过去大寨卖粮多，社员口粮不足，现在社员口粮足了。以前每人一年只分到50斤小麦，今年分到了200斤，社员非常满意。社员群众说，过去搞的极左的那一套不灵了。

上述稿件是新华社的通稿，原本也比较简练，但《人民日报》在刊登时，仍作了较多删节(见画线部分)。①是背景，②是展开导语的信息。画线部分的内容导语中未有涉及，属于游离枝蔓的羡余信息，而一般来说，主体应是对导语的展开和补充。见报稿为突出最主要的信息，也是受众最关心的，社会价值最大的信息(即批判极“左”，拨乱反正，在大寨这样的典型单位也顺利进行了)，删除了不该出现的羡余信息，是精当的。

六、不合情理的侵权信息

新闻报道必须维护公民的合法权利，不揭人隐私。这是新闻传播者的应有之义，否则，此类侵权信息会因为“感情接近”的心理而成为受众选择新闻时的障碍因素，沦为被排斥的无效羡余信息，甚至引发新闻诉讼事件。新闻传播之所以能收到良好的效果，主要在于传、受双方借助于新闻文本而产生的感情上体验的一致性。而侵权信息出现时，传播者已经触犯了当事人（即使受众的内部成员是非当事人，也会因涉及大众群体集体意识）的合法权益和道德底线，影响情感的共鸣。

此类侵权信息包括披露的个人隐私，不当的评论等。

1. 披露个人隐私的信息

首先是违反未成年人保护法的新闻信息。这样的报道，往往轻视未成年人的权利，侵权的羡余信息颇为普遍。例如，2013年初，全国各地各种传媒发布类似的同一条消息，涉及未成年的当事人，公布其身份姓名信息。新京报甚至推出专栏《李双江之子打人 大喊谁敢打110追踪》，尤其是2月22日新华社作为权威媒体，严重违反现存的法律法规，有闻必录地发布北京海淀区警方的消息：

[1] **北京海淀警方通报李双江之子涉嫌轮奸案**

据中央电视台消息，北京市公安局海淀分局今天就李双江之子李天一涉嫌强奸女子一事进行了通报。

警方透露，2013年2月19日，海淀分局接到一女事主报警称，2月17日晚，其在海淀区一酒吧内与李某等人喝酒后，被带至一宾馆内轮奸。接警后，分局立即开展工作，于2月20日，将涉案人员李某等五人抓获，现该五人因涉嫌强奸罪被刑事拘留。

此前，22日上午，有媒体从业人员“王丰-SCMP”爆料，一名叫“李冠丰”（原名：李天一）的年轻男子被警方以涉嫌轮奸刑事拘留。

李双江之子原名李天一，出生于1996年4月，父母系知名歌唱家李双江和梦鸽。2011年9月，时年15岁的李天一，无照驾驶一辆宝马汽车，和同伴苏楠在北京海淀西山华府小区门前殴打一对夫妇，并损毁他人机动车辆。此后，李双江亲自出山与受伤夫妇会面，双方达成和解。而因李天一尚未成年，故因寻衅滋事罪被政府收容教养一年，并于2012年9月获释。（中新网2013－2－22）

其次是违反民法的新闻信息：

[2]**便衣警察当街擒贼**（配有押题照片）（羊城晚报2008－6－17）

[3]**彰显人文关怀 亲送刑满释放人员重返家园**（配有相关人员照片）（某报2008－5）

上述新闻均有正面展示当事人图片的现象，侵犯了当事人的尊严。犯罪嫌疑人，是否犯罪需庭审后才能定性，即便是定罪的罪犯，也有个人的隐私权（包括人格权、肖像权、姓名权等）。除非通缉的重大嫌疑犯，传媒不应随意正面展示他们的形象，处置他们的个人资料，对未审判的人妄加断语，随意公布人家姓名。这些都直接或间接传播了非法制的个人信息，容易遭致受众抵制而成为羡余信息。

也有同时违反现行道德、法律的涉案报道中的个人隐私信息，与公认的法律道德信息相左。如曾有联防队员入室强奸的事件报道：

[4]**妻子遭联防队员毒打强奸 丈夫躲隔壁“忍辱”一小时**（《南方都市报》2011－11－8）

[5]**“我是世界上最窝囊的丈夫”是的，你还好意思说！**（《安徽江淮晨报》2111－11－9）

[6]**我软弱我窝囊我没用我是世上最窝囊没用的丈夫**（《成都新城快报》2011－11－9）

这类报道将重点不是放在揭露嫌犯罪行，而是解释强奸受害人丈夫如何懦弱和无能。这是舆论对普通人的道德审判，属于无人性的表现，是对受害人家属的蔑视。披露个人隐私的信息，越是真实就越是侵权、违反伦理法律，理当受到当事人乃至整个全体受众的唾弃，而被列入无效的羡余信息。

第三是有损人们身心健康的信息

1993 年以来，市场经济的大潮涌动，媒体相继扩大宣传阵地，出现了一定程度的媚俗倾向，尤其是网络媒体较为突出，伤害了公益和公民的权利。利用“性”构建事件就是典型的例子。少数媒体的报道，常有与色情挂钩的明示或暗示信息，将展示与“性”有关的内容提取出来，作为标题予以强化，掩盖了独立和完整事实应有的背景、人情人性、后果与影响的全貌，使受众难以了解新闻的真相与本质，损害了当事人的利益。此类信息，同样会遭致维护正义的大多数受众的贬斥而被视为无效羡余。如：

[7]**大二女生深陷“艳照门”　被前男友逼成“性奴”**（某网站）

[8]**五成广州白领男士关注处女膜**（某网站）

[9]**谢晋的儿子“调戏”李嘉欣**（某报）

上述例子，前两例直接以“性”入题，不堪入目。末例的新闻事实本是谢晋之子扮演寻芳客，与电影女主角（李嘉欣饰）有接触。标题故意以“扮演者”说剧情，没有出现剧中女主人的人名，却用两个生活中的人（“谢晋的儿子”、“李嘉欣”），加上剧中的挑逗情节“调戏”，竟然“假戏真说”，格调庸俗低下。尽管有引号，也易使受众误解而导致反感心理的。

甚至有的严肃的政治媒体竟等同于大众化报纸，也染上了“性”的因素。例如：

[10]**冰岛女总理走马上任**

首位公开同性恋身份的首脑面临经济问题（《法制晚报》

2009-2-2)

上述标题将严肃的政治事件庸俗化，突出了“同性恋”这个次要特征，而直接影响其中重大政治内容的传播效果，容易为正直的受众鄙弃而使该新闻成为无效羡余信息。

2. 评论不当的信息

此类信息，主要体现为带有主观情感色彩的某些词语的附加语义信息，易伤及新闻事件的相关人员，引发受众反感，成为他们拒收的羡余信息。

首先是报道不幸、灾难事件态度冷漠，缺失人文关怀的正能量。涉及生命的新闻，应存敬畏意识，不该使用贬义词语。例如：

[1]**不堪病痛折磨老妇刎颈　死了**(《羊城晚报》2007-9-15)

[2]**嘉禾一男子七窍出血　倒毙**(《羊城晚报》2007-9-15)

[4]**台湾著名射击手张康寅命丧火窟**(1982年某报)

[5]**巴基斯坦空难确认无中国乘客**

昨日午间巴基斯坦一架客机起飞不久后坠毁，45人无一生还(《北京青年报》2006-7-11)

上述标题中，“死”、“倒毙”等词语，除了传达理性意义外，其附加色彩义的评价信息是对死者的不敬重。尤其是例2，将一般用于犯罪分子死亡的用语，加在一个被殴致死的肺结核患者身上，是何用意？所有这些报道，都不恰当地用了戏谑或贬义的词语，传递评价性信息的态度是不严肃的，缺乏对生命起码的尊重。无论对自己同胞还是外族人，包括违法分子，均未能表示应有的同情，是不妥的。

其次是将人类合理的娱乐需求过度本能化。此类报道，无视事实所蕴含和承载的人文意义，伤及弱势群体。例如：

[6]**昨天两车亲吻，五人当场死亡**（某报）

[7]**骑车人“中头彩”惨死**（南京某报 2004－9－6）

[8]**昨晚上演高空飞人**（吉林某报）

[9]**怪病：老公打罢儿子揍　川妇直叫好舒服**（《羊城晚报》2001－12－2）

上述报道的都是不幸事件，例 6、7 均是交通事故，其中后一例是当事人被车撞倒，又压过头部，倒在血泊中。例 8 是自杀事件。例 9 报道的妇女得了怪病，多方医治无果，仅靠家人击打患者才缓解病痛，一家人为之痛苦不已。然而媒体对上述别人的遭遇却发出冷漠无情旁观欣赏的信息。

也有的电视解说词反映了这种冷漠的信息：

[11]菲菲的命运——《人生》周日精彩上映。（人生，贵州卫视）

[12]劝说无望，女教师被刺身亡，广告后精彩继续。（法制第一线，贵州卫视 5 台）

上例中的菲菲年仅 5 岁，膝盖以下都被火车轧断，这是个令人泣血的悲剧。同样，女教师被刺也是悲剧。这样的新闻事件，无论如何是和“精彩”挂不上号的。这样的字眼，于死者、于家属、于受众，都是难以接受的，极易使新闻内容成为被排斥的羡余信息。

总之，对此类事情的报道，过分凸显其中的新奇性，渲染了非人性化的一面，令人感到的不是对人的悲悯，而是拿别人的痛楚开涮，是对人的尊严及人性的漠视，此类与受众情感心理相左的羡余信息必须剔除，方能实现新闻传播应有的社会功能。新华社曾发布过新闻报道中的禁用词和慎用词，就是我们报道和评论新闻事件使用词语的指南，应予严格遵守（具体内容详见本书附录四）

第三章　新闻语言解读时衍生的羡余信息

桂诗春(2001：140)曾指出，信宿解码会产生羡余，因为信宿利用自身的语言知识可以弥补信息传播中的不确定性。也就是说，就同一个新闻信息编码集合——新闻文本来说，不同的接受者解码效果可能不相同，受众的认知背景和作品所处的社会背景可以制约、决定受众对新闻语篇中的某些语言成分的理解。高明的传播者根据受众解码的心理特征，会将新闻事实的某些部分及其价值内涵隐而不显，并由此表达言外之意，给接受者留下思考的余地。此类由传播者故意隐含、而由受众自己生发补充的信息，就是解读中衍生的羡余信息。隐含此类信息的语言成分一般可以位于新闻语篇的标题、导语、结尾等部分。下面依次分析。

一、标题衍生的羡余信息

就新闻标题来说，通常认为，从其包含的新闻要素上看，消息与通讯有所不同。消息的传播功能主要是概括新闻事实，必须标出基本要素，如“何人”、“何事”不可缺，但并不苛求齐全；而通讯则不必拘泥于事实要素的出现，它可以是包含多个要素的实题，也可以是抒情题、评论题等，仅包含少数要素甚至可以没有要素。显然，在标出新闻要素这一点上，通讯比消息灵活自由得多，以切题引人为宜。

根据新闻事件完整的构建图式，理论上新闻事实应有六个要素，而实际的标题样式却是多样的。就新闻消息和通讯来说，它们有各自的组合形式。下面就以消息和通讯两类不同标题为例，讨论因新闻要素的隐含带来的受众衍生羡余信息的不同情况。

1. 隐含新闻主体

新闻消息标题中，主体(人物)一般必须出现。若是标题中隐含，主体中才出现，就是非常规形式，常有引发受众解读其中深意的特殊意图，由此受众衍生相应的羡余信息。例如，以“独立事件”出现的标题，多为人物、特写类消息，可以引发受众对事件的特别关注，激发对主体(人物)特质进行探究的兴趣：

[1]**三块弹片做“遗产”**(消息,《新华日报》1982-2-12)

[2]**向劳模鞠一躬**(消息,《人民铁道报》1992-11-17)

[3]**要记录不要命**(消息,路透社 1996-4-11)

[4]**愿向国家交售粮食两万斤 只求买到一辆“永久”自行车**(消息,《孝感报》1981-9-5)

有时，事件单独出现有特殊的间接评价功能：

[5]**棍棒打散群众集会**(消息标题)

上述标题的出现是无奈之举：当年国民党政权在大陆即将崩溃之时，当局限制报纸使用“特务(横行)”这类词语，编辑使用上述标题，故意隐去了新闻事件的主体(“特务”)，巧妙地突出具体事实，激发受众领悟标题含蓄的评价功能。(郑兴东 2001：133)

当新闻主体的行为反常时，亦常隐去行为主体，以此凸显事件行为怪诞奇异的程度，也能构成解读的悬念及报道意图：

[6]**乘坐公车仓皇离险境 携带家眷入住招待所**（消息，《南方日报》1998－7－22）

这是一篇批评广东某市机关干部在抗洪斗争的关键时候临阵逃脱的消息，采用的是暴露类"软"新闻常用的手段，主体人物的隐去更多的是引领受众感悟传播者治病救人的宗旨。

通讯标题出现"独立事件"的要多一些。如工作通讯就是记事、介绍经验的，隐去主体，客观上引导受众重视事件本身，进而增强探索主体性质的兴趣：

[7]**扭亏为盈大变化**（通讯，《光明日报》1996－3－26）

该报道讲的是"鞍钢"工作经验，主体（单位）正文中才出现。一般叙人记事的通讯、特写类作品（包括新闻小故事）中也有此类现象：

[8]**独臂走南沙**（通讯，《中国青年报》1996）

[9]**含泪再炸邱家湖**（通讯，《中国青年报》1991－7－12）

[10]**寻觅"吵架的"**（通讯，《经济参考报》1991－1－22）

[11]**追姑娘**（通讯，内蒙古人民广播电台）

上述前两例标题，新闻主体（人物）的隐去，均是为了引发关注，让受众铭记他们的英名。首例报道了中央民族大学历史系王恒杰教授以残疾的身躯历经艰辛独自赴南沙海域从事考古研究的事，其以个人生命代价诠释"南沙属于中国"的赤子之心感天地泣鬼神。次例报道了1991年抗洪斗争中邱家湖人民为了保住重要的交通干线、工矿企业及城市，再次忍痛炸开湖堤，勇于牺牲自己的事。后两例，新闻主体（人物）的隐含，主要是设置悬念，引发受众探寻事件的好奇心理。如前一例报道了一位小学生为完成学校布置的观察作文，找"吵架"的模特却空手而归，反映了社会风气好转的良好现状。后一例，同样可以引出“谁追姑娘”，“为何追”等发人深思的问题。

标题中隐含主体，除了在语符表层采用有意空缺的手段外，也可以通过设问的修辞方式，让受众通过自己的认知背景先行补充羡余信息，再通过寻找正文部分的解答予以证实。上文我们曾讨论过，此种手段具有打通传播信道的功能。我们这儿只关注隐含的方式，这样的设问标题常见于通讯：

[12]**是谁为哑巴大娘找到了亲人**(通讯，泗阳广播站 1981)

[13]**由谁教育先富起来的人们**(通讯，《人民日报》1999)

[14]**谁是最可爱的人**(通讯，《人民日报》1951-4-11)

新闻消息中的此类情况较少。例如：

[15]在第七届世界杯体操大赛中

谁是“最紧张观众”？(消息，《经济日报》1986-9-2)

[16]火烧赵家楼——

谁是点火人？(消息，《羊城晚报》1983-5-4)

2. 隐含新闻事件

此类标题，一般直接出现主体人物要素，而隐含具体的事件。

最常见的是通讯标题，可以使用光杆主体(人物)作为话题。此类标题没有事件要素，语义上的主体(人物)得到了强调。由于完整的新闻事实，其语义结构应该是“主体+事件”。仅有主体，就会引发受众对整个事件探索的兴趣，衍生想象补充的羡余信息。这类主体(人物)可以是个体或群体等：

[17]**罗健夫**(通讯，《工人日报》1982-11-5)

[18a]**西瓜兄弟**(通讯，新华社 1947-10-15)

[18b]**包身工**(通讯，《光明》1926-6[创刊号])

[19]**五叔五婶**（通讯，《中国青年报》1995－6－29）

[20a]**三任党委书记与一位特困户**（通讯，江苏海门电台 1989－4－5）

[20b]**杨丽萍和她的 60 位农民演员**（通讯，《羊城晚报》2004－6－10）

[20c]**吴晗和他的一家**（通讯，《柏生新闻作品选》，新华出版社 1984）

上述例子中，例 17 新闻主体是个体人物，据说，该标题的选用，就是因为主人公实在太普通太平凡了，无法冠上任何修饰语，这样的制题方式更为本色，更易引发受众对事件内容的关注。例 18—19 新闻主体是群体人物。其中后三例均使用了连词。有时，光看标题难以了解主体（人物或事物）的特性，由此亦可带来一定的悬念。如上述例 19，报道的是土家族家庭与贫困抗争供儿子读书的故事。

3. 隐含新闻事件的客体

此类标题隐含的方式，是用疑问代词，以替代行为动作的客体，造成悬念，引发受众关注，补充羡余信息。例如：

[21]**当前青年最关注什么**（通讯，《中国青年报》2001－2－6）

[22]**俄罗斯人最担心什么**？（通讯，俄通社-塔斯社 1999－11－28）

4. 隐含新闻主体及事件

常通过目的或原因要素、时间或地点要素为标题，隐含了新闻主体（人物）及事件，激发受众补充相关的羡余信息。

使用“目的”要素的标题，主要是特有的专用标记词语“为了……”：

[23]**为了六十一个阶级兄弟**（通讯，《人民日报》1960－2－29）

[24]**为了周总理的嘱托**（通讯，《人民日报》1978－3－4）

[25]**为了世纪大阅兵**(通讯,《人民日报》1999－10－2)

标记词“为了”通常前置于具体的目的主体,点明新闻报道的宗旨所在,此类报道可以是叙事、记人等,引导受众联想主体(人物)及事件的羡余信息。

“时间”要素,作为事件发生、持续的维度、标尺,属于背景信息,是标题的可有成分。消息标题中,“时间”要素通常不能独立出现,通讯中则比较自由。后者常用以作为展开新闻人物或新闻事件报道的线索。例如:

[26]**孩子坠楼后……**(通讯,《解放日报》2013－7－11)

[27]**当你们熟睡的时候**(通讯,新华社 1956－7－21)

[28]**激动的一刻**(通讯,《中国青年报》2000－1－1)

上述标题中,例 26—27 是客观的时间,例 28 是主观的时间,后者记述的是山海关老龙头万里长城之首的海边,人们迎接新千年的几个镜头。“激动”带有个人判断的性质。总之,这些标题基本上没有出现新闻事件,仅仅以“时间”作为凸显新闻性的手段,进而引发受众联想具体内容,理解传播者意旨的相关羡余信息。

“何地”与“何时”一样,也是带有背景性质的要素,消息标题中亦不一定出现。而通讯标题中有时必须出现。两者的差异主要在于:

通讯标题中,较多地采用地点要素。独立出现时,相应地隐去主体(人物)、事件等。尤其是风貌通讯、社会观察通讯的标题:

[29a]**中国的西北角**(通讯,《大公报》1935－9—1936－6)

[29b]**人迹罕至的藏乡**(通讯,《中国日报》1992－7)

[29c]**雪域高原第一乡**(通讯,《人民日报》1995－11－16)

[29d]**远去且末的那条路**(通讯,《人民日报》1995-9-9)

[30]**山那边的寡妇村**(通讯,《中国青年报》1999-5-6)

上述两组标题,分别是风貌通讯和社会观察通讯。风貌通讯的首例,是著名记者范长江旅行通讯集,所谓的"西北角"涉及四川、陕西、青海、甘肃、内蒙古等地,反映了当地政治、经济、文化、宗教、民族关系等多方面的情况和民情风俗,揭露了当时日帝侵略的危机、国民党统治的腐败、黑暗和人民的痛苦,客观真实地报道了红军长征的行踪和影响。"西北角"这一地点要素的强调,引发了人们对特定区域的关注,尤其能联想出种种奇特的羡余信息。同样,风貌通讯的最后一例,报道的"且末"是新疆的一个小城,记者记述了库尔勒到且末的那条路的历史变迁,充溢着边陲风情。例30是社会观察通讯,揭露了私人承包的煤矿事故造成的矿工家属的生活困境。这类标题均能促发奇想,衍生出相关的羡余信息。

此类标题亦有采用语用标记词语,形成独特的"地点+标记词语"的格式。如"……行"等:

[31]**塞上<u>行</u>**(通讯,《大公报》1936-8—1937-2)

[32]**罗密欧朱丽叶故乡<u>行</u>**(通讯,《光明日报》1984-11-14)

[33]**新唐山<u>扫描</u>**(通讯,《人民日报》1991-7-26)

上述首例,也是范长江著名的通讯集,内容是1936—1937年他对西北地区考察的风情录,促成了国人对该地形势的日益关注,受众解读时带有悬念,可以随时对照各自意念中的心理认知图式,推理衍生出相应的羡余信息。

消息标题出现地点要素而隐含事件的比较少见。例如:

[34]**战后<u>谅山</u>**(消息,新华社1979-3-6)

上述新闻的地点,是军事要塞。谅山市是越南军事重镇,

1979年对越自卫还击战中我军是在攻克该市后宣布主动撤军的，其显著地位可见一斑。当时越南当局欺骗舆论，说什么“收复了谅山”，中国军队被打跑了。为回击此谬论，记者采写了这篇新闻。以地点要素命题，引发了受众对相关主体及事件关注的羡余信息，新闻性大增。

5. 隐含原因或目的

一般的新闻消息，可以不出现原因或目的要素，但为了进行深度报道，可以引发受众关注该要素。新闻复合标题中，常采用设问形式，使得该要素得以强调。例如：

[35]群众盼车心切　市场供应奇紧

“凤凰”“永久”为何难以大增产

原因在于调整中遇到的一些问题至今得不到解决(通讯)

[36]**为啥灾年增了产？科学种田立大功**

新河四队苏俊祥担任农技员后粮食不断增产(消息，《宁夏日报》)

如果仅有提问，而没有回答，就形成了隐含原因的标题，旨在激发受众思考，提高关注度，衍生相关的羡余信息。此类标题一般采用多行复合的形式：

[37]法律基础、职权范围和执法原则遭国际舆论质疑

前南法庭凭什么定罪(通讯，《文汇报》2001－4－11)

[38]重庆綦江县垮掉的是一座“六无”黑桥，大桥建成后曾发生多次险情，但无人采取相应措施；塌桥事故发生后的一次会议上居然有人要各单位查一查有没有记者在场

“彩虹”何以变黑

——重庆綦江塌桥事故的追踪报道(通讯，《人民日

报》1999-1-18)

上述标题中的引题，前一例提出依据，后一例是对事件进行概括，阐明事实。它们各自配合正题的疑问。也有社会新闻进一步引发受众思考，让其衍生出传播者隐含的评价信息。例如：

[39]**老党员孙玉太 拾金不昧风格高**

三十万元巨款 失落路旁谁之过(消息，《新华日报》1985-2-28)

[40]**索玛花儿为什么这样红**

——记优秀共产党员、木里县马班邮路乡邮员王顺友

(通讯，新华社 2005-6-2)

上述首例消息，是新华社首发的，报道的是郑州市郊区的老共产党员在道旁拾到一麻袋人民币交公的事迹。《新华日报》的夜班编辑没有仅仅就文作题，而是进而发问：为什么失主在押送税款的途中，一麻袋钞票丢了竟毫无察觉，难道就没有责任？于是便提笔写下上述标题，其社会效果远比其他报纸的好，更引人深思：究竟是谁丢失了这么多的钱。这件事虽然发生在江苏，却引起了全国各地读者和有关部门的共鸣。事隔一天之后，电台就播送了有关部门将对玩忽职守的押运员作出处理的消息。可见引发受众思考的羡余信息，可以提升新闻的综合价值包含新闻价值、宣传价值等。

次例的标题属于抒情悬念式的标题，强烈吸引住受众的阅读兴趣，读完全文就能体会到标题设问的答案。正文部分虽然没有明说，受众亦自然会探究、领悟到主体人物的精神品质，并久久铭记在心，这样的羡余信息，正是传播者原来设定的报道意图。

总之，标题中隐含新闻要素可以引发受众的羡余信息，多出现在通讯文体中，消息较少，采用的手段有隐含新闻主体(人

物)、事件、受事、原因或目的等,具体方式是语符表层有意空缺该要素,或使用设问、标记词等引发对该要素的关注。

二、导语衍生的羡余信息

导语中隐含的信息,一般是由提问方式引出,在正文中可以显示,亦可不显示。实际上这种提问是一种修辞上的设问。由于其能在一定程度上产生悬念,因而可以促发受众联想,带着问号去阅读理解,适时衍生出羡余信息。此类导语的隐含有两种情况,一是隐含的信息正文有了明确交代,但仍能引发受众思考相关的背景信息,进而领悟新闻主旨;一是隐含的信息没有明确显示,而直接激发受众作进一步的思考。

1. 有明确显示的隐含信息

此类信息常见于深度报道,一般报道的是社会深层次的问题。导语部分予以提问,故意隐而不答,而在正文中交代详情,由此让受众思考新闻的价值和报道意图,使其衍生羡余信息,达到不言自明的接收效果。例如:

[1] **北京酱油为啥脱销**

本报讯　前些天,北京的街头巷尾都在议论,<u>酱油为啥突然脱销</u>?我们走访了北京第二大酱油厂——宣武区酱油厂。

宣武区酱油厂多年失修。1974 年经有关部门鉴定,应停产修建,厂里立即向商业局报告,商业局又向市级机关打报告,三年之间,写了 22 次,根本挂不上号。直到 1977 年底,市里才批准建新酱油厂,并给 50 亩地。指标下到区里,一位书记把地转给了产值高的汽车配件厂等单位。经力争,区委才从煤建管理处要出 9 亩地给了酱油厂。

计划批准后,只给钱,不拨料。酱油厂派人上下跑几百趟,二商局打报告13次，结果，划圈的多，办事的少，拖了两年，材料还没凑齐。

今年9月，老厂房险情严重，被迫切断电源，停止生产。宣武区酱油厂停产，一月少上市100万斤酱油。因而，使全市酱油脱销半个多月，直接影响了居民的生活。

脱销后，市里有关部门采取紧急措施，日夜修缮老厂，并从郊区调酱油进城，这才使供应情况稍有好转。（《市场报》1979-12-15）

上述消息在导语中提出了广大受众普遍关心的生活问题，引发广泛的关注，扣响了人们绷紧的心弦，而整篇消息就是回答了这个“为什么”。通过导语设问引发的隐含信息，在正文部分揭底后，进一步让受众衍生出新闻的价值信息：当时存在着“领导机关官僚主义，只求产值不顾人们生活，统得很死，企业无自主权”的经济体制弊端。显然，没有隐含手段的使用，就不会引发受众进一步思考，收到如此明显的解读效果。

2. 没有明确显示的隐含信息

此类情况，导语提出问题，但并无明确答案，仅仅引发受众思考隐含信息，主体部分只是客观报道了与问题解决有关的某些事实，同样促使受众思考事实背后的新闻价值及主观导向的羡余信息。

［2］ 171名矿工遇难两周年祭日接近

李毅中质问：为什么没人被究刑责？

本报哈尔滨11月22日电 国家安监总局局长李毅中今天再次质疑：“11.27”事故发生快两年了，移送司法机关的10多名责任人，为何还没有得到处理？按照有关规定，移送司法机关、如何判刑等都应该向社会公布，希望早点把处理结果透明地公布。

黑龙江省省长张左己表态：一定要记住“11.27”事故的教训，事故中该处理的干部已经处理，但造成矿难的主要责任人移交检察院后却还没有得到处理，逍遥法外，怎么得了？不能睁只眼闭只眼，要好好查！

2005年11月27日，龙煤集团七台河分公司东风煤矿发生特别重大煤尘爆炸事故，死亡171人，伤48人。国务院调查组认定：这是一起重大责任事故。

2006年7月，经国务院常务会议研究，同意对东风煤矿矿长马金光、龙煤集团七台河分公司调度室主任杨俊生等11人移送司法机关追究刑事责任；同意对龙煤矿业集团有限责任公司总经理侯仁等21人给予相应的党纪、政纪处分。

今天再次提起那次事故，李毅中的眼圈红了。11月21日，李毅中特意率领督查组到东风煤矿走访，在曾经发生事故的井口，他声音略显颤抖地说：“当年我就站在这里等待救护队的人员救出死难的矿工，心情非常沉痛。”

当李毅中了解到“11.27”事故中包括矿长在内的11名事故责任人还没有得到处理，他气愤地说：“我是事故调查组组长，有权利责问事故责任追究。事故发生快两年了，为什么还没有处理结果?”李毅中当即请黑龙江省副省长刘海生了解此事。随后，当地有关方面反馈的信息是：大家都觉得很奇怪，谁都不清楚怎么回事。

在今天督查组与黑龙江省政府交换意见时，李毅中指出黑龙江省安全生产工作存在“死角漏洞”等问题。比如，七台河市在“回头看”过程中，对规模以下小企业还没有进行补课；城子河瓦斯发电机组现场查看中，发现没有瓦斯浓度监控设施；东风煤

矿瓦斯抽采率只有17%，远低于全省平均水平。（《工人日报》2007-11-23）

上述消息通过导语的提问和实际存在的新闻事实，分别展现了政府对维护职工生命安全权益的重视，间接揭示了发生矿难的深层原因，那就是矿难发生地政府和司法机关，以及矿难发生的企业对职工生命安全的冷漠。

然而这一切都不是直接由传播者出面批评和指责，而通过客观的记述背景事实，含蓄地表达上述观点的。这就是引发受众思考导语中的问题，间接领悟新闻价值和主旨，产生隐含的言外羡余信息的高明之处。

三、结尾衍生的羡余信息

含蓄的结尾必有传播者刻意隐含的主旨信息，可以使得受众解读时予以领悟，这就是新闻语篇结尾处受众衍生的羡余信息，包括对新闻事件直接感悟、以情生发、以及审美体验的信息。传播者采用含蓄结尾的手段分别是启发式、感叹式及意境式。

1. 启发式结尾衍生感悟信息

此类结尾，多出现于通讯中。启发式结尾的隐含，其具体方式有二，一是直接提问，一般根据新闻的主旨，进行必要的引申与发挥，引导受众进一步思考其中的道理。例如：

[1]“田三分”分家了。“田三分”分家的故事在群众中广为流传着，成为人们团结有爱、和睦相处难得的好教材。“田三分”分家的故事讲完了，您听了以后，有些什么想法，受到哪些启发呢？（通讯，田三万分家，河南人民广播电台）

这个结尾，目的在于启发受众进行深一层的思索，从中悟出一些道理，受到新的启发，具体内容可以各不相同。

二是将叙事(转述)和传播者提问式的议论合而为一。一般是借助新闻人物的引语作铺垫,再通过议论予以启发。例如:

[2]当张华的爸爸妈妈赶到学校,同学们紧紧偎依在他们的身旁。大家送上了一封封情真意切的书信,安慰失去爱子的双亲,也表示了自己继承烈士意志的决心:

"——一个新中国的青年,在党和人民需要的时候,毫不犹豫地把生的希望让给别人,而把死的危险留给自己,这是多么美好的品质,这才是生命的真谛!

……

——他用饱蘸着热血的朱笔,写完了生命的最后一页。他向我们提出了一个严肃的问题:人,应该怎样活着?他,督促我们深思;他,审视着我们的答案……"

八十年代的大学生们,党和人民也在等待着你们的回答!

(通讯,新一代的理想之歌——记当代优秀的大学生张华,《光明日报》1982-10-20)

上述通讯详叙了军医大学生张华的学习生活及救人并献出生命的经过后,用引语方式以书信的形式向新中国的青年提出了人生必须面对的问题。结尾处带有鼓动性的文字,虽没有具体明确的结论,却具有丰富的意蕴:它在激励80年代的大学生应怎样向张华学习,用自己的行动向党和人民交上一份合格的答卷。对此,受众均可有自己的认识。

[3]一些观众说,这出戏真好,给人以启发。我们一些在领导岗位上的同志,是不是可以向唐成学一点什么?(消息,"当官不为民做主,不如回家卖红薯",《人民日报》1979-9-6)

上述文字是有关豫剧《唐知县审诰命》在京演出获得成功的新闻稿的结尾。与前一例一样,这儿亦是先引述别人的感悟事实,再提出问题,意味深长,发人深思,受众可以做进一步的解读，补充各自的羡余信息。

2. 感叹式结尾衍生多义信息

结尾可以通过饱含情感的语言，引发受众体会其中隐含的多种羡余信息。例如：

[4]本报北京(1986年)3月20日讯　千军万马——“马”的概念要来一个更新了。今天的人民解放军，伴随着集团军的出现，汽车、坦克、直升机已成为主要机动力量。铁马代替了军马。

总部有关部门负责人今天说，我军大批军马已退役。团以上的骑兵建制已取消……

……

别了，可爱的军马！(消息，我军大批军马退役团以上骑兵建制取消，《解放军报》1986-3-21)

上述消息，讲述了“我军大批军马退役，团以上骑兵建制取消”的事实，受众可以品味结尾的感叹句中丰富的羡余意义：也许有敬佩、惜别之情，甚至还有我军的发展已迈上新台阶的含义。

3. 意境式结尾衍生美学信息

当新闻传播者运用描写、叙述手法，在叙事、写景时将主观情思和客观景物相融合，就可以形成审美创造的结晶——新闻意境。这种意境，就是新闻作品中有丰富蕴含和情景相谐的场景和画面，常可分布于新闻结尾处。它们既给受众留下鲜明的印象，又让人回味无穷，留下思考的余地，受众可以从中衍生出羡余信息。例如：

[5]转瞬间，奔腾的滦河水翻着浪花从涵洞中泻出，扑进了宽阔的潆河。一位年过六旬的老大爷捧起滦河水就喝，连说：“甜，甜！”干部战士纷纷跳入水中，合影留念。

于桥水库也在中午12点放水，放水过程顺利，设备运转正常。晚8点，水头已流过杨津庄闸。（消息，滦河水向天津奔来，《天津日报》1983-8-16）

上述消息，报道了引滦入津工程全线试通水这个重大新闻。这儿引述的文字中有生动之景："奔腾的滦河水翻着浪花从涵洞中泻出，扑进宽阔的瀑河"；有喜悦之情："一位年过六旬的老大爷捧起滦河水就喝，连说：'甜，甜！'"；有活跃的人群："干部战士纷纷跳入水中，合影留念"。景、情、人融为一体，达到了情入境中，景中含情，人在画中，画中显人，情与景谐，意与境混的效果。结尾处"8点，水头已流过杨津庄闸"戛然打住，却给人一种动感，水似乎还在流着，流着……文尽而意未尽，受众可以品味到言外的羡余信息：意境蕴含着"劳动创造美"的深意。

[6]柏林城内的炮声静止了。最后几天弥散在德国首都上空的褐色的、火药的烟云开始消散了。在春阳的斜光中展开了巨大城市的全景，这个城市的名字最近十年来有一切可憎的、仇视人类的，一切黑暗和血腥的意义。

春天的阳光照射在被征服的柏林城上了。（通讯，《直捣柏林》）

上述文字是苏联名记者波列伏依一篇通讯的结尾，具有一种象征意义，在噩梦般的场景和春阳的交替中，留给受众一个想象的空间，任其自在地体会作品所包含的深远的意境，即衍生各自的上升到哲理美层面的羡余信息。例如正义总是会战胜邪恶，历史总是在屈折中前进的，等等。

综上所述，能让受众在解读中衍生羡余信息的新闻语言，均是采用了含蓄的表达方法。这样含而不露的语言，无论安排在新闻语篇的何处，采用什么方式，总是能给受众对新闻事实的领悟或评述以想象和发挥的空间，亦是符合他们的选择性理解新闻信息的心理的。因为受众在解读新闻事实的过程中，还需要加进自己某些主观的东西，如感情、联想、动机、习惯，以至立场、观点等。因而高明的记者“愈是善于在内容上贯彻自己的意见，愈是在形式上隐藏自己的意见”。（胡乔木语）新闻传播者编码时有意隐含某些信息而让受众进一步生发羡余信息，这种借事实暗中“说话”的表达方式是符合新闻传播规律的，也是十分有效的。

本编小结

本编考察了接受者视角的新闻语言羡余现象。具体从传播效果及受众接受信息的心理出发，先后阐述了新闻语言解码中可能产生误解的多义羡余信息，不符合受众需求的羡余信息；以及受众根据自身的认知及社会背景知识，从新闻语言编码中衍生的羡余信息。讨论分别从如何避免理解中的无效羡余和引导受众衍生有效羡余的角度展开。

（一）新闻语言解码中的多义羡余信息

新闻语言羡余信息之一就是同一语言形式（包括语音、词形、语法形式）在一定语境下产生的多义信息。本章讨论的此类信息为传播者在编码过程中因不规范使用或无意中误用语言形式所致。若将传播者欲传递的某信息设定为 A，则羡余的信息为 B。后者是多传的不当信息，亦为干扰受众的噪音信息。根据负载新闻信息的语言代码本身的介质不同，本章分别讨论了听觉、视觉等单一传播信道，以及两者共有传播信道中的同形多义羡余现象，并提出消除多义的手段。

语音听觉信道的同形多义羡余，主要存在于广播电视新闻语言中。此类羡余可以因新闻口头传播时的发音不规范造成

(包括停连不当带来的同形句法结构语法意义的改变,同一词语[重组或生造而来]的意义的改变),重音(包括语句重音、词重音)、句调不正确所致(即语用层面潜生的对比意义的改变,以及语气意义的改变);亦可以是新闻文本本身的语音句法问题(包括使用同音词、代词,语句过长)所致(即同音词语多义、代词多指,长句子产生语用上的语气多义)。避免上述不当的多义羡余,可以通过规范的播音以及适合有声传播要求的语言编码形式予以消除。

文字视觉通道的同形多义羡余,主要存在于句法结构中。新闻标题语言中同一句法结构的语法多义羡余现象,常见的有层次不同、结构关系也不同,层次不同、结构关系相同,层次相同、结构关系不同等三类。消除此类同形多义现象,可以使用增加停连标记(空格、标点、编码中的折行)、虚词,或实词性成分,调整语序,改变结构重新编码等手段。

视觉、听觉信道共有的同形多义羡余,主要是由同形词语的多义所致,通常存在于词,词与短语,缩略语等语言成分中。避免多义的方法只能依靠更换同义词语,或恢复不当缩略词语的全称用语。

为有效避免新闻语言中有关同形多义的羡余现象,本章附录了汉语常见的同音词、同形词以及别字表(见本书最后部分),可供传媒业界人士参考。

(二)新闻语言不符合受众需求的羡余信息

根据传播效果的选择性理论,以及新闻接受心理学的相关理论,受众不选择或排斥的新闻信息,即为不符合社会大众需求的信息,也就是达不到传播效果的无效羡余信息。具体有:新闻语言中不真实的虚假信息(包括弄虚作假、凭空捏造,片面夸大、歪曲真相,颠倒黑白、混淆事实的信息等),主观性信息(包括以议论替代事实的信息,主观愿望统领下的报道信息,虚无、模糊的引语"说话"方式引入的信息等),陈旧、平淡信息(包括内容及形式上均陈旧的信息),空泛信息(用语笼统、缺乏事实的信息及枯燥无味的数字信息),不相关的枝蔓信息(包括没有围绕核心展开的事实信息和背景信息),以及不合情理的侵权信息(包括披露当事人隐私以及评论不当的信息等)。为了尽量减少受众不需要的羡余信息,本章附录了新华社发布的新闻报道中的禁用词和慎用词(见本书最后部分),可供传媒工作人员参考。

(三)新闻语言解读时衍生的羡余信息

新闻传播者根据受众解码时的心理特征,会将新闻事实的某些部分及其价值内涵信息隐而不显,并借此表达言外之意(导向信息),给接受者留下思考的余地。此类由传播者故意隐含、而由受众自己生发补充的信息,即为解读中衍生的羡余信息。隐含此类信息的语言成分一般出现在新闻语篇的标题、导语、结尾等部分。

标题衍生的羡余信息,主要借助于隐含新闻主体(人物)、事件、客体、主体及事件、原因或目的等要素的手段而生发。具体方式是语符表层有意空缺该要素,或使用设问、标记词等引导受众对该要素的关注及思考。多出现在通讯文体中,消息较少。导语衍生的羡余信息,一般通过设问手段引发,其后可以有明确答案或没有。但均能引发受众进一步思考深层次的原因,进而领悟新闻主旨。结尾衍生的羡余信息,通常出现于通讯中,包括启发式提问而引发的直接感悟信息,感叹式语言而激发的间接领悟信息，以及意境式描写而促发的审美体验信息。含蓄语言的结尾无论是哪种方式，受众均能感受到其中隐而不露、有待思索的新闻价值和主旨。

结语

传统的新闻学从传播者静态的语符编码角度出发，只考虑新闻的业务性质等问题，对新闻语言的关注仅仅停留在如何精练简洁，避免无效羡余（主要是重复性信息羡余）上；而现代新闻学从传播学角度出发，重视研究新闻信息的整个传播过程，除传播者而外，研究对象还要包括传播内容、媒介、受众、效果，特别重视反馈，因而对新闻语言的关注（包括重复性和非重复性信息羡余）必须既考虑如何减少无效羡余，又要兼顾增加有效羡余，以提升信息传播效果的论题。

新闻语言羡余现象，其考察对象应是新闻信息的羡余，其界定标准为信息的性质，而非传统的语言符号载体本身。信息羡余的范围包括：①语义层面有二，传统的语符信息复现类羡余，以及非传播核心、传播目的的信息羡余；②句法、语义、语用层面，语符编码中同形多义的信息羡余；③语用层面，语符通过语境衍生的信息羡余。信息（仅限语法信息）羡余的度，主要取决于信息出现的概率和复现数量，就语言载体来说，亦即语言成分及其组合出现的频率和复现的比率，在不同的新闻传播信道中各不相同。信息羡余按照是否具有传播效果，可分为有效羡余和无效羡余两类，具体决定于不同的传播主体、传播功能以及传播信道。

根据传播学（主要是新闻传播学）的理论，全面考察新闻语言的羡余现象，必须着眼于新闻的整个传播过程，选择新闻传播者、传播信道及新闻接受者等不同的视角，才能较为本质地系统探索其存在的原因及运行的规律。

首先，从传播者视角考察新闻语言羡余现象。作为新闻传播的主导者，为积极发挥新闻信息的价值和社会传播效率，应充分利用羡余信息的手段，帮助其自身实现语用交际功能，即情感功能、强调功能与认知功能。根据上述不同的服务功能，新闻语言的羡余信息亦可分为三类：

1. 具有情感功能的羡余信息，主要服务于打通信道及提高审美情趣。

用于打通信道的羡余信息，旨在寻求、激发新闻接受者合作的特殊心理动态和情绪，引导、提醒受众关注，为传播新闻核心信息创造条件。这样的羡余信息常见于新闻信息传递的起始阶段，内容多为广播、电视新闻播报之前引导、提醒受众的串联词。

提高审美情趣的羡余信息，是指能带来美学功能的信息。负载此类信息的语符载体形式（包括语音和语法）必须具有语音节律美、语法节奏美的特征。前者应有音节复叠的语音形式，形成朗朗上口的和谐韵律；后者应有整句、散句等语言形式组合成为语法结构整齐划一、错落有致的鲜明节奏。

2. 具有强调功能的羡余信息，旨在体现新闻传播的“说话”导向功能。

具有主观强调功能的羡余信息，通常由蕴含式或同指式复现羡余的手段构成。蕴含式复现羡余是将新闻事实蕴含的主观信息予以直接显现，一般通过形容词或副词，或议论性语句予以承载。同指式复现羡余则是通过客观事实特征信息的复现，间接体现主观导向意图，其羡余信息的构成方式可以是同形复现或异形复现，负载的语言形式有词、短语、句子等。

新闻标题是凸显传播者意图的主要窗口，该意图可以通过新闻要素同指复现羡余的方式予以强调。消息和通讯在此类同指羡余的构成方式及分布位置上有所不同。构成方式上，同形与异形两种同指复现羡余的方式均着重于主体（人物）、事件（动作行为、经过、客体）等新闻要素，而且标题中更青睐于语形相异的同义复现方式。分布位置上，同指复现羡余的语言成分处于不同的标题位置，其强调程度各不相同，消息中新闻要素强调的类别及次数均较通讯为多。

3. 具有认知功能的羡余信息，可以帮助更好地理解新闻事实。

这是新闻传播者对新闻事实或其中的某一部分进行解释、补充的信息，属于新闻背景知识的部分内容，均为非核心的辅助性羡余信息，包括完型认知类及辅助认知类。

具有完型认知功能的羡余信息，旨在帮助受众完整地理解新闻事实，对其予以解释说明，弥补新闻事实的不足，充实具体内容，设疑答问，普及相关知识。包括介绍有关事实，提供事件发生的条件、环境，亦可以是与新闻事实有关的某一处所地理位置和环境的介绍；增补有关新闻人物以往的经历；以及新闻事实本身的相关信息。采用的语言形式可以是定语、独立的小节，或独立语篇。

具有辅助认知功能的羡余信息，是指帮助认知新闻事实的情趣愉悦类信息，旨在增加趣味，提升新闻的吸引力，满足受众更好地解读新闻事实的要求，顺应受众的心理需要，激发阅读兴趣。具体内容可以是自然景观、人文历史、个人逸闻等，采用的语言形式一般是独立的小节，通常可以随处插入新闻文本，或分布于结尾处。

其次，从传播信道的视角考察新闻语言的羡余现象。新闻传播信道，是传输新闻信息的通道。而影响新闻传播达到最佳传播效果的因素之一，就是一定传输信道中信息代码的选择、编制方式中的羡余度问题。

1. 新闻传播信道中有关羡余现象的若干因素，以及不同新闻媒介的信道编码组合结构中的羡余度。

涉及信道编码中有关羡余特点的因素有量度问题（仅限语法信息），与信息量、新闻媒介、信息传播的关系，主客观问题，语言编码的性质等多个方面：1）羡余度。羡余度是指语言符号及其组合使用的频度，或语符因语义、语法系统的结构性而在组合中可预测的程度。这样的频度或程度与信息量成反比。羡余度在具体的信息文本中的测量，就表现为羡余率，即羡余信息在信息总量中的比例。2）羡余度与信息量[即信息的不确定性（熵）]有关。就语言代码信息来说，负载信息的词、句子及其组合方式，它们出现的频率与信息量成反比。3）新闻媒介，作为信息传播的通道，直接制约了对编码的特殊要求。媒介的不同带来了各自新闻语言编码中羡余量的差异。4）羡余与信息传播关系密切。适度的羡余信息可以提高传播效果，过多过少均会带来弊端。5）传播信道中影响羡余度的因素有：主观因素来自信源（传播者）和信宿（受众），客观因素是来自信道。6）信道羡余主要是在编码中产生的，调控新闻语言的羡余度，有质和量两个方面。

不同媒介的信道编码组合结构中的羡余度涉及两种情况：

纵向多层面(立体)的动态羡余和横向单层面(平面)的静态羡余。为方便受众解读信息,我们应根据需要适当增加动态的羡余,而尽力减少并严格控制静态的羡余。

2. 不同信道新闻语言羡余度的量化比较

作为不同传输信道的新闻媒介中的新闻语言羡余度,是存在差异的,可以通过信道编码和信宿反馈两个方面予以量化分析。

信道编码的羡余度比较,以消息为例,通过对封闭语料进行统计,可以从质和量两个方面揭示报刊、广播电视、网络新闻的差异。质的方面,可以分析包括一定新闻文本中词汇、句子,一定新闻媒介中的语篇结构等几个方面的相关语言成分的比例关系,以此间接测出不同新闻语言的羡余度:词汇、句子层面的羡余度是报刊最高,广播电视或网络较低;语篇是广播电视最高,报刊最低,网络居中。量的方面,可以比较多层面立体复合羡余中的同义信息(包括语形相同与相异)羡余的相关数据。具体是通过封闭的新闻语篇,以标题为考察对象,直接统计报刊、广播电视新闻的标题和正文部分之间,网络新闻第一层面和第二层面标题,以及第二层面标题与正文之间的复合羡余数据,就可以得到新闻标题的羡余度等级序列:广播电视最高,报刊最低,网络居中。

信宿(受众)感受新闻语言羡余度的考察,可以通过问卷调查的方式,对他们的反馈情况予以了解。问卷内容涉及质和量两个方面的羡余现象,前者包括对不同羡余度的新闻作品所赖以传播的媒介、语言要素,以及语篇组合方式的选择;后者包括对语用功能不同的羡余信息、多层面语篇的不同组成成分,以及羡余度不等的语篇组成成分的选择。

3. 有关报刊新闻语言信息的羡余度调控

报刊新闻由于传播信道容量(版面)的限制,必须严格控制不当羡余信息,避免无效羡余。就报刊新闻语篇来说,调控羡余度的方式有两类,一类是新闻核心信息复现的羡余,包括同义类成分同指复现,或蕴涵复现。另一类是新闻非核心信息的信息羡余,主要是背景信息的表达方式及数量,包括详略程度和增减取舍。

新闻核心信息复现的羡余度调控,有局部和整体两个层面。前者为局部各个组成部分(即新闻语篇中标题、导语、主体部分)的微观调控,后者是整体语篇纵向的宏观调控。调控的原则是,尽量避免重复的语句或信息在无特殊语用功能的情况下出现,必要的复现羡余亦应采用异形同指或蕴涵的方式,避免同形同指的复现羡余。

新闻非核心信息的羡余度调控,主要是指背景羡余信息的精简。由于传播信道的容量限制,其羡余度必须受到紧密相关、概括简明等原则的制约,予以严控,以便发挥其最大效能。

最后,从接受者的视角考察新闻语言的羡余现象。从传播效果及受众接受信息的心理出发,先后阐述了新闻语言解码中可能产生误解的多义羡余信息,不符合受众需求的羡余信息;以及新闻语言解读时衍生的羡余信息。考察分别从如何避免理解中的无效羡余,以及如何引发受众衍生有效羡余的角度展开。

1. 新闻语言解码中的多义羡余信息

具体有以下三类:1)语音听觉信道的同形多义羡余,主要存在于广播电视新闻语言中。可以因新闻口播时的发音不规范、重音不正确造成,亦可以是新闻文本本身的语音问题所致。2)文字视觉通道的同形多义羡余,主要存在于句法结构中。新闻标题语言中句法结构的多义羡余现象，比较常见的有层次不同、句法关系也不同，层次不同、句法关系相同，层次相同、句法关系不同等三类。3）视觉、听觉信道共有的同形多义羡余，主要由同形词语的多义所致，通常存在于词，词与短语，缩略语等语言成分中。

2. 新闻语言不符合受众需求的羡余信息

根据传播效果的选择性理论，以及新闻接受心理学的相关理论，受众排斥或不选择的新闻信息，即为不符合社会大众需求的信息，亦即达不到传播效果的无效羡余信息。具体包括：新闻语言中不真实的虚假信息，不客观的主观性信息，不新鲜的陈旧、平淡信息，不具体的空泛信息（用语笼统、缺乏事实的信息及枯燥无味的数字信息），不相关的枝蔓信息（没有围绕核心展开的事实信息和背景信息），以及不合情理的侵权信息（披露当事人隐私以及评论不当的信息等）。

3. 新闻语言解读中衍生的羡余信息

新闻传播者根据受众解码时的心理特征，会将新闻事实的某些部分及其价值内涵信息隐而不显，让接受者留下思考的空间，各自品味其中蕴藏的新闻主旨。此类由传播者有意隐含、而由受众自己生发补充的信息，即为解读中衍生的羡余信息。隐含此类信息的语言成分一般分布于新闻语篇的标题、导语、结尾等部分。

标题衍生的羡余信息，主要借助于隐含新闻主体（人物）、事件、原因或目的等要素的手段而生发。具体方式是语符表层有意空缺该要素，或使用设问、标记词等引导受众对该要素的关注及思考。导语衍生的羡余信息，一般通过设问手段引发，其后可以有明确答案或没有，均能引发进一步的深入思考。结尾衍生的羡余信息，主要借助于启发式提问、抒情式感叹、意境式描写的手段而触发，具体包括受众对新闻事件直接感悟、以情生发、以及审美体验的信息。无论是哪个部分衍生的羡余信息，均为藏于字里行间的新闻价值和主旨所在。

参考文献

R. R. K. 哈特曼、F. C. 斯托克《语言与语言学词典》，黄长著等译，上海辞书出版社，1981 年。

艾丰《新闻写作方法论》，人民日报出版社，2010 年。

白丽娜《作为亚语篇的报刊新闻标题》，上海社会科学院出版社，2014 年。

蔡铭泽《新闻传播学》，暨南大学出版社，2003 年。

蔡雯《新闻编辑学教程》，中国人民大学出版社，2006 年。

曹璐、吴缦《广播新闻业务》，中国传媒大学出版社，2010 年。

陈道才《广播新闻写作》，中国广播电视出版社，1999 年。

陈戈《论演讲语篇中的羡余信息》，《解放军外国语学院学报》，2005，(3)。

陈莉、苏宏元《广播电视学》，南京师范大学出版社，1998 年。

陈力丹《解析中国新闻传播学》，人民日报出版社，2010 年。

陈力丹《解析中国新闻传播学》，上海交通大学出版社，2008 年。

陈力丹《通讯员习作评点》，中国广播电视出版社，2007 年。

陈力丹《新闻理论十讲》，复旦大学出版社，2008 年。

陈原《从现代汉语几个用例(模型)分析语言交际的最大信息量和最佳效能》，《中国语文》，1983，(5)。

陈原《社会语言学》，学林出版社，1997 年。

陈忠《信息语用学》，山东教育出版社，1999 年。

崔梅、周芸《新闻语言教程》，北京师范大学出版社，2011 年。

丁柏铨、胡素华《通讯范文评析》，新华出版社，2001 年。

丁柏铨、胡翼青《通讯写作》，中国广播电视出版社，2000 年。

丁柏铨《新闻采访与写作》，高等教育出版社，2004 年。

董广安《新闻传播精品导读》(通讯卷)，复旦大学出版社，2004 年。

段业辉、李杰、杨娟《新闻语言比较研究》，商务印书馆，2007 年。

段业辉《新闻语言学》，江苏教育出版社，1999 年。
樊立三《现代汉语词汇中的羡余形式及形成原因》，《烟台师范学院学报》（哲学社会科学版），2006，（1）。
方汉奇《中国新闻传播史》，中国人民大学出版社，2002 年。
方雪琴《新时期优秀新闻作品评析》，武汉大学出版社，2011 年。
冯志伟《论语言符号的八大特性》，《暨南大学华文学院学报》，2007，（1）。
高帆《虚假论——真实背向的理性沉思》，辽宁人民出版社，1994 年。
高歌东《新闻广播语言概论》，天津社会科学院出版社，1995 年。
高小芳《新闻语言学》，南京师范大学出版社，2012 年。
高有祥《广播电视有声语言冗余度新探》，《中国语文》，2001，（4）。
巩衍杞、郑旷、姚文华、贾文忠、杨东录、吴剑华《新闻修辞》，长征出版社，1992 年。
桂诗春《冗余现象与英语教学》，《外国语》，1980，（1）。
桂诗春《实验心理语言学纲要》，湖南教育出版社，2001 年。
郭庆光《传播学教程》，中国人民大学出版社，1999 年。
韩陈其《汉语羡余现象述略》，香港中文大学《中国语文研究》，1987，（9）。
韩陈其《汉语羡余现象研究》，齐鲁书社，2001 年。
韩书庚《新闻标题语言研究》，知识产权出版社，2013 年。
郝雨、王艳玲《新闻学概论》，上海大学出版社，2003 年。
何日丹《电视文字语言写作》，中国广播电视出版社，2001 年。
何星《冗余信息与语言理解》，《外语研究》，2000，（4）。
何自然《语用学与英语学习》，上海外语教育出版社，1997 年。
胡乔木《人人要学会写新闻》，《解放日报》1946 年 9 月 1 日。
胡壮麟《语篇的衔接与连贯》，上海外语教育出版社，1994 年。
黄伯荣、廖序东《现代汉语》，高等教育出版社，2011 年。
黄旦《新闻传播学》，杭州大学出版社，1997 年。
黄匡宁、黄雅堃《当代电视新闻语言学》，中国社会科学出版社，2011 年。
黄匡宁《电视新闻学概论》，暨南大学出版社，1999 年。
黄珊《新闻传播伦理与法规实用教程》，高等教育出版社，2011 年。
季水河《新闻美学》，新华出版社，2001 年。
江欧利《中国广播电视新闻奖 2000 年度新闻佳作赏析》，新华出版社，2002 年。
江苏省新闻工作者协会《江苏新闻五十年精品选》（广电卷），江苏人民出版社，1999 年。
蒋冰冰《传播语言学》，中国戏剧出版社，2006 年。

孔德明《电视新闻写作》,北京广播学院出版社,2002年。
孔详军《新闻传播精品导读》(消息卷),复旦大学出版社,2004年。
黎运汉、盛永生《汉语修辞学》,广东教育出版社,2006年。
李彬《传播学引论》,新华出版社,2003年。
李传全《交际冗余与语境》,《海南大学学报》(社会科学版),1996,(3)。
李春雷、马莉《政府信任构建与大众传媒对拆迁心理的引导机制研究》,《国际新闻界》2013,(5)。
李良荣《新闻学概论》,复旦大学出版社,2011年。
李绍群《修辞语的羡余表义》,《喀什师范学院学报》(汉文版),2003,(1)。
李水仙《电视新闻语体研究》,中国传媒大学出版社,2007年。
李永健、展江《新闻与大众传媒通论》,中国人民大学出版社,2003年。
李元授、白丁《新闻语言学》,新华出版社,2001年。
李元授、陈扬明《新闻传播学》,新华出版社,2001年。
李元授《新闻信息概论》,武汉大学出版社,1994年。
李佐丰《广播电视语言》,北京广播学院出版社,1998年。
廖七一《论翻译中的冗余信息》,《外国语》1996,(6)。
廖雪琴、郑贵兰《优秀新闻作品选读》,华中科技大学出版社,2009年。
廖艳君《新闻报道的语言学研究》,湖南大学出版社,2006年。
林兴仁《广播的语言艺术》,语文出版社,1994年。
林兴仁《实用广播语体学》,中国广播电视出版社,1989年。
刘宝俊《语言中异质共存的矛盾统一——谈词义羡余》,《湖北民族学院学报》(社会科学版),1993,(1)。
刘保全、彭朝丞《消息范文评析》,新华出版社,2001年。
刘保全《获奖通讯赏析》,人民日报出版社,2010年。
刘路《新闻标题伦》,中国社会科学出版社,2002年。
刘宓庆《翻译与语言哲学》,中国对外翻译出版公司,2001年。
刘明华、徐泓、张征《新闻写作教程》,中国人民大学出版社,2002年。
刘明华、张征《新闻作品选读》,中国人民大学出版社,2003年。
刘仁圣《广播电视新闻采访写作教程》,中国广播电视出版社,2005年。
刘云《汉语篇名的篇章化研究》,华中师范大学出版社,2005年。
龙又珍《语言羡余信息的性质、特点、分类及应用》,载《现代汉语虚词研究与对外汉语教学》,复旦大学出版社,2010年。
陆锡初《广播新闻编辑教程》,中国广播电视出版社,2001年。
吕冀平《当前我国语言文字的规范化问题》,上海教育出版社,2000年。
吕叔湘《吕叔湘文集》5,商务印书馆,1993年。

罗伯特.M.奈特《最佳写作要领》,方辉盛译,新华出版社,1999 年。
罗时进《信息学概论》,苏州大学出版社,1998 年。
罗斯《信息与通信理论》,钟信义等译,人民邮电出版社,1979 年。
孟建、祁林《广播电视新闻范文评析》,新华出版社,2001 年。
孟建、祁林《广播电视新闻写作》,中国广播电视出版社,2007 年。
明安香、郭镇之《广播电视新闻概论》,人民日报出版社,1994 年。
潘文国《汉英语对比纲要》,北京语言大学出版社,1997 年。
潘先军《现代汉语羡余现象研究》,北京语言大学出版社,2012 年。
彭朝丞《标题的制作理念与艺术技巧》,人民日报出版社,2012 年。
彭朝丞《获奖消息赏析》,人民日报出版社,2010 年。
彭朝丞《新闻标题制作》,中国广播电视出版社,2000 年。
彭兰《网络传播概论》,中国人民大学出版社,2001 年。
戚鸣《实用通讯写作》,新华出版社,2006 年。
齐沪扬《传播语言学》,河南人民出版社,2000 年。
钱冠连《汉语文化语用学》,清华大学出版社,2002 年。
钱冠连《语言冗余信息的容忍度》,《现代外语》,1986,(3)。
钱汝敏《篇章语用学概论》,外语教学与研究出版社,2001 年。
人民日报记者部《人民日报 60 年优秀新闻选》,人民日报出版社,2009 年。
邵洪亮《汉语句法语义标记词羡余研究》,中国社会科学出版社,2015 年。
邵敬敏《汉语语法专题研究》(修订版),北京大学出版社,2010 年。
沈爱国《消息写作学》,浙江大学出版社,1996 年。
施春红《语义叠加原因论析》,《语言教学与研究》,1998,(2)。
石长顺《电视传播学》,华中科技大学出版社,2000 年。
时统宇《消息写作》,中国广播电视出版社,2000 年。
宋春阳、孟德东、张志攀《实用新闻写作概论》,复旦大学出版社,2004 年。
宋世琦《报纸编辑十二题》,人民日报出版社,1994 年。
孙汝建《现代语言学研究》,香港大名出版公司,1998 年。
孙也平、李超、王世民《新闻应用语法》,书海出版社,1991 年。
索燕华、纪秀生《传播语言学》,北京师范大学出版社,2010 年。
索振羽《语用学教程》,北京大学出版社,2000 年。
汤世英、薄浣培、劳沫之《新闻通讯写作》,中国人民大学出版社,1986 年。
王灿发《新闻作品评析教程》,中国传媒大学出版社,2007 年。
王德春、陈瑞端《语体学》,广西教育出版社,2000 年。
王德春《多角度研究语言》,清华大学出版社,2002 年。
王化容《标题 ABC》,新华出版社,1991 年。

王建华《信息时代报刊语言跟踪研究》,浙江大学出版社,2006 年。
王泰兴《有声传播语言应用》,中国广播电视出版社,2000 年。
王文科《广播新闻报道》,浙江大学出版社,2002 年。
王新义《好新闻笔法探妙》,中国广播电视出版社,1992 年。
威廉.梅茨《怎样写新闻》,苏金琥等译,新华出版社,1983 年。
魏永征《新闻传播法教程》,中国人民大学出版社,2002 年。
吴洁敏、朱宏达《汉语节律学》,语文出版社,2001 年。
吴缦、曹璐《新闻广播研究》,北京广播学院出版社,1997 年。
吴天佑《羡余语言信息的修辞作用》,《修辞学习》,1998,(1)。
吴勇毅《广播电视语言文字规范化研究》,中国广播电视出版社,2007 年。
吴郁、侯寄南《广播电视新闻语言与形体传播教程》,中国人民大学出版社,2001 年。
伍铁平《读三本新出版的语言学概论教科书》,《中国语文》,1983,(2)。
伍铁平《语言中的多余成分》,香港中文大学《中国语文研究》,1987,(9)。
熊学亮《认知语用学概论》,上海外语教育出版社,1999 年。
徐国庆《现代汉语词汇系统论》,北京大学出版社,1999 年。
徐莉娜《翻译中语言冗余与经济现象探析》,《外语与外语教学》,2005,(4)。
徐培汀《信息传播与新闻改革》,载《新闻学论文集》,人民日报出版社,1986 年。
徐盛桓《语言的冗余性》,《现代外语》,1984,(2)。
徐占焜《中国优秀通讯选》,新华出版社,1985 年。
严介生、王乃钧《消息精品选评》,中国广播电视出版社,1996 年。
严三九《新闻传播精品导读》(广电卷),复旦大学出版社,2004 年。
严三九《应用电视新闻学》,暨南大学出版社,2002 年。
杨娟、李杰、段业辉《漫议网络新闻的主观化倾向》,《新闻与写作》,2004,(8)。
杨明义《汉语连谓结构中的羡余现象初探》,《汉语学习》,1998,(4)。
杨明义《现代汉语词缀羡余现象探析》,《渤海大学学报》(哲学社会科学版),2009,(1)。
杨明义《现代汉语状之于动的羡余现象谈略》,《南开大学学报》(哲学社会科学版),1999,(4)。
要建军《新闻标题制作原理与实务》,中国统计出版社,1997 年。
叶蜚声、徐通锵《语言学纲要》,北京大学出版社,2010 年。
叶圣陶、吕叔湘等《文章评改》,上海教育出版社,1979 年。
尹世超《标题语法》,商务印书馆,2001 年。

应天常《节目主持人语用学》,北京广播学院出版社,2001 年。
余习惠《信息时代的新闻写作》,中国书籍出版社,2013 年。
喻国民《新闻作品信息含量初探》,载《新闻学论集》8 辑,中国人民大学出版社,1984 年。
袁晖、李熙宗《汉语语体概论》,商务印书馆,2005 年。
袁军《新闻媒介通论》,北京广播学院出版社,2000 年。
昝连生《英语语法和信息结构》,安徽教育出版社,1993 年。
张斌《理解和表达的问题》(四),语文建设,2000,(8)。
张国良《传播学原理》,复旦大学出版社,2011 年。
张骏德《当代广播电视新闻学》,复旦大学出版社,2001 年。
张颂《朗读学》,中国传媒大学出版社,2010 年。
张选国《应该怎样写作》,新华出版社,1998 年。
张子让《标题制作与版面设计》,复旦大学出版社,1991 年。
赵刚《汉语中的冗余信息及其翻译》,《国外外语教学》,2004,(4)。
赵元任《汉语结构各层次间形态与意义的脱节现象》,《国外语言学》,1981,(1)。
郑敏璇《媒介融合背景中的电视新闻语言浅析》,《视听》,2013,(8)。
郑兴东、陈仁风、蔡雯《报纸编辑学教程》,中国人民大学出版社,2001 年。
中国人民大学新闻系《新闻标题选评》,中国人民大学出版社,1986 年。
中国新闻学联合秘书处《好新闻——1985 年全国好新闻入选作品》,长征出版社,1986 年。
周胜林、尹德刚、梅懿《当代新闻写作》,复旦大学出版社,2010 年。
朱楚宏《词语累赘与信息羡余》,《荆州师范学院学报》(社会科学版),2002,(6)。
朱光潜《谈美书简》,上海文艺出版社,1980 年。
Claude, Shannon. *A Mathematical Theory of Communication*. Bell System Technical Journal, Vol. 27. 1948.
Denis McQuail. *Communication*. Longman. 1975.
Denis McQuail. *Mass Communication Theory*: *An Introduction*. Sage Publications. 1983.
Van Dijk, Teun A. (eds.) *News as Discourse*. Lawrence Erlbaum. 1988.
Wilbur Schramm. *How Communication Works*, *The Process and Effects of Mass Communication*. University of Illinois Press. 1954.
Wilbur Schramm. (ed.) *Mass Communications*. University of Illinois Press. 1960.

后　记

2010年，我有幸申请到了国家社科基金项目《传播学视野下的新闻语言羡余现象研究》(10BYY024)，从此开始了这一专题领域的综合研究。说起羡余现象，笔者与之结缘于上世纪八九十年代徐州师范学院读硕期间。著名学者韩陈其先生的汉语羡余研究成果令我耳目一新，随后读博期间，跟随业师段业辉先生研习新闻语言，尝试从应用文体的角度分析羡余现象。屈指算来，与羡余现象打交道已有了近30年的历史，然而，羡余现象究竟是个怎样的"庐山真面目"，对天资愚钝的我来说还是扑朔迷离。虽然本人竭尽全力，仍难以构建一个令人较为满意的完整的汉语羡余系统的初步理论，对于新闻语言来说，更是如此。转眼间，从事该领域的专题研究近十年过去了，也只能拿出一个大致的毛坯。在研期间，个人有过太多的曲折经历和人生感慨：先父2007年国庆后中风成为植物人之后，作为儿子理应尽责照料。然而科研孝道难以两全，他还是在2013年12月11日，赶在民间的冬至祭祖节前夕驾鹤西去了。没有什么能够诉尽晚辈的愧疚之情，但愿本书能够献给先父的在天之灵，给他安慰，以示没有辜负他一生的期望。近年来，笔者的身体每况愈下，老光、脖颈脊椎疼痛等一并袭来，预示着老年期的不期而至；而家人对我的支持和关怀是无从报答的。年近九旬的老母亲总是告诫我不要挂念，抓紧完成书稿；夫人拖着孱弱的身体承担了繁重的家务杂事，家兄姊妹都尽量给我以方便，助我照料老人。本书的写作过程中，我的恩师、南通大学副校长周建忠先生、江苏师范大学张爱民先生、南京师范大学段业辉先生，我的师妹、华东师范大学韩蕾先生，南通大学人文社科处和文学院的领导、同事，以及课题组成员等给了我诸多的鼓励和帮助，我的研究生岳海仙、张媛媛、王芳、李蓉蓉、万文君等同学承担了部分研究和资料工作；同时前人的专题研究成果，给了我不少的启发和借鉴。江苏师大杨一鸣先生、上海师大张谊生先生对本书的修改提出了宝贵的意见和建议。上海三联书店杜鹃、汪要军先生为本书的出版付出了辛勤的劳动。中国传媒大学的于根元先生惠为本书题序，江苏著名书画家李豪先生惠为本书题签。本书的出版得到了国家社科基金、南通大学人文社科出版基金的资助。在此一并表示诚挚的感谢！

由于研究和结题时间的限制，以及个人学识和新闻实践经验的短缺，加上可资参考的材料较少，本书的不足和错误一定不少，恳请有关专家和新闻传播领域的从业人员批评指正！

作 者

2015－9－10 一稿

2017－12－5 二稿

2018－10－20 三稿

2019－2－6 校订于南通濠西园宅

附　录

一、常见同音词表[①]

说明

1. 按音序法排列。
2. 本词语表根据有关新闻写作论著整理而成。[②]

C

长命-偿命

船票-传票

F

防止-防治

飞进-飞近

---

① 本表可供广播电视新闻语言编码时参考。听觉信道传输的语符编码，必须尽量避免同音异形词语的使用，以防止产生同音多义羡余的现象，否则就得换个说法。

② 高歌东《新闻广播语言概论》（天津社科院出版社，1995 年版）、郑兴东、陈仁风、蔡雯《报纸编辑学教程》（中国人民大学出版社，2001 年版）、陆锡初《广播新闻编辑教程》（中国广播电视出版社，2001 年版）。

费劲-费尽

G

公式-公事-攻势-工事-公示-公室-宫室

共时-共识

J

记忆-技艺-计议

继续-记叙

纪委-计委

家法-加法

坚固-兼顾

娇气-骄气

居留-拘留

L

履行-旅行

Q

期中-期终

气氛-气愤

切记-切忌

全部-全不

权利-权力

确是-却是

R

人事-人士-人氏

S

上调-上吊
设施卫生-涉世未深
石油-食油
室外-市外-世外-事外
试销品-适销品
实用-食用
势力-视力
适当-失当
手掌-首长
手账-手杖
授奖-受奖
数目-树木
水道-水稻

T

条理-调理

W

唯心-维新
勿要-务要

X

夕阳-西洋

仙人-先人

闲人-贤人

向钱看-向前看

销售-消瘦

星星-猩猩

Y

一般人-一班人

一次-依次

邮票-油票

原型-原形-圆形

越剧-粤剧

Z

占有-战友

证件-政见

指示-只是

至爱-挚爱

致癌-治癌-制癌

中年-终年

终生-钟声

走进-走近

二、常用同形词表[①]

（共292组）

说明

1. 所有的同形词按汉语拼音首字声母顺序排列。

2. 儿化韵后加“儿”，如“变法儿”。书面上有时儿化有时不儿化，口语里必须儿化的词，自成条目，如“[本家儿]”；书面上一般不儿化，但口语里一般儿化的，在释义前加“（～儿）”；释义不止一项的，如口语里一般都儿化，就把“（～儿）”放在注音之后，义项①之前；如只有个别义项儿化，就把“（～儿）”放在相应义项号码之后；如单字儿化与非儿化意义相同，分别用于不同的搭配中，也在释义前加“（～儿）”。

3. 词语注音中的“//”，表示该词中间可以插入其他成分；某义项前的“－//－”，表示该词语在这个义项时可以插入其他成分。“·”后不表调的音节为轻声，表调的音节一般轻读，间或亦可重读。

4. 词语右上角的1、2表示该词既是同形词，又是同音词。

A

（共1组）

安心

[安心]ān//xīn　存心；居心：～不善｜谁知他安的什么心？

① 本表可供新闻语言编码时参考。所谓同形词是指该词的汉字书面形式相同，读音可以相同也可以不同的成组词语，若不注意特定语境的制约，容易在听觉或视觉信道产生无效的（语音或文字）同形词语的多义羡余。本表列举了常见的同形多义词语，全部内容引自《现代汉语词典》（第6版，商务印书馆，2012年版），略有改动。

[安心]ānxīn　心情安定：～工作｜家里事多，在外也难～。

B

（共12组）

把子

[把子][1]bǎ·zi　①把东西扎在一起的捆子：秫秸～。②量词。a)人一群、一帮叫一把子（含贬义）：一～土匪。b)一手抓起的数量，多用于长条形东西：一～韭菜。c)用于某些抽象的事物：加～劲儿。

[把子][2]bǎ·zi　戏曲中所使用的武器的总称，也指开打的动作：练～｜单刀～。

霸王鞭

[霸王鞭][1]bàwángbiān　①表演民间舞蹈用的彩色短棍，两端安有铜片。②民间舞蹈，表演时一面舞动霸王鞭，一面歌唱。也叫花棍舞。表演这种舞蹈叫打连厢。

[霸王鞭][2]bàwángbiān　常绿多浆植物，茎粗壮，有五个棱，有成行的乳头状硬刺。原产马来群岛，在热带常栽培做绿篱。

白地

[白地][1]báidì　①没有种上庄稼的田地：留有一块～准备种白薯。②没有树木、房屋等的土地：村子被烧成一片～。

[白地][2]báidì　（～儿）白色的衬托面：～儿红花儿。

白头

[白头][1]báitóu　白发，指年老：～老翁｜～偕老。

[白头][2]báitóu　不署名或没有印章的：～帖子（不署名的字帖儿）｜～材料。

包金

[包金][1]bāojīn ①把极薄的金箔包在金属首饰外面：～项链。

[包金][2]bāojīn 包银。旧时戏院按期付给剧团或主要演员的约定的报酬。

本家

[本家]běnjiā 同宗族的人：～兄弟｜他们俩住在一个村，是～。

[本家儿]běnjiār 〈方〉指当事人：～不来，别人不好替他做主。

本事

[本事]běnshì 文学作品主题所根据的故事情节：～诗｜这些诗词的～年久失考。

[本事]běn·shi 本领：有～｜学～｜～大。

避讳

[避讳]bì//huì 封建时代为了维护等级制度的尊严，说话写文章时遇到君主或尊亲的名字都不直接说出或写出，叫做避讳。

[避讳]bì·hui ①不愿说出或听到某些会引起不愉快的字眼儿：行船的人～'翻'、'沉'等字眼儿。②回避：都是自己人，用不着～。

变法

[变法]biàn//fǎ 指历史上对国家的法令制度做重大的变革：～维新。

[变法儿]biàn//fǎr 想另外的办法；用各种办法：他变着法儿算计人｜食堂里总是～把伙食搞得好一些。

标金

[标金][1]biāojīn 投标时的押金。

[标金][2]biāojīn　用硬印标明重量和成色的金条，成色为 0.978 上下。

别人

[别人]biérén　另外的人：家里只有母亲和我，没有～。

[别人]bié·rén　指自己或某人以外的人：～都同意，就你一人反对|把方便让给～，把困难留给自己。

宾服

[宾服]bīnfú　〈书〉服从；归附。

[宾服]bīn·fu　〈方〉佩服：你说的那个理，俺不～。

C

（共 16 组）

裁缝

[裁缝]cáiféng　剪裁缝制（衣服）：虽是布衫布裤，但～得体。

[裁缝]cái·feng　以做衣服为职业的工人。

残毒

[残毒][1]cándú　凶残狠毒：生性～。

[残毒][2]cándú　作物、牧草等上面残存的农药或其他污染物质；动物吃了含毒植物后残存在肉、乳、蛋、毛里面的农药或其他污染物质。

插花

[插花][1]chā//huā　①把各种供观赏的花适当地搭配着插进花瓶、花篮里：～艺术。②〈方〉绣花。

[插花][2]chāhuā　夹杂；交错（后面多跟“着”）：～地｜玉米地里还～着种豆子｜农业副业～着搞。

插口

[插口][1] chā//kǒu　插嘴。

[插口][2] chākǒu　可以插入东西的孔：扩音器上有两个～，一个插麦克风，一个插电唱头。

长款

[长款][1] cháng//kuǎn　指结账时现金的数额多于账面的数额。

[长款][2] chángkuǎn　款式较长的〈服装〉：～羽绒服。

唱名

[唱名][1] chàng//míng　高声点名。

[唱名][2] chàngmíng　指唱歌时所用的 do、re、mi、fa、sol、la、si（或 ti）七个固定音节。

超生

[超生][1] chāoshēng　①佛教用语，指人死后灵魂投生为人。②比喻为人开脱：笔下～。

[超生][2] chāoshēng　指超过计划生育指标生育。

沉着

[沉着][1] chénzhuó　镇静；不慌不忙：～应战|勇敢～。

[沉着][2] chénzhuó　非细胞性的物质（色素、钙质等）沉积在有机体的组织中。

成服

[成服][1] chéngfú　旧俗丧礼中死者的亲属穿上丧服叫作成服：遵礼～。

[成服][2] chéngfú　制成后出售的服装：该厂年生产～12 万件。

成家

[成家][1] chéng//jiā　（男子）结婚：～立业｜几个姐姐都出嫁了，哥哥也成了家。

[成家][2]chéng//jiā　成为专家：成名～。

成年

[成年][1]chéngnián　指人发育到已经成熟的年龄，也指高等动物或树木发育到已经长成的时期：～人｜～树｜孩子已经～。

[成年][2]chéngnián　整年：～累月｜～在外奔忙。

冲顶

[冲顶][1]chōngdǐng　足球比赛中运动员向前跃起用头顶球。

[冲顶][2]chōngdǐng　登山中临近顶峰时奋力攀登。

重播

[重播][1]chóngbō　已播过种子的地方重新播上种子。

[重播][2]chóngbō　（广播电台、电视台）重新播放已播放过的节目。

抽打

[抽打]chōudǎ　（用条状物）打：赶车人挥着鞭子，不时地～着牲口。

[抽打]chōu·da　用掸子、毛巾等在衣物上打，以除掉灰尘：大衣上满是土，得～～。

出槽

[出槽][1]chū//cáo　出栏。

[出槽][2]chū//cáo　（河、湖等）水漫到岸上。

葱白

[葱白]cōngbái　最浅的蓝色。

[葱白儿]cōngbáir　葱的茎。

D

（共30组）

打食

［打食］[1] dǎ//shí （～儿）（鸟兽）到窝外寻找食物。

［打食］[2] dǎ//shí 用药物帮助消化或使肠胃里停滞的东西排出体外。

打头

［打头］[1] dǎ//tóu （～儿）抽头。

［打头］[2] dǎ//tóu （～儿）带头；领先：谁先打个头｜～儿的都是小伙子。

［打头］[3] dǎtóu 〈方〉（～儿）从头：失败了再～儿来。

打眼

［打眼］[1] dǎ//yǎn （～儿）钻孔：往墙上打个眼儿｜～放炮。

［打眼］[2] dǎ//yǎn 〈方〉买东西没看出毛病，上了当：他没有经验，这件古董买～。

［打眼］[3] dǎ//yǎn 〈方〉惹人注意：这件红衣服真～。

大白

［大白］[1] dàbái 〈方〉粉刷墙壁用的白垩。

［大白］[2] dàbái （事情的原委）完全清楚：真相～｜～于天下。

大班

［大班］[1] dàbān 〈方〉①旧时称洋行的经理。②旧时称轿夫。

［大班］[2] dàbān 幼儿园里由五周岁至六周岁儿童所编成的班级。

大号

［大号］[1] dàhào 尊称他人的名字。

［大号］[2] dàhào （～儿）较大的型号：～皮鞋。

[大号][3] dàhào 管乐器，装有四个或五个活塞。吹奏时声音低沉雄浑。

大举

[大举][1] dàjǔ 大规模地进行(多用于军事行动)：～进攻。

[大举][2] dàjǔ 〈书〉重大的举动：共商～。

大气

[大气][1] dàqì 包围地球的气体，是干燥空气、水汽、微尘等的混合物。

[大气][2] dàqì 大的气度，大的气势：～磅礴。

[大气]dà·qi ①气度大，气势大：开阔～。②(样式、颜色等)大方，不俗气：～得体。

[大气儿]dàqìr 粗重的气息：吓得他～也不敢出。

大事

[大事][1] dàshì 重大的或重要的事情：国家～｜终身～。

[大事][2] dàshì 大力从事：～渲染。

大意

[大意]dàyì 主要的意思：段落～｜把他讲话的～记下来就行了。

[大意]dà·yi 疏忽；不注意：粗心～｜他太～了，连这样的错误都没检查出来。

大作

[大作][1] dàzuò 敬辞，称对方的著作：拜读～｜～有不少创见。

[大作][2] dàzuò 猛烈发作或发生：狂风～｜鼓乐～。

当心

[当心][1] dāngxīn 小心；留神：慢点儿走，～地上滑｜跟这种人打交道，你可千万～。

[当心][2]dāngxīn 〈方〉胸部的正中，泛指正中间：～一拳|拖拉机停在场院～。

倒运

[倒运][1]dǎo//yùn 〈方〉倒霉。

[倒运][2]dǎoyùn ①把甲地货物运到乙地出卖，再把乙地货物运到甲地出卖。②把货物从一地运到另一地；转运。

得人

[得人]dérén 〈书〉用人得当。

[得人儿]dérénr 〈方〉得人心。

得手

[得手]dé//shǒu 做事顺利；达到目的：屡屡～|侥幸～。

[得手]déshǒu 指得心应手；顺手：刀太笨，用起来不～|怎么～就怎么干吧。

底线

[底线][1]dǐxiàn ①足球、篮球、排球、羽毛球等运动场地两端的界线。②最低的条件；最低的限度：价位～|谈判～|道德～。也作底限。

[底线][2]dǐxiàn 暗藏在对方内部刺探情况或进行其他活动的人；内线。

地方

[地方]dìfāng ①中央下属的各级行政区划的统称（跟‘中央’相对）；中央工业和～工业同时并举。②军队方面指挥军队以外的部门、团体等。培养军队和～两用人才③本地；当地：他在农村的时候，常给～上的群众治病。

[地方]dì·fang ①（～儿）某一区域；空间的一部分；部位：你是什么～的人？|你听，飞机在什么～飞？|会场里人

都坐满了，没有～了｜我这个～有点儿疼。②部分：这话有对的～，也有不对的～。

地脚

[地脚]dìjiǎo　地头[2]：天头～。

[地脚]dì·jiǎo　〈方〉地基①承受建筑物重量的土层或岩层，土层一般经过夯实：挖～|打～。

地头

[地头][1]dìtóu　①(～儿)田地的两端：请大家在～休息一会儿。②〈方〉目的地：快到～了，你准备下车吧。③〈方〉(～儿)本地；当地：你～儿熟，联系起来方便。

[地头][2]dìtóu　书页下端的空白处。

地下

[地下]dìxià　①地面之下；地层内部：～水｜～铁道｜～商场。②秘密活动的；不公开的：～党｜～工作｜转入～。

[地下]dì·xia　地面上：钢笔掉在～｜～一点儿灰尘都没有，像洗过的一样。

点播

[点播][1]diǎnbō　播种方法之一，每隔一定距离挖一小坑放入种子。也叫"点种"(diǎnzhòng)。

[点播][2]diǎnbō　指定节目请广播电台、电视台播送：听众～的音乐节目。

点子

[点子][1]diǎn·zi　①液体的小滴：雨～。②小的痕迹：油～。③指打击乐器演奏时的节拍：鼓～。④〈方量词〉，表示少量：这个病抓～药吃就好了。

[点子][2]diǎn·zi　①关键的地方：这句话说到～上了｜劲儿没

使在～上。②主意；办法：出～｜想～。

定规

[定规]dìngguī ①一定的规矩；成规：月底盘点，已成～。②〈方〉一定（专指主观意志）：叫他不要去，他～要去。

[定规]dìng·gui 〈方〉决定：买发电机的事已经～好啦。

短款

[短款][1] duǎnkuǎn 款式较短的（服装）：～大衣。

[短款][2] duǎn//kuǎn 指结账时现金的数额少于账面的数额。

断案

[断案][1] duàn//àn 审判诉讼案件：秉公～。

[断案][2] duàn'àn 结论①。

断代

[断代][1] duàn//dài ①没有后代，断后[1]（duàn//hòu）。②比喻事业中断或后继无人：加紧培养接班人，不能让这种绝技～。

[断代][2] duàndài 按时代分成段落：～史｜对历史进行～研究。

断后

[断后][1] duàn//hòu 没有子孙延续。

[断后][2] duànhòu 军队撤退时，派一部分人在后面掩护，叫断后。

对号

[对号][1] duì//hào （～儿）①查对相合的号数：～入座。②与有关事物、情况对照，相互符合：理论要与现实～｜他说的与实际对不上号。

[对号][2] duìhào （～儿）表示正确的符号，用于批改学生作业或

试卷。如'O'、'√'等。

对开

[对开][1] duìkāi （车船等）由两个地点相向开行。

[对开][2] duìkāi ①印刷上指相当于整张纸的二分之一。②动词。对半分配，即双方各占一半。

对眼

[对眼][1] duì//yǎn 〈口〉形容词。合乎自己的眼光；满意：几块花布看着都不～。

[对眼][2] duìyǎn ①患内斜视的眼睛。②指患内斜视的人。

F

（共12组）

发送

[发送]fāsòng ①无线电发射机把无线电信号发射出去。②发出；送出：～文件｜这个火车站每天～旅客在五万人以上。

[发送]fā·song 办丧事，特指殡葬。

法场

[法场][1] fǎchǎng 僧道做法事的场所；道场。

[法场][2] fǎchǎng 旧时执行死刑的地方；刑场。

反叛

[反叛]fǎnpàn 叛变；背叛：～封建礼教。

[反叛]fǎn·pan 〈口〉叛变的人；背叛者。

反正

[反正]fǎnzhèng ①指重新归于正道：拨乱～。②敌方的军队或人员投到己方。

[反正]fǎn · zhèng ①表示情况虽然不同而结果并无区别：～去不去都是一样｜不管你怎么说，～他不答应。②表示坚决肯定的语气：你别着急，～不是什么要紧的大事。

方向

[方向]fāngxiàng ①指东、南、西、北等：在山里迷失了～。②正对的位置；前进的目标：军队朝渡口的～行进。

[方向]fāng · xiang 〈方〉情势：看～做事。

废物

[废物]fèiwù 失去原有使用价值的东西：～利用。

[废物]fèi · wu 比喻没有用的人（骂人的话）。

分别

[分别]1 fēnbié 离别：暂时～，不久就能见面｜他们～了好多年啦。

[分别]2 fēnbié ①辨别：～是非｜～轻重缓急。②按不同方式；有区别地：～对待｜～处理｜看不出有什么～。③分头；各自：会议商定，几个人～去做动员工作｜部队到达前沿，～进入阵地。④不同，差别：看不出有什么～。

分号

[分号]1 fēnhào 标点符号（；），表示一句话中间并列分句之间的停顿。

[分号]2 fēnhào 分店：本店只此一家，别无～。

分头

[分头]1 fēntóu 若干人分几个方面（进行工作）：～办理｜大家～去准备。

[分头][2]fēntóu 短头发向两边分开梳的式样：他留着～。

风光

[风光]fēngguāng 风景；景象：北国～｜～旖旎(yǐnǐ)｜青山绿水～好。

[风光]fēng·guang 〈口〉光荣；光彩，面子上好看：儿子有出息，母亲也觉得～。

风化

[风化][1]fēnghuà 风俗；社会公认的道德规范：有伤～。

[风化][2]fēnghuà ①由于长期的风吹日晒、雨水冲刷和生物的影响等，地壳岩石受到破坏或发生分解。②含结晶水的化合物在空气中失去结晶水。

风头

[风头]fēngtóu 风的势头。

[风头]fēng·tou 名词①比喻情势：避避～｜看～行事。②出头露面，显示个人的表现(含贬义)：出～｜～十足。

G

（共 11 组）

杠头

[杠头][1]gàngtóu 〈方〉杠夫的头目。

[杠头][2]gàngtóu 〈方〉爱抬杠(争辩)的人。

告诉

[告诉]gàosù 在刑事诉讼中，被害人或其法定代理人向法院提起诉讼：～到法院。

[告诉]gào·su 说给人，使人知道：请你～他，今天晚上七点钟开会。

隔断

[隔断]gé//duàn　阻隔；使断绝：高山大河不能～我们两国人民之间的联系和往来。

[隔断]gé·duan　用来把屋子分隔开的起遮挡作用的东西，如板壁、隔扇等。

跟班

[跟班]¹gēn//bān　随同某一劳动集体或学习集体（劳动或学习）：～干活儿｜～听课。

[跟班]²gēnbān　（～儿）旧时跟随在官员身边供使唤的人。也叫跟班儿的。

跟前

[跟前]gēnqián　①（～儿）身边；附近：请你到我～来｜她坐在窗户～的床上。②临近的时间：春节～。

[跟前]gēn·qian　身体的近旁（专指有无儿女说）：他～只有一个女儿。

拐子

[拐子]¹guǎi·zi　①竹木制成的绕线器具。形状略像'工'字，两头横木短，中间直木长。②下肢患病或有残疾的人走路拄的棍子，上端有短横木便于放在腋下拄着走。③〈口〉腿脚瘸的人。

[拐子]²guǎi·zi　拐骗人口、财物的人。

关门

[关门]¹guānmén　①比喻停业。②比喻把话说死，无商量余地。③比喻不愿容纳：～主义。④指最后的：～之作｜～弟子。

[关门]²guānmén　关口上的门。

管教

[管教][1]guǎnjiào 〈方〉管保。

[管教][2]guǎnjiào ①约束教导：严加～。②管制并劳教：～所 | 解除～。③指负责管制教育的人员。

光棍

[光棍]guānggùn 地痞；流氓。②〈方〉指识时务的人：～不吃眼前亏。

[光棍儿]guānggùnr 没有妻子的成年人；单身汉：打～(过单身汉的生活)。

过节

[过节]guò//jié ①在节日进行庆祝等活动。②指过了节日：～后咱们就开始做新的工作。

[过节儿]guòjiér 〈方〉①待人接物时所应重视的礼节或程序。②嫌隙：你们之间的～，你也有不是的地方。③细节；琐事：这虽是小～，但也不能忽视。

过门

[过门]guò//mén (～儿)女子出嫁到男家：刚～的新媳妇。

[过门儿]guòménr 唱段或歌曲的前后或中间，由器乐单独演奏的部分，具有承前启后的作用。

H

(共 12 组)

豪横

[豪横]háohèng 强横；仗势欺人。

[豪横]háo・heng 〈方〉性格刚强有骨气。

合计

[合计]héjì　合在一起计算：两处～六十人。

[合计]hé·ji　①盘算：他心里老～这件事。②商量：大家～～这事该怎么办。

合口

[合口][1]hé//kǒu　疮口或伤口长好。

[合口][2]hékǒu　适合口味：咸淡～｜味道～。

合拍

[合拍][1]hé//pāi　符合节奏，泛指相合，协调一致：两个人思路～。

[合拍][2]hépāi　①合作拍摄(影视片等)。②在一起拍照。

合体

[合体][1]hé//tǐ　合身。

[合体][2]hétǐ　汉字按结构可分独体、合体。合体是由两个或更多的独体合成的，如'解'由'刀、牛、角'合成，'横'由'木'和'黄'合成。

黑人

[黑人][1]Hēirén　指黑种人。

[黑人][2]hēirén　①姓名没有登记在户籍上的人。②躲藏起来不敢公开露面的人。

后天

[后天][1]hòutiān　明天的明天。

[后天][2]hòutiān　人或动物离开母体后单独生活和成长的时期(跟'先天'相对)：先天不足，～失调。

虎口

[虎口][1]hǔkǒu　比喻危险的境地：～脱险｜逃离～。

［虎口］[2] hǔkǒu　大拇指和食指相连的部分。

花冠

［花冠］[1] huāguān　花的组成部分之一，由若干花瓣组成。双子叶植物的花冠一般可分为合瓣花冠和离瓣花冠两大类。

［花冠］[2] huāguān　旧时妇女出嫁时戴的装饰华丽的帽子。

回生

［回生］[1] huíshēng　死后再活过来：起死～。

［回生］[2] huíshēng　对前一阶段已经学会的东西又感到生疏：几天不练琴，手指就～。

活路

［活路］huólù　①走得通的路：遇见白杨树向右转是一条～。②行得通的方法：他提出的技术革新方案，大家觉得是条～。③比喻能够生活下去的办法：得找条～，不能等着挨饿。

［活路］huó·lu　泛指各种体力劳动：粗细～他都会干｜家里～忙，我抽不开身。

火花

［火花］[1] huǒhuā　迸发的火焰：烟火喷出灿烂的～◇生命的～。

［火花］[2] huǒhuā　（～儿）火柴盒上的图案。

J

（共 11 组）

机动

［机动］[1] jīdòng　利用机器开动的：～车。

［机动］[2] jīdòng　①权宜（处置）；灵活（运用）：这笔经费你们可以～使用。②准备灵活运用的：～费｜～力量

机灵

[机灵][1]jī · ling （机伶）形容词。聪明伶俐；机智：这孩子怪～的。

[机灵][2]jī · ling 同“激灵”。〈方〉受惊吓猛然抖动：他吓得一～就醒了。

机制

[机制][1]jīzhì 用机器制造的：～纸｜～煤球。

[机制][2]jīzhì ①机器的构造和工作原理，如计算机的机制。②有机体的构造、功能和相互关系，如动脉硬化的机制。③指某些自然现象的物理、化学规律，如优选法中优化对象的机制。‖也叫机理。④泛指一个工作系统的组织或部分之间相互作用的过程和方式：市场～｜竞争～。

犄角

[犄角]jījiǎo （～儿）〈口〉名词①物体两个边沿相接的地方；棱角：桌子～。②角落：屋子～。

[犄角]jī · jiao 〈口〉名词。牛、羊、鹿等头上长的坚硬的东西，一般细长而弯曲，上端较尖：牛～。

急难

[急难][1]jí//nàn 〈书〉热心地帮助别人摆脱患难：扶危～｜急人之难。

[急难][2]jínàn 危急的事；患难：～之中见人心。

记事

[记事]jìshì ①把事情记录下来：～册。②记述历史经过。

[记事儿]jìshìr 指小孩儿对事物已经有记忆的能力：二十年前我跟妈妈到过上海，那时还不～，所以毫无印象。

家居

［家居］[1] jiājū 没有就业，在家里闲住。

［家居］[2] jiājū 指家庭居室：装点～｜～陈设。

结果

［结果］jiē//guǒ 长出果实：开花～。

［结果］[1] jiéguǒ ①在一定阶段，事物发展所达到的最后状态：优良的成绩，是长期刻苦学习的～②用在下半句，表示在某种条件或情况下产生某种结局：经过一番争论，～他还是让步了。

［结果］[2] jiéguǒ 将人杀死（多见于早期白话）。

结集

［结集］[1] jiéjí 把单篇的文章编在一起；编成集子：～出版。

［结集］[2] jiéjí 聚集；特指军队调动到某地聚集：～兵力｜在这个地区～了三个师。

惊醒

［惊醒］jīngxǐng ①受惊动而醒来：突然从梦中～。②使惊醒：别～了孩子。

［惊醒］jīng·xing 睡眠时容易醒来；他睡觉很～，有点儿响动都知道。

精神

［精神］jīngshén ①指人的意识、思维活动和一般心理状态：～面貌｜～错乱｜～上的负担。②宗旨，主要的意义：领会文件的～。

［精神］jīng·shen ①表现出来的活力：～焕发｜振作～。②活跃；有生气：越干越～｜这孩子大大的眼睛，挺～的。③英俊；相貌、身材好：瞧着小伙儿长得多～！

K

（共 16 组）

开播

[开播][1] kāibō　开始播种。

[开播][2] kāibō　①广播电台、电视台正式播放节目：庆祝电视台～五周年。②某一节目开始播放：这部电视连续剧～后收到不少观众来信｜春节联欢晚会今晚八点～。

开发

[开发]kāifā　①以荒地、矿山、森林、水力等自然资源为对象进行劳动，以达到利用的目的；开拓：～荒山｜～黄河水利｜～边疆。②发现或发掘人才、技术等供利用：～先进技术｜人才～中心。

[开发]kāi・fa　支付；分发：～车钱｜～喜钱。

开河

[开河][1] kāi//hé　河流解冻。

[开河][2] kāi//hé　开辟河道。

开化

[开化][1] kāihuà　①由原始的状态进入文明的状态。②思想开通，不封建不守旧：脑筋不～。

[开化][2] kāihuà　冰、雪开始融化。

开口

[开口][1] kāikǒu　①张开嘴说话：没等我～，他就抢先替我说了。②挖开缺口；裂开口子：～防水｜～榛子。③挖开或裂开的口子：衣领的～大大｜鞋子有个～

[开口][2] kāi//kǒu　开刃儿。

开通

[开通]kāitōng ①使原来闭塞的(如思想、风气等)不闭塞:~风气|~民智。②交通、通讯等线路开始使用:国内卫星通信网昨天~|这条公路已经竣工并~使用。

[开通]kāi·tong ①(思想)不守旧;不拘谨固执:思想~|老人学了文化,脑筋更~了。②使开通:让他多到外面去看看,~~他的思想。

开展

[开展][1]kāizhǎn ①使从小向大发展;使展开:~批评与自我批评|~科学技术交流活动。②从小向大发展:植树造林活动已在全国~起来。③开朗;开豁:思想~。

[开展][2]kāizhǎn 展览会开始展出:一年一度的春节花展明天~。

科考

[科考][1]kēkǎo 科学考察:深入南极腹地进行~。

[科考][2]kēkǎo 〈书〉科举考试:上京~|~落第。

磕碰

[磕碰]kēpèng ①东西互相撞击:还是买几个塑料的盘子好,禁得起~|这一箱瓷器没包装好,一路磕磕碰碰的,碎了不少。②〈方〉人和东西相撞:衣架放在走廊里,晚上走路的时候总是~。③比喻冲突:几家住一个院子,生活上出现一点~是难免的。

[磕碰儿]kē·pengr 〈方〉①器物上碰伤的痕迹:花瓶口上有个~。②比喻挫折:不能遇到点儿~就泄气。

空门

[空门][1]kōngmén 指佛教,因佛教认为世界是一切皆空的:遁

入～(出家为僧尼)。

[空门][2] kōngmén （～儿)指某些球类比赛中因守门员离开而无人把守的球门：面对～却把球踢飞了。

口齿

[口齿][1] kǒuchǐ 说话的发音；说话的本领：～清楚(咬字儿正确)｜～伶俐(说话流畅)。

[口齿][2] kǒuchǐ 指马、驴、骡等的年龄。

口服

[口服][1] kǒufú 口头上表示信服：～心不服。

[口服][2] kǒufú 内服：～药｜～液。

口轻

[口轻][1] kǒuqīng ①菜或汤的味儿不咸：我喜欢吃～的，请你少放点儿盐。②指人爱吃味道淡一些的饮食：他～，不喜欢吃太咸的东西。

[口轻][2] kǒu//qīng （驴、马等)年龄小：～的骡子。也说口小。

口音

[口音]kǒuyīn 发音时软腭上升，阻住鼻腔的通道，气流专从口腔出来的叫作口音，对鼻音(口腔不通气，鼻腔通气)和鼻化元音(口腔鼻腔都通气)而言。普通话语音中 m，n，ng 三个是鼻音，ng 尾韵儿化以后前面的元音变成鼻化元音，其余都是口音，如 a，e，o，b，p，f 等。

[口音]kǒu・yīn ①说话的声音：听他的～，好像是山东人。②方音：有～(说话带方音)｜～很重。

口子

[口子][1] kǒu・zi 量词，指人：你们家有几～？②跟“那、这”连用，称说自己或别人的配偶：我们家那～整天很忙。

[口子][2]kǒu · zi ①(山谷、水道等)大的豁口：山谷的～上有一座选矿厂。②(人体、物体的表层)破裂的地方：不小心手上拉(lá)了一个～。

苦头

[苦头]kǔtóu (～儿)稍苦的味道：这口井的水带点儿～儿。

[苦头]kǔ · tóu (～儿)苦痛；磨难；不幸：吃尽～｜什么～我都尝过了。

L

(共 7 组)

来路

[来路]láilù ①向这里来的道路：洪水挡住了运输队的～。②来源：断了生活～。

[来路]lái · lu 来历：～不明的人。

劳动

[劳动]láodòng ①人类创造物质或精神财富的活动：体力～｜脑力～。②专指体力劳动：～锻炼。③进行体力劳动：他～去了。

[劳动]láo · dong 敬辞，烦劳：～您跑一趟。

里手

[里手][1]lǐshǒu (～儿)赶车或操纵器械时指车或器械的左边，也泛指靠里的一边：骑自行车的人大都是从～上车。

[里手][2]lǐshǒu 内行；行家：行家～。

立地

[立地][1]lìdì ①立在地上：顶天～｜～书橱(比喻学识渊博的人)。②林业上指树木生长的地方和气候、水文等条

件：～不同，树木的生长就有差异。

[立地][2] lìdì 立刻：放下屠刀，～成佛。

利害

[利害]lìhài 利益和损害：不计～｜～得失｜～攸关(利害所关，指有密切的利害关系)。

[利害]lì·hai 同'厉害'。难以对付或忍受；剧烈；凶猛：心跳得～｜天热得～｜这着棋十分～｜这人可真～。

流放

[流放][1] liúfàng 把犯人放逐到边远地方。

[流放][2] liúfàng 把原木放在江河中顺流运输。

落草

[落草][1] luòcǎo 到山林当强盗(多见于早期白话)：～为寇。

[落草][2] luòcǎo 〈方〉(～儿)指婴儿出生。

M

(共11组)

麻花

[麻花][1] máhuā (～儿)食品，把两三股条状的面拧在一起，用油炸熟。

[麻花][2] máhuā 〈方〉(～儿)形容衣服因穿久了磨损成要破没破的样子：两只袖子都～了。

买单

[买单][1] mǎidān 金融市场作为买入凭证的单据。

[买单][2] mǎidān 〈方〉见埋单。在饭馆用餐后结账付款，泛指付款。原为粤语，传入北方话地区后多说买单。

满怀

[满怀][1] mǎnhuái ①心中充满：～信心｜豪情～。②指整个前胸部分：没留神跟他撞了个～。

[满怀][2] mǎnhuái 指所饲养的适龄的母畜全部怀孕。

满月

[满月][1] mǎn//yuè （婴儿）出生后满一个月。

[满月][2] mǎnyuè 也叫望月 wàngyuè 望日的月亮。

眉目

[眉目] méimù ①眉毛和眼睛，借指容貌：～清秀。②指文章、文字的纲要；条理：～不清｜在重要的字句下面划上红道，以清～。

[眉目] méi·mu 事情的头绪：把事情弄出点～再走。

门道

[门道] méndào 门洞儿。

[门道] mén·dao 门路①做事的诀窍；解决问题的途径：农业增产的～很多｜外行看热闹，内行看～。

面糊

[面糊] miànhù ①用面粉加水调匀而成的糊状物。②〈方〉糨糊。

[面糊] miàn·hu 〈口〉食物纤维少而柔软：白薯蒸熟了，很～。

民运

[民运][1] mínyùn ①有关人民生活物资的运输工作。②民营的运输业。

[民运][2] mínyùn 指民众运动：～工作｜～干事。

名家

[名家][1] Míngjiā 先秦时期以辩论名实问题为中心的一个思想

派别，以惠施、公孙龙为代表。名家的特点是用比较严格的推理形式来辩论问题，但有时流于诡辩。它对我国古代逻辑学的发展有一定贡献。

[名家]²míngjiā 在某种学术或技能方面有特殊贡献的著名人物。

命题

[命题]¹mìng//tí 出题目：～作文。

[命题]²mìngtí 逻辑学指表达判断的语言形式，由系词把主词和宾词联系而成。例如：'北京是中国的首都'，这个句子就是一个命题。

磨牙

[磨牙]¹mó//yá 〈方〉指多费口舌；无意义地争辩。

[磨牙]²móyá 牙的一种，成人的磨牙上下颌各六个，在口腔后方的两侧，牙冠上有疣状突起，便于磨碎食物。通称槽牙或臼齿。

N

（共 7 组）

男人

[男人]nánrén 男性的成年人。

[男人]nán・ren 丈夫(zhàng・fu)。

内心

[内心]¹nèixīn 心里头：～深处｜发自～的笑。

[内心]²nèixīn 三角形三个内角的平分线相交于一点，这个点叫做三角形的内心。内心也是三角形内切圆的圆心。

泥胎

[泥胎]nítāi 尚未用金粉(或金箔)、颜料装饰过的泥塑的偶像。

[泥胎儿]nítāir 没有经过烧制的陶器坯子。

农家

[农家][1]nóngjiā 从事农业生产的人家：～生活|～子弟。

[农家][2]Nóngjiā 先秦时期反映农业生产和农民思想的学术派别。著作目录见于《汉书·艺文志》，多已失传。

女工

[女工][1]nǚgōng ①女性的工人。②旧时指女用人。

[女工][2]nǚgōng 旧时指女子所做的纺织、缝纫、刺绣等工作和这些工作的成品。也作女红。

女人

[女人]nǚrén 女性的成年人。

[女人]nǚ·ren 妻子(qī·zi)。

暖房

[暖房][1]nuǎn//fáng ①旧俗在亲友结婚的前一天前往新房贺喜。②温居。

[暖房][2]nuǎnfáng 温室。

P

(共10组)

跑车

[跑车][1]pǎo//chē 〈口〉列车员随车工作。

[跑车][2]pǎochē ①赛车。②林区运木材用的一种车。

配搭

[配搭]pèidā ①跟主要的人或事物合在一起做陪衬：这出戏，

配角儿～得不错。②搭配。

[配搭儿]pèi·dar 帮助或陪衬主要事物的人或物：我唱不了主角，给你当个～还行。

配方

[配方][1] pèi//fāng 把不完全平方式变为完全平方式叫作配方。

[配方][2] pèifāng ①(－//－)根据处方配制药品。②指药品、化学制品、冶金产品等的配制方法。

配合

[配合]pèihé ①各方面分工合作来完成共同的任务：他两人的双打～得很好。②机械或仪器上关系密切的零件结合在一起，如轴与轴瓦等。

[配合]pèi·he 合在一起显得合适，相称：绿油油的枝叶衬托着红艳艳的花朵，那么～，那么美丽。

劈刀

[劈刀][1] pīdāo 刀背较厚的刀，用来劈竹子、木头等。

[劈刀][2] pīdāo 用军刀劈杀的技术。

偏食

[偏食][1] piānshí 日偏食和月偏食的统称。

[偏食][2] piānshí 只喜欢吃某几种食物，如只喜欢吃鱼、肉，而不喜欢吃蔬菜。

票房

[票房][1] piàofáng (～儿)①戏院、火车站、轮船码头等处的售票处。②指票房价值：这部影片全市～已经突破一千万。

[票房][2] piàofáng (～儿)旧时指票友聚会练习的处所。

贫气

[贫气][1]pín·qi　行动、态度不大方；小气。

[贫气][2]pín·qi　絮叨可厌：一句话说了又说，真～。

扑打

[扑打]pūdǎ　用扁平的东西猛然朝下打：～蝗虫。

[扑打]pū·da　轻轻地拍：～身上的雪花。

铺盖

[铺盖]pūgài　平铺着盖：把草木灰～在苗床上。

[铺盖]pū·gai　褥子和被子。

Q

(共 7 组)

千斤

[千斤]qiānjīn　多形容责任重：～重担(zhòng dàn)。

[千斤]qiān·jin　①千斤顶的简称。②机器中防止齿轮倒转的装置，由安置在轴上的有齿零件和弹簧等组成。

抢点

[抢点][1]qiǎngdiǎn　晚点的车、船、飞机，为赶正点而加快行驶速度：列车正～运行。

[抢点][2]qiǎngdiǎn　①足球等比赛时球员抢占有利于射门的位置：6 号队员～射门。②泛指抢先占据有利的位置：保险公司～寿险市场。

青皮

[青皮][1]qīngpí　〈方〉无赖：～流氓。

[青皮][2]qīngpí　中药上指未成熟的橘子的果皮或幼果。

青丝

[青丝][1] qīngsī 〈书〉黑发，多指女子的头发：一缕～|三尺～。

[青丝][2] qīngsī 青梅等切成的细丝，放在糕点馅内，或放在糕点面上做点缀。

清亮

[清亮]qīngliàng 清脆响亮：嗓音～|～的歌声。

[清亮]qīng·liang ①清澈：～的河水。②明白：心里一下子～了。③〈方〉清楚；清晰：石碑上的字迹看不～。

清音

[清音][1] qīngyīn ①曲艺的一种，流行于四川、重庆，用琵琶、二胡等伴奏。②旧时婚丧仪式中所用的吹奏乐。

[清音][2] qīngyīn 发音时声带不振动的音。

球台

[球台][1] qiútái ①球体被两个平行平面所截而夹在两平面中间的部分。

[球台][2] qiútái 打台球、乒乓球等用的像桌子的东西。

R

(共 7 组)

燃点

[燃点][1] rándiǎn 加热使燃烧；点着：～灯火。

[燃点][2] rándiǎn 某种物质着火燃烧所需要的最低温度叫做这种物质的燃点。也叫着火点。

热炒

[热炒][1] rèchǎo 炒出来趁热吃的菜肴(对“冷盘”而言)。

[热炒][2] rèchǎo 大事炒作：赛事题材一再被媒体～。

人家

[人家]rénjiā (～儿)①住户：这个村子有百十户～。②家庭：勤俭～。③指女子未来的丈夫家：她已经有了～儿了。

[人家]rén·jia ①指自己或某人以外的人；别人：～都不怕，就你怕｜～是人，我也是人，我就学不会？②指某个人或某些人，意思跟“他”或“他们”相近：你把东西快给～送回去吧。③指“我”(有亲热或俏皮的意味)：原来是你呀，差点儿没把～吓死！

人流

[人流][1]rénliú 像河流似的连续不断的人群：不尽的～涌向广场。

[人流][2]rénliú 人工流产的简称。

人性

[人性]rénxìng 在一定的社会制度和一定的历史条件下形成的人的本性。

[人性]rén·xing 人所具有的正常的感情和理性：不通～｜灭绝～。

仁义

[仁义]rényì 仁爱和正义：～道德。

[仁义]rén·yi 〈口〉性情和顺善良。

肉头

[肉头]ròutóu 〈方〉①软弱无能；软弱可欺。②傻：他净办这种～事！③〈方〉性子慢，动作迟缓：～脾气｜那个人太～，一点儿利索劲儿也没有。

[肉头]ròu·tou 〈方〉丰满而柔软；软和：这孩子的手多～！｜这种米做出来的饭挺～。

S

(共29组)

洒落

[洒落][1]sǎluò 分散地落下：一串串汗珠～在地上。

[洒落][2]sǎluò 潇洒；洒脱：谈笑～|丰姿～。

丧气

[丧气]sàng//qì 因事情不顺利而情绪低落：灰心～|垂头～。

[丧气]sàng·qi 倒霉；不吉利：～话。

煞车

[煞车][1]shā//chē 把车上装载的东西用绳索紧勒在车身上。

[煞车][2]shāchē 同"刹车"(shā//chē)。①用闸等止住车的行进。②停止或断开动力来源，使机器停止运转。③比喻停止或制止：浮夸风必须～。④指机动车的制动器：～不灵。

煞气

[煞气][1]shà//qì 内充气体的器物因有小孔而慢慢漏气：车带～了。

[煞气][2]shàqì ①凶恶的神色。②迷信的人指不详之气，不吉利的征兆。

上报

[上报][1]shàng//bào 刊登在报纸上：老张的模范事迹上了报了。

[上报][2]shàngbào 向上级报告：年终决算要及时填表～。

上门

[上门][1]shàng//mén (～儿)①到别人家里去；登门：送货～。②〈方言〉指入赘：～女婿。

[上门]² shàng//mén ①上门闩。②指商店停止营业。～关张。

上任

[上任]¹ shàng//rèn 指官吏就职：走马～。

[上任]² shàngrèn 称前一任的官吏。

上身

[上身]shàng//shēn 新衣初次穿在身上：这件新褂子刚～就撕了个口子。

[上身]shàngshēn ①身体的上半部：他～只穿一件衬衫。②(～儿)上衣：她穿着白～，花裙子。

上手

[上手]¹ shàngshǒu ①位置较尊的一侧。也作上首。②(～儿)上家。

[上手]² shàng//shǒu ①〈方〉动手：这事我一个人干就行了，你们就不用～了。②开始：今天这场球一～就打得很顺利。

上天

[上天]¹ shàng//tiān ①上升到天空：人造卫星～。②迷信的人指到神佛仙人所在的地方。也用作婉词，指人死亡。

[上天]² shàngtiān 迷信的人指主宰自然和人类的天：～保佑。

上装

[上装]¹ shàng//zhuāng 演员化装。

[上装]² shàngzhuāng 上衣。

烧纸

[烧纸]shāo//zhǐ 迷信的人烧纸钱等，认为可供死者在阴间

使用。

[烧纸]shāo·zhi　纸钱的一种,在较大的纸片上刻出或印上钱形。

生气

[生气]¹shēng//qì　因不合心意而不愉快:孩子考试成绩很差,妈妈非常~|快去认个错吧,他还在生你的气呢!

[生气]²shēngqì　生命力;活力:~勃勃|青年是最有~的。

生人

[生人]¹shēng//rén　(人)出生(用于时间词后):他是1949年~。

[生人]²shēngrén　不认识的人(跟"熟人"相对):孩子怕见~。

生息

[生息]¹shēng//xī　取得利息:钱存银行~。

[生息]²shēngxī　①生活;生存:我们的祖先曾在这块土地上劳动~过。②〈书〉繁殖(人口):休养~。③〈书〉使生长:~力量。

生意

[生意]shēngyì　富有生命力的气象;生命力,活力:~盎然|百花盛开,百鸟齐鸣,大地上一片蓬勃的~。

[生意]shēng·yi　①指商业经营;买卖:做~|~兴隆。②〈方〉指职业:停~(解雇)。

生油

[生油]¹shēngyóu　没有熬过的油。

[生油]²shēngyóu　〈方〉花生油。

时令

[时令]shílìng　季节:~已交初秋,天气逐渐凉爽。

[时令]shí·lìng 〈方〉指时令病：闹～。

世故

[世故]shìgù 处世经验：人情～|老于～。

[世故]shì·gu （处事待人）圆滑，不得罪人：这人有些～，不大愿意给人提意见。

试播

[试播][1]shìbō 新种植、新播种方法推广前，先在小范围内进行实验性播种，以检验其质量和效果。

[试播][2]shìbō ②新建立的广播电台或电视台进行实验性播放，以检验设备的性能是否合乎要求。①节目正式播放前为听取意见先在一定范围内播放。

试探

[试探]shìtàn 试着探索（某种问题）：～找出解决问题的更为妥善的办法。

[试探]shì·tan 用含义不很明显的言语或举动引起对方的反应，借以了解对方的意思：先～一下他的口气。

受用

[受用]shòuyòng 享用；得益：学会这种本领，一辈子～不尽。

[受用]shòu·yong 身心舒服（多用于否定式）：听了这番话，他心里很不～。

授命

[授命][1]shòumìng 〈方〉献出生命：见危～｜临危～。

[授命][2]shòumìng 下命令（多指某些国家的元首下命令）：总统～总理组阁。

水印

[水印][1]shuǐyìn 指我国传统的用木刻印刷绘画作品的方法。

调和颜料用水，不用油质，跟一般彩印法不同，所以称为水印。

[水印][2] shuǐyìn （～儿）①在造纸生产过程中用改变纸浆纤维密度的方法制成的有明暗纹理的图形或文字。②水渗在某些物体上，干后留下的痕迹。

[水印][3] shuǐyìn （～儿）〈方〉旧时商店的正式图章。

说法

[说法]shuōfǎ 讲解佛法。

[说法]shuō·fa ①措辞：改换一个～|一个意思可以有两种～。②意见；见解："后来居上"是一种鼓舞人向前看的～。③指处理问题的理由和根据：向上级讨个～。

私房

[私房]sīfáng 属于私人的房屋：祖上留下一处～

[私房]sī·fang ①家庭成员个人积蓄的(财物)：～钱。②不愿让外人知道的：～话。

死信

[死信][1] sǐxìn （～儿）人死了的消息。

[死信][2] sǐxìn 无法投递的信件。

四体

[四体][1] sìtǐ 〈书〉指人的四肢：～不勤，五谷不分。

[四体][2] sìtǐ 汉字的四种主要字体，即楷、草、隶、篆。

松散

[松散]sōngsǎn ①(事物结构)不紧密；(精神)不集中：故事情节～。②关系不密切：～的联盟。③(制度、纪律等)执行不严格：纪律～。

[松散]sōng·san 使轻松舒畅：房里太热，出来～～。

T

（共 21 组）

抬杠

[抬杠][1] tái//gàng 〈口〉争辩（多指无谓的）：～拌嘴。

[抬杠][2] tái//gàng 指用杠抬运灵柩。

弹奏

[弹奏][1] tánzòu 用手指或器具演奏（某种乐器）：～钢琴｜～冬不拉。

[弹奏][2] tánzòu 〈书〉向帝王检举官吏的罪状或过失。

套播

[套播][1] tàobō 也叫套作。在某一种作物生长的后期，在行间播种另一种作物，以充分利用地力和生长期，增加产量。

[套播][2] tàobō 电台、电视台在固定时间和固定栏目中重复地播放（广告等）。

特务

[特务]tèwù 军队中指担任警卫、通信、运输等特殊任务的，如～员、～连、～营。

[特务]tè・wu 经过特殊训练，从事刺探情报、颠覆、破坏等活动的人。

填房

[填房]tián//fáng 指女子嫁给死了妻子的人。

[填房]tián・fang 指前妻死后续娶的妻子。

调剂

[调剂][1] tiáojì 把多和少、忙和闲等加以适当的调整：～物资｜～生活｜娱乐可以～精神。

[调剂][2] tiáojì 根据医生的处方配制药物。

调制

[调制][1] tiáozhì　使电磁波的振幅、频率或脉冲的有关参数依照所需传递的信号而变化。

[调制][2] tiáozhì　调配制作：～鸡尾酒。

贴边

[贴边][1] tiē//biān　（～儿）①紧靠着边缘：贴着边儿走。②挨边；沾边：你说的话和事实不～儿。

[贴边][2] tiēbiān　缝在衣服里子边上的窄条，一般跟面儿用同样的料子。

听信

[听信]tīngxìn　听到而相信（多指不正确的话或消息）：～谣言｜～一面之词。

[听信]tīng//xìnr　〈口〉等候消息：今天晚上开会就决定这件事儿，你～吧｜听到什么信儿就告诉我。

通电

[通电][1] tōng//diàn　使电流通过；输送电能：山区村村都通了电。

[通电][2] tōngdiàn　①把宣布政治上某种主张的电报拍给有关方面，同时公开发表：～全国。②公开发表的宣布政治上某种主张的电报：大会～｜发出～。

通读

[通读][1] tōngdú　从头到尾阅读全书或全文：～课文｜书稿已～一遍。

[通读][2] tōngdú　读懂；读通：他上过几年私塾，浅近的文言文已能～。

通名

[通名][1] tōng//míng 说出自己的姓名(旧戏曲、小说描写武将交战时多用):来将~!

[通名][2] tōng míng ①通用的名称。②指某些专有名词中反映类别属性的部分,如“淮河”这个专有名词中“河”是通名(区别于“专名”)。

同房

[同房][1] tóng//fáng ①在同一房间住宿。②婉词,指夫妻过性生活。

[同房][2] tóngfáng 指家族中同一支的:~兄弟。

头路

[头路][1] tóulù 头等(货物等):~货。

[头路][2] tóulù 〈方〉①头发朝不同方向梳时中间露出头皮的一道缝儿。②头绪:摸不着~。③门路:找工作没有~。

投注

[投注][1] tóuzhù ①(精神、力量等)集中;倾注:把全副精力~到扶贫工程中|大家的目光都~在厂长身上。②投放注入(资金等)。

[投注][2] tóu//zhù(在博彩活动中)投进去财物:彩票~站。

透亮

[透亮]tòu · liang ①透明;明亮:这块翡翠多么~|这间房子又向阳,又~。②明白:经你这么一说,我心里就~了。

[透亮儿]tòu//liàngr 透过光线:玻璃窗~|那间房子不~。

透析

[透析][1] tòuxī 透彻分析:一周国际形势~|这部书从美学的角度~了诗歌创作的方法。

[透析][2] tòuxī　①渗析。②医学上指利用渗透技术把体液中的毒素和代谢产物排除体外。

突出

[突出][1] tūchū　冲出：～重围。

[突出][2] tūchū　①鼓出来：悬崖～｜～的颧骨。②超过一般地显露出来：成绩～。③使超过一般：～重点｜～个人。

图书

[图书]túshū　图片和书刊，一般指书籍：～目录｜～资料。

[图书]tú・shu 指图章。

吐气

[吐气][1] tǔ//qì　发泄出积在胸中的委屈或怨恨而感到痛快：扬眉～。

[吐气][2] tǔ qì　语音学上指送气。

推展

[推展][1] tuīzhǎn　推动；进展：沉积的泥沙填满了海湾，促使海岸向前～｜两国关系持续～。

[推展][2] tuīzhǎn　推介展销：商场举办羊绒精品～活动。

W

(共 4 组)

外心

[外心][1] wàixīn　由于爱上了别人而产生的对自己的配偶不忠诚的念头，旧时也指臣子勾结外国的念头。

[外心][2] wàixīn　三角形三条边的垂直平分线相交于一点，这个点叫做三角形的外心。外心也是三角形外接圆的圆心。

婉辞

[婉辞][1]wǎncí 婉言。也作婉词。

[婉辞][2]wǎncí 婉言拒绝：他～了对方的邀请。

文气

[文气]wénqì 贯穿在文章里的气势；文章的连贯性。

[文气]wén·qi 文静；不粗暴。

文饰

[文饰][1]wénshì 文辞方面的修饰：这段描写，～较少。

[文饰][2]wénshì 掩饰(自己的过错)。

X

(共18组)

袭取

[袭取][1]xíqǔ 出其不意地夺取(多用于武装冲突)：～敌人的营地。

[袭取][2]xíqǔ 沿袭地采取：后人～这个故事，写成了戏。

下场

[下场][1]xià//chǎng ①演员或运动员退场。②旧时指到考场应考。

[下场][2]xiàchǎng 人的结局(多指不好的)：没有好～｜可耻的～。

下手

[下手][1]xià//shǒu 动手；着手：先～为强｜无从～｜我们还没到，人家就下了手了。

[下手][2]xiàshǒu (～儿)①(～儿)下家。②(～儿)助手：打～(担任助手)。③也作下首。位置较卑的一侧，就室内

说，一般指靠外的或靠右的（左右以人在室内而脸朝外时为准）。

下水

［下水］[1] xià//shuǐ ①进入水中：新船～典礼。②把某些纺织品、纤维等浸在水中使收缩。③指做坏事：拖人～。

［下水］[2] xiàshuǐ 向下游航行的：～船。

［下水］xià·shui 用作食品的牲畜的内脏，有些地区专指肚子（dǔ·zi）和肠子：猪～。

下网

［下网］[1] xiàwǎng 设置罗网，多指在水中安设渔网：～捕鱼。

［下网］[2] xiàwǎng 在互联网上结束信息的简索、查询等，操作计算机等推出互联网（跟“上网”相对）。

下装

［下装］[1] xià//zhuāng 卸装。

［下装］[2] xiàzhuāng 下身穿的衣服。

现世

［现世］[1] xiànshì 今生；这一辈子：～报。

［现世］[2] xiànshì 出丑；丢脸：活～。

香烟

［香烟］[1] xiāngyān ①燃着的香所生的烟：～缭绕。②旧指子孙祭祀祖先的事情：断了～（指断绝了后代）。也说香火。

［香烟］[2] xiāngyān 纸里包烟丝和配料卷成的条状物，供吸用。也叫纸烟、卷烟、烟卷儿。

想法

［想法］xiǎng//fǎ 设法；想办法：～消灭虫害。

[想法]xiǎng · fa　思索所得的结果；意见：这个～不错｜有什么～可以说出来。

相机

[相机][1]xiàngjī　照相机。

[相机][2]xiàngjī　察看机会：～行事（看具体情况灵活办事）｜～而动。

消耗

[消耗][1]xiāohào　①（精神、力量、东西等）因使用或受损失而渐渐减少：～精力｜～能量｜高产、优质、低～。②使消耗：～敌人的有生力量。

[消耗][2]xiāohào　音信（多见于早期白话）：杳无～。

消息

[消息]xiāo · xi　①关于人或事物情况的报道：财经～｜最新～。②指人或事物的动向或变化的情况；音信：去后再无～。

[消息儿]xiāo · xir　〈方〉物件上暗藏的简单的机械装置，一触动就能牵动其他部分。

小节

[小节][1]xiǎojié　指与原则无关的琐碎的事情：不拘～｜生活～。

[小节][2]xiǎojié　音乐节拍的段落，乐谱中用一竖线隔开。

效力

[效力][1]xiào//lì　效劳：为教育事业～。

[效力][2]xiàolì　事物所产生的有利的作用：药的～很大｜你的劝告对他没有～。

邪行

[邪行]xiéxíng　不正当的行为。

[邪行]xié · xing　〈方〉特殊；特别（多含贬义）：天气冷得～｜他

们俩好得～。

星火

[星火][1] xīnghuǒ　微小的火：～燎原。

[星火][2] xīnghuǒ　流星的光，多用于比喻：急如～。

修好

[修好][1] xiū//hǎo　〈方〉行好；行善：～积德 | 你修修好吧，再宽限几天。

[修好][2] xiūhǎo　〈书〉亲善友好：两国从此～。

旋子

[旋子] xuán · zi　圈儿：蝙蝠见了火光惊飞起来，打了几个～，消失在黑暗中。

[旋子] xuàn · zi　武术的一种动作，甩臂，拧腰，旋腿，平身跃起，双脚落地。

Y

(共 21 组)

压制

[压制][1] yāzhì　竭力限制或制止；抑制：不要～批评 | ～不住自己的愤怒。

[压制][2] yāzhì　用压的方法制造：～砖坯。

牙床

[牙床][1] yáchuáng　齿龈的通称。

[牙床][2] yáchuáng　有象牙雕刻装饰的床。也泛指装饰精美的床。

牙石

[牙石][1] yáshí　结成硬块的牙垢。

[牙石][2] yáshí 指“缘石”(yuán shí)。砌在车行道与人行道交界线上的长条形砖或混凝土块，通常略高出车行道的路面。

烟花

[烟花][1] yānhuā ①〈书〉指春天艳丽的景物。②旧时指妓女：沦为～|～女|～巷。

[烟花][2] yānhuā 烟火(yān・huo)：～爆竹。

烟火

[烟火]yānhuǒ ①烟和火：动～(指生火做饭)|建筑工地严禁～。②烟火食：不食人间～。③〈书〉烽火；战火。④旧时指祭祀祖先的事。借指后嗣：绝了～。

[烟火]yān・huo 燃放时能发出各种颜色的火花而供人观赏的东西，主要是在火药中搀入锶、锂、铝、钡、镁、钠、铜等金属盐类，并用纸裹成，种类不一。也叫烟花，焰火。

言语

[言语]yányǔ 说的话：～粗鲁|～行动。

[言语]yán・yu 〈口〉说；说话：你走的时候～一声儿|问你话呢，你怎么不～？

眼线

[眼线][1] yǎnxiàn 化妆时在上下眼皮边沿画的线条(多为黑色)：描～。

[眼线][2] yǎnxiàn 暗中侦察情况、必要时担任向导的人。

洋装

[洋装][1] yángzhuāng 西服。

[洋装][2] yángzhuāng 西式的书籍装订方法，装订的线藏在书皮里面：～书。

一线

[一线][1] yīxiàn ①战争的最前线。②第一线：深入车间慰问～工人。

[一线][2] yīxiàn 形容极其细微：～阳光|～光明|～希望|～生机。

引领

[引领][1] yǐnlǐng 引导；带领：由当地人～，穿过丛林。

[引领][2] yǐnlǐng 〈书〉伸直脖子（远望），形容盼望殷切。

印花

[印花][1] yìn//huā （～儿）将有色花纹或图案印到纺织品等上去。

[印花][2] yìnhuā 由政府有关部门发售，规定贴在契约、凭证等上面，作为税款的一种特制印刷品。全称印花税票。

营生

[营生]yíngshēng 谋生活：船户们长年都在水上～。

[营生]yíng·sheng（～儿）〈方〉职业；工作：找个正经～|地里的～他都拿得起来。

应变

[应变][1] yìngbiàn 应付突然发生的情况：随机～|他的～能力很强。

[应变][2] yìngbiàn 物体由于外因（受力、温度变化等）或内在缺陷，它的形状尺寸所发生的相对改变。

用人

[用人]yòng//rén ①选择与使用人员：～不当|善于～。②需要人手：现在正是～的时候。

[用人]yòng·ren 仆人：女～。

用心

[用心]yòng//xīn　集中注意力;多用心力:学习～|～听讲。

[用心]yòngxīn　怀着的某种念头:～良苦|险恶～|别有～。

油饼

[油饼][1]yóubǐng　油料作物的种子榨油后剩下的压成饼状的渣滓,如豆饼、花生饼等,多用作饲料和肥料。

[油饼][2]yóubǐng　(～儿)油炸的一种面食,扁而圆,多用做早点。

油嘴

[油嘴][1]yóuzuǐ　①说话油滑,善于狡辩:～滑舌。②油嘴的人。

[油嘴][2]yóuzuǐ　(～儿)喷油的喷嘴。

鱼白

[鱼白][1]yúbái　①鱼的精液。②〈方〉鱼鳔。某些鱼类体内可以涨缩的囊状物。

[鱼白][2]yúbái　鱼肚白:东方一线～,黎明已经到来。

原本

[原本][1]yuánběn　①底本;原稿(区别于传抄本)。②初刻本(区别于重刻本)。③翻译所根据的原书。

[原本][2]yuánběn　原来;本来:他～是学医的,后来改行搞戏剧。

约数

[约数][1]yuēshù　(～儿)大约的数目。

[约数][2]yuēshù　一个数能够整除另一数,这个数就是另一数的约数。如2,3,4,6都能整除12,因此2,3,4,6都是12的约数。也叫因数。

运气

[运气]yùn//qì 把力气贯注到身体某一部分：他一～，把石块搬了起来。

[运气]yùn·qi ①命运：～不佳。②幸运：你真～，中了头等奖。

Z

（共29组）

造化

[造化]zàohuà 〈书〉①自然界的创造者，也指自然。②创造，化育。

[造化]zào·hua 福气；运气：有～。

展期

[展期][1]zhǎnqī 把预定的日期往后推迟或延长：报名工作～至五月底结束。

[展期][2]zhǎnqī 展览的时期；展览的期限：～为十五天。

战机

[战机][1]zhànjī ①适于战斗的时机：抓住～。②战事的机密：泄露～。

[战机][2]zhànjī 作战用的飞机：出动～拦截。

招子

[招子][1]zhāo·zi ①招贴。②挂在商店门口写明商店名称的旗子或其他招揽顾客的标志。

[招子][2]zhāo·zi 办法、计策或手段。

照应

[照应]zhàoyìng 配合；呼应：互相～|前后～。

[照应]zhào·ying 照料：一路上乘务员对旅客～得很好。

整点

[整点][1] zhěngdiǎn 整理和清点：～人马|家具用品都已～清楚。

[整点][2] zhěngdiǎn 以小时为单位表示整数的钟点：～报时|～新闻。

正方

[正方][1] zhèngfāng 呈正方形或立方体的：～盒子。

[正方][2] zhèngfāng 指辩论中对某一论断持赞成意见的一方（跟“反方”相对）。

正色

[正色][1] zhèngsè 〈书〉纯正的颜色，指青、黄、赤、白、黑等色。

[正色][2] zhèngsè 态度严肃；神色严厉：～拒绝|～直言。

正义

[正义][1] zhèngyì ①公正的、有利于人民的道理：伸张～|主持～。②公正的、有利于人民的：～的事业|～的战争。

[正义][2] zhèngyì （语言文字上）正当的或正确的意义，也用做书名，如《史记正义》。

支派

[支派][1] zhīpài 分出来的派别；分支。

[支派][2] zhīpài 支使；调动：～人。

知情

[知情][1] zhī//qíng 对别人善意行动表示的情谊心怀感激：对于你的热情帮助，我很～|你为他操心，他会知你的情的。

[知情][2] zhīqíng 知道事件的情节（多用于有关犯罪事件）：～人|～不报。

直播

[直播][1] zhíbō 不经过育苗，直接把种子播种到田地里。

[直播][2] zhíbō 广播电台不经过录音或电视台不经过录像而直接播送：电视台将～大会实况。

指画

[指画][1] zhǐhuà 挥动手指；指点：孩子们～着，“看，飞机！三架！又三架！”

[指画][2] zhǐhuà 国画中用指头、指甲和手掌蘸水墨或颜色画出的画。

制服

[制服][1] zhì//fú 用强力压制使驯服。这匹烈马很难|我就不信制不服他。

[制服][2] zhìfú 军人、机关工作者、学生等穿戴的有规定式样的服装。

中学

[中学][1] zhōngxué 对青少年实施中等教育的学校。

[中学][2] zhōngxué 清末称我国传统的学术(对“西学”而言)。

朱墨

[朱墨][1] zhūmò 红黑两色：～加批|～套印。

[朱墨][2] zhūmò 用朱砂制成的墨。

主拍

[主拍][1] zhǔpāi ①主持拍卖：操槌～②主持拍卖的人：～一锤定音。

[主拍][2] zhǔpāi 主持拍摄：这部影片有名导演～。

转机

[转机][1] zhuǎnjī 好转的可能(多指病症脱离危险或事情能挽

回)：事情还有～|病入膏肓，已无～。

[转机][2] zhuǎn//jī 中途换乘飞机。

转运

[转运][1] zhuǎn//yùn 运气好转。

[转运][2] zhuǎnyùn 把运来的东西再运到另外的地方去：～站|～物资。

自负

[自负][1] zìfù 自己负责：～盈亏|文责～。

[自负][2] zìfù 自以为了不起：这个人很～。

自然

[自然]zìrán ①自然界：大～。②自由发展；不经人力干预(区别于“人工、人造”)：～免疫|听其～|～而然|你先别问，到时候～明白。③表示理所当然：只要认真学习，～会取得好成绩。④连接分句或句子，表示语义转折或追加说明：你应该虚心学习别人的优点，～，别人也要学习你的长处。

[自然]zì · ran 不勉强；不局促；不呆板：态度很～|他是初次演出，但演得挺～。

自用

[自用]zìyòng ①〈书〉自以为是：刚愎～|师心～。

[自用]zìyòng 私人使用：～汽车。

自制

[自制][1] zìzhì 自己制造：～糕点|～玩具。

[自制][2] zìzhì 克制自己：～力|难以～。

自重

[自重][1] zìzhòng ①注意自己的言行：自爱～|请～些!

②〈书〉抬高自己的身份、地位：拥兵～。

[自重][2] zìzhòng　机器、运输工具或建筑物承重构件等的本身的重量。

走时

[走时][1] zǒushí　钟表指针移动，指示时间：这只表～准确。

[走时][2] zǒushí　〈方〉走运。也说走时运。

作法

[作法]zuò//fǎ　旧时指道士施行法术。

[作法]zuò・fǎ　①作文的方法：文章～。②做法。

作为

[作为][1] zuòwéi　①所作所为；行为：评论一个人，不但要根据他的谈吐，而且更需要根据他的～。②做出成绩：有所～。③可以做的事：大有～。

[作为][2] zuò wéi　①当作：～罢论｜～无效｜我把游泳～锻炼身体的方法。②就人的某种身份或事物的某种性质来说：～一个学生，首先得把学习搞好｜～一部词典，必须有明确的编写宗旨。

座机

[座机][1] zuòjī　指专供某人乘坐的飞机。

[座机][2] zuòjī　固定电话（对"手机"而言）。

做工

[做工][1] zuò//gōng　从事体力劳动（多指工业或手工艺劳动）：她在纺纱厂～。

[做工][2] zuògōng　①（～儿）同"做功"，戏曲中演员的动作和表情：～戏。②指制作的技术或质量：这件衣服～很细。

三、常见的别字表①

说明

1. 按音序排列。

2. 每行排在前面的字是正确的，排在后面的对应的字是别字。

3. 本表引自《现代汉语》(增订五版)，高等教育出版社，2011年版，184—187页。

A

蔼 和霭可亲

唉 哀声叹气

安 按装机器

黯 暗然销魂

奥 意义深粤

B

跋 飞扬拔扈

拜 甘败下风

捭 纵横俾阖

稗 裨官野史

坂 板上走丸

斑 可见一般

班 搬门弄斧

① 本表可供报刊网络新闻语言编码时参考，常见别字产生的原因有：词语的语音形式相同或相近，字形部分相同或相似，语义相近等。所有这些，均可能在视觉信道语符编码时，造成某个意义的编码形式的讹误，导致同形多义的羡余现象。

浜 洋泾滨

暴 自抱自弃

辈 英雄倍出

悖 并行不背

备 倍受欢迎

敝 民生凋蔽

蔽 遮天避日

裨 大有稗益

璧 原物壁还

碧 金壁辉煌

愎 刚腹自用

砭 针贬时弊

辨 明辩是非

辩 辨证法

飙 一路飚升

舶 泊来品

搏 脉膊微弱

膊 赤博上阵

部 按步就班

部 布署已定

怖 令人恐布

C

彩 精采表演

惨 残无人道

残 惨酷无情

掺 酒中渗水

伥 为虎作账

坼 天崩地折

瞋 填目叱之

成 墨守陈规

程 计日成功

骋 驰聘疆场

持 故作矜恃

笞 鞭苔三百

弛 松驰

弛 一张一驰

筹 一愁莫展

绌 相形见拙

川 穿流不息

戳 戮穿阴谋

辞 义不容词

刺 刺刺不休

萃 出类拔粹

瘁 鞠躬尽粹

粹 文笔精萃

D

戴 披星带月

待 以逸代劳

殚 惮精竭虑

惮 肆无忌弹

眈 虎视耽耽

耽 稍事担搁

档 管理挡案

蹈 循规导矩

砥 中流抵柱

玷 沾污清白

掉 调以轻心

渡 横度长江

度 渡假村

度 欢渡春节

堕 坠落腐化

咄 拙拙逼人

F

番 三翻五次

反 翻复无常

翻 反云覆雨

妨 防碍交通

防 冷不妨

费 浪废金钱

分 安份守己

分 缘份

份 身分不明

棼 治丝益纷

愤 发奋图强

釜 破斧沉舟

辐　原子幅射
副　一幅对联
覆　翻来复去
敷　入不付出
肤　认识浮浅
腑　感人肺府
复　反覆推敲

G

赅　言简意该
概　英雄气慨
秆　麦杆
亘　互古未有
工　巧夺天功
躬　卑恭屈膝
贡　供献巨大
辜　姑负好意
股　悬梁刺骨
鼓　一股作气
故　明知固犯
灌　贯输知识
纶　羽扇伦巾
光　发扬广大
犷　性格粗旷
轨　步入正规
诡　行踪鬼秘

诡　阴谋鬼计
果　食不裹腹

H

悍　短小精干
撼　震憾人心
合　临时凑和
和　随声附合
和　合盘托出
亨　万事享通
宏　宽洪大量
洪　声音宏亮
哄　轰堂大笑
侯　候门如海
候　侯车室
壶　青瓷茶壸
画　指手划脚
涣　精神焕散
寰　惨绝人环
荒　谎谬绝伦
肓　病入膏盲
皇　富丽堂黄
潢　装璜华丽
灰　心恢意懒
诙　言谈恢谐
晦　风雨如诲

彗 看见慧星

会 融汇贯通

荤 鱼鲜晕腥

J

及 迫不急待

籍 外藉教师

迹 模范事绩

既 即往不咎

即 召之既来

炙 脍灸人口

瘠 土地贫脊

绩 丰功伟迹

迹 模范事绩

计 不记其数

佳 绝代嘉(佳)人

浃 汗流夹背

缄 箴口不言

艰 坚难困苦

菅 草管人命

矫 娇揉造作

脚 专挖墙角

截 接长补短

金 一掷千斤

禁 情不自尽

境 事过景迁

兢　竞竞业业

胫　不颈而走

灸　针炙疗法

赳　纠纠武夫

倨　前踞后恭

踞　龙盘虎据

距　相矩不远

矩　规规距距

具　家俱齐全

俱　面面具到

倔　性格崛强

绝　决对服从

钧　千钓一发

竣　工程峻工

K

炕　热坑头

亢　不卑不坑

窠　不落巢臼

刻　克苦耐劳

颗　棵粒归仓

坑　吭害好人

空　恐前绝后

脍　烩炙人口

篑　功亏一匮

L

蜡 地板打腊

蜡 味同嚼腊

辣 心狠手棘

赖 死皮癞脸

蓝 兰天白云

蓝 可做篮本

篮 兰球健将

滥 陈词烂调

谰 无耻滥言

羸 身体赢弱

雷 大多类同

力 鼎立相助

立 三国鼎力

厉 再接再励

利 厉害得失

厉 变本加利

厉 励行节约

唳 风声鹤泪

例 史无前列

栗 火中取粟

炼 劳动锻练

练 军事训炼

粱 一枕黄梁

两 这老俩口

寥 廖廖无几

潦 书写了草
列 一一例举
浏 流览一遍
联 连络感情
瞭 了望四周
溜 遛达遛达
流 浏连忘返
龙 水笼头
戮 惨遭屠戳
戮 戳力同心
虏 优待俘掳
禄 高官厚录
碌 庸庸录录
挛 手脚痉孪
伦 语无仑次
纶 羽扇伦巾
轮 美仑美奂
络 脉胳分明

M

马 蛛丝蚂迹
漫 满山遍野
谩 无理漫骂
靡 风糜一时
靡 萎糜不振
靡 望风披糜

蜜 甜言密语

勉 免强答应

湎 沉缅酒色

明 名信片

模 糢糊不清

墨 默守成规

摩 观磨教学

摹 碑帖临摩

拇 没大姆指

N

恼 自寻烦脑

拈 沾花惹草

孥 罪不及奴

弩 强努之末

O

呕 沤心沥血

殴 打架斗欧

瓯 金殴无缺

偶 无独有隅

P

盼 翘首盻望

磐 坚如盘石

炮 如法泡制

篷　敞蓬汽车

披　批沙拣金

癖　嗜酒成僻

纰　批漏百出

平　凭添麻烦

叵　心怀巨测

抔　杯土未干

朴　艰苦扑素

仆　前扑后继

仆　风尘扑扑

Q

其　出奇不意

棋　星罗旗布

歧　意见分岐

洽　感情融恰

恰　洽如其分

乔　巧装打扮

窍　一窃不通

挈　提纲携领

青　承蒙亲睐

轻　年青人

顷　倾刻之间

罄　磬竹难书

屈　卑躬曲膝

悛　怙恶不俊

券　入场卷

鹊　声名雀起

却　缺之不恭

攘　熙熙嚷嚷

榷　尚待商确

却　缺之不恭

R

攘　熙熙让让

仁　当人不让

任　忍劳忍怨

轫　发韧之作

揉　矫柔造作

孺　儒子可教

濡　耳儒目染

茹　含辛如苦

枘　方柄圆凿

S

搔　瘙首弄姿

瘙　搔痒病

煞　杀费苦心

歃　插血为盟

潸　潜然泪下

赡　瞻养父母

赏　诗歌欣尝

偿　如愿以尝

尚　礼上往来

梢　喜上眉捎

稍　少纵即逝

蜃　海市唇楼

生　谈笑风声

世　人情事故

恃　有持无恐

是　挑拨事非

释　手不失卷

手　额首称庆

首　手屈一指

授　受予徽章

署　军事部暑

菽　不辨黍麦

肆　肄无忌惮

诵　到处传颂

悚　毛骨耸然

溯　追朔渊源

祟　鬼鬼崇崇

T

蹚　淌水过河

题　金榜提名

恬　括不知耻

填　义愤添膺

铤 挺而走险

荼 如火如茶

凸 突显出来

W

惋 深为婉惜

枉 妄费心机

委 萎(痿)靡不振

韪 甘冒不讳

惟 为命是听

斡 从中干旋

幄 运筹帷握

戊 戍戌政变

晤 定期会悟

骛 趋之若鹜

X

希 惜世之珍

淅 雨声浙沥

析 条分缕拆

徙 人口迁徒

瑕 暇瑜互见

瑕 洁白无暇

暇 自顾不遐

遐 声闻暇迩

详 举止安祥

向　想往光明

骁　饶勇善战

宵　通霄不眠

霄　直上重宵

霄　九宵云外

销　报消路费

销　一笔勾消

销　消声匿迹

胁　协从不问

邪　歪风斜气

屑　不宵一顾

惺　睡眼醒忪

修　学识休养

休　修养生息

戌　申酉成亥

绪　一切就序

栩　诩诩如生

宣　无法渲泄

旋　弦律优美

暄　寒喧客套

喧　宣宾夺主

徇　殉私舞弊

循　寻序渐进

Y

揠　偃苗助长

雅 鸦俗共赏

偃 揠旗息鼓

宴 举行晏会

湮 淹没不闻

赝 此系膺品

衍 敷演塞责

杳 沓无音信

谒 专程竭见

已 不能自己

异 一口同声

绎 演译归纳

议 不可思义

诣 苦心孤旨

屹 巍然圪立

逸 一劳永易

贻 遗笑大方

肄 大学肆业

茵 绿草如荫

垠 一望无银

应 化学反映

映 反应意见

颖 式样新颖

优 忧柔寡断

莠 良秀不齐

犹 记忆尤新

犹 尤如白昼

尤　怨天由人

竽　滥芋充数

渔　竭泽而鱼

裕　手头宽余

隅　向偶而泣

渝　始终不逾

逾　渝期作废

谀　阿谀奉承

元　原气大伤

源　世外桃园

垣　断壁颓桓

缘　沿木求鱼

Z

赃　销脏灭迹

燥　口干舌躁

噪　鼓躁而进

躁　烦燥不安

躁　性情暴燥

啧　人言责责

札　读书扎记

眨　贬眼不见

诈　敲榨勒索

榨　压诈平民

蘸　大葱醮酱

张　改弦更章

胀 通货膨涨
账 算帐
蛰 青蛙蜇伏
辄 动辙得咎
帧 装祯考究
缜 计划慎密
鸩 饮鸠止渴
镇 现场坐阵
震 举世振惊
执 仗义直言
抵 抵掌而谈
制 出奇致胜
炙 灸手可热
掷 抛地有声
稚 幼雅可笑
衷 莫中一是
踵 接踪而来
州 九洲四海
肘 捉襟见胄
皱 满脸绉纹
瞩 高瞻远属
注 孤柱一掷
著 土着军民
撞 招摇装骗
妆 梳装打扮
惴 揣揣不安

缀 掇句成文

坠 呱呱堕地

拙 心劳日绌

灼 真知卓见

擢 捉发难数

恣 姿意胡为

姿 故作恣态

笫 床第之言

诅 恶意咀咒

纂 编篡字典

遵 有所尊循

坐 做月子

作 装模做样

坐 座标

四、新华社新闻信息报道中的禁用词和慎用词[①]

说明

新华社发布《新华社新闻信息报道中的禁用词和慎用词》(2016 年 7 月修订),在 2015 年 11 月发布的《新华社在新闻报道中的禁用词(第一批)》45 条禁用词、规范用语基础上,这版新增 57 条内容。全部内容综合如下:

一、时政和社会生活类

1. 对有身体伤疾的人士不使用"残废人""独眼龙""瞎子""聋子""傻子""呆子""弱智"等蔑称,而应使用"残疾人""盲人""聋人""智力障碍者"或"智障者"等词汇。

2. 报道各种事实特别是产品、商品时不使用"最佳""最好""最著名""最先进"等具有极端评价色彩的词汇。

3. 医药产品报道中不得含有"疗效最佳""根治""安全预防""安全无副作用""治愈率"等词汇,药品报道中不得含有"药到病除""无效退款""保险公司保险""最新技术""最高技术""最先进制法""药之王""国家级新药"等词汇。

4. 通稿报道中,不使用"影帝""影后""巨星""天王""男神""女神"等词汇,可使用"著名演员""著名艺术家"等。

5. 对各级领导同志的各种活动报道,慎用"亲自"等词。除了党中央国务院召开的重要会议外,一般性会议不用"隆重召开"字眼。

6. 对国内领导干部和国有企业负责人,不使用"老板"。

---

① 本规定是我国新闻信息传播导向应该遵守的规章,若有违反,即会产生受众排斥甚至拒绝接收的羡余信息。

7. 报道中一般不有意突出某一类型群体或某一种身份。如灾祸报道中，不使用“死难者中有一名北大学生，其余为普通群众”的类似提法。

8. 不使用“践行‘八荣八耻’”的提法，应使用“践行社会主义荣辱观”。

9. 报道中禁止使用“哇噻”“妈的”等脏话、黑话等。近年来网络用语中对各种词语进行缩略后新造的“PK”“TMD”等（新媒体可用“PK”一词），也不得在报道中使用。近年来“追星”活动中不按汉语规则而生造出的“玉米”“钢丝”“凉粉”等特殊词汇，我社报道中只能使用其本义，不能使用为表示“某明星的追崇者”的引申义。如果报道中因引用需要，无法回避这类词汇时，均应使用引号，并以括号加注，表明其实际内涵。

10. 新闻媒体和网站应当禁用的38个不文明用语：装逼、草泥马、特么的、撕逼、玛拉戈壁、爆菊、JB、呆逼、本屌、齐B短裙、法克鱿、丢你老母、达菲鸡、装13、逼格、蛋疼、傻逼、绿茶婊、你妈的、表砸、屌爆了、买了个婊、已撸、吉跋猫、妈蛋、逗比、我靠、碧莲、碧池、然并卵、日了狗、屁民、吃翔、××狗、淫家、你妹、浮尸国、滚粗。

二、法律法规类

11. 在新闻稿件中涉及如下对象时不宜公开报道其真实姓名：犯罪嫌疑人家属；案件涉及的未成年人；采用人工授精等辅助生育手段的孕、产妇；严重传染病患者；精神病患者；被暴力胁迫卖淫的妇女；艾滋病患者；有吸毒史或被强制戒毒的人员。涉及这些人时，稿件可使用其真实姓氏加“某”字的指代，如“张某”“李某”。不宜使用化名。

12. 对刑事案件当事人，在法院宣判有罪之前，不使用“罪犯”，而应使用“犯罪嫌疑人”。

13. 在民事和行政案件中，原告和被告法律地位是平等的，原告可以起诉，被告也可以反诉。不要使用原告“将某某推上被告席”这样带有主观色彩的句子。

14. 不得使用“某某党委决定给某政府干部行政上撤职、开除等处分”，可使用“某某党委建议给予某某撤职、开除等处分”。

15. 不要将“全国人大常委会副委员长”称作“全国人大副委员长”，也不要将“省人大常委会副主任”称作“省人大副主任”。各级人大常委会的委员，不要称作“人大常委”。

16. 国务院所属研究机构、直属机构和其他相关机构，称谓要写全，不得简称为“国务院”。

17. “村民委员会主任”简称“村主任”，不得称“村长”。大学生村干部可称作“大学生村官”，除此之外不要把村干部称作“村官”。

18. 在案件报道中指称“小偷”“强奸犯”等时，不要使用其社会身份或者籍贯作标签式前缀。如：一个曾经是工人的小偷，不要写成“工人小偷”；一名教授作了案，不要写成“教授罪犯”；不要使用“河南小偷”“安徽农民歹徒”一类的写法。

19. 国务院机构中的审计署的正副行政首长称“审计长”“副审计长”，不要称作“署长”“副署长”。

20. 各级检察院的“检察长”不要写成“检察院院长”。

21. 不宜称“中共××省省委书记”“××市市委书记”，应称“中共××省委书记”“××市委书记”。

22. 一般不再公开使用“非党人士”的提法。在特定场合，如需强调民主党派人士的身份，可使用“非中共人士”。“党外人士”主要强调中共党内与党外的区别，已经约定俗成，可继续使用。

23. 除对过去特定历史时期的表述外，不再继续使用“少数民族上层人士”的称谓。

三、民族宗教类

24. 对各民族，不得使用旧社会流传的带有污辱性的称呼。不能使用“回回”“蛮子”等，而应使用“回族”等。不能随意简称，如“蒙古族”不能简称为“蒙族”，“维吾尔族”不能简称为“维族”，“朝鲜族”不能简称为“鲜族”等。

25. 禁用口头语言或专业用语中含有民族名称的污辱性说法，不得使用“蒙古大夫”来指代“庸医”。不得使用“蒙古人”来指代“先天愚型”等。

26. 少数民族支系、部落不能称为民族，只能称为“××人”，如“摩梭人”“撒尼人”“穿(川)青人”，不能称为“摩梭族”“撒尼族”“穿(川)青族”等。

27. 不要把古代民族名称与后世民族名称混淆，如不能将“高句丽”称为“高丽”，不能将“哈萨克族”“乌孜别克族”等泛称为“突厥族”或“突厥人”。

28. “穆罕默德”通常是指伊斯兰教先知。有一些穆斯林的名字叫“穆罕默德”。为了区别和避免误解，对这些穆斯林应加上其姓，即使用两节姓名。

29. “穆斯林”是伊斯兰教信徒的通称，不能把宗教和民族混为一谈。不能说“回族就是伊斯兰教”“伊斯兰教就是回族”。稿件中遇到“阿拉伯人”等提法，不要改称“穆斯林”。

30. 涉及信仰伊斯兰教的民族的报道，不得提及与猪相关内容。

31. 穆斯林宰牛羊及家禽,只说“宰”,不能写作“杀”。

四、港澳台和领土、主权类

32. 香港、澳门是中国的特别行政区。在任何文字、地图、图表中都要避免让人误以为香港、澳门是“国家”。尤其是与其他国家名称连用时,应注意以“国家和地区”来限定。

33. 不得将香港、澳门与中国并列提及,如“中港”“中澳”等。不宜将内地与香港、澳门简称为“内港”“内澳”,可以使用“内地与香港(澳门)”,或者“京港(澳)”“沪港(澳)”等。

34. “台湾”与“祖国大陆(或‘大陆’)”为对应概念,“香港、澳门”与“内地”为对应概念,不得弄混。

35. 不得将港澳台居民来内地(大陆)称为来“中国”或“国内”。不得说“港澳台游客来华(国内)旅游”,应称为“港澳台游客来内地(大陆)旅游”。

36. 中央领导同志到访香港、澳门应称为“视察”,不得称为“出访”。中央有关部门负责同志到访香港、澳门应称为“考察”或“访问”。

37. 称呼包含香港、澳门的国际组织如世界贸易组织、世界气象组织成员时,应统称为“世界贸易组织成员”“世界气象组织成员”等,不得称为“成员国”。

38. 在国际奥林匹克委员会或其他体育事务中,原则上按相应章程的要求或约定称呼。如“中国奥林匹克委员会”可简称为“中国奥委会”,“中国香港奥林匹克委员会”可简称为“中国香港奥委会”,“中国国家队”可简称为“国家队”,“中国香港队”可简称为“香港队”。

39. 区分“香港(澳门)居民(市民)”和“香港(澳门)同胞”概念,前者指居住在港(澳)的全体人员,包括永久性居民和非永久性居民,也包括中国籍居民和外国籍居民,后者则指中华民族大家庭成员。

40. 区分国境与关境概念。国境是指一个国家行使主权的领土范围,从国境的角度讲,港澳属“境内”;关境是指适用同一海关法或实行同一关税制度的区域,从关境的角度讲,港澳属单独关税区,相对于内地属于“境外”。内地人员赴港澳不属出国但属出境,故内地人员赴港澳纳入出国(境)管理。

41. 将港澳台业务单列为国内业务的特殊类别加以规范管理,将往来内地及港澳台之间的交通线路称为“港澳台航线”或“国际/港澳台航线”;将手机“港澳台漫游”业务单独表示,或称为“国际/港澳台漫游”,也可称为“跨境漫游”或“区域漫游”。

42. 不得将港资、澳资企业划入外国企业,在表述时少用“视同外资”,多用“参照外资”。

43. 内地与港澳在交流合作中签订的协议文本等不得称为“条约”,可称为“安排”“协议”等;不得将适用于国家与国家之间的专属名词用于内地与港澳。

44. 涉及内地与港澳在司法联系与司法协助方面,不得套用国际法上的术语,如内地依照涉外民事诉讼、刑事诉讼等程序与港澳开展司法协助,不得使用“中外司法协助”“国际司法协助”“中港(澳)司法协助”等提法,应表述为“区际司法协助”或“内地与香港(澳门)司法协助”等;对两地管辖权或法律规范冲突,应使用“管辖权冲突”“法律冲突”等规范提法,不得使用“侵犯司法主权”等不规范提法;不得使用“引渡犯罪嫌疑人或罪犯”的表述,应称为“移交或遣返犯罪嫌疑人或罪犯”。

45. 不得将香港、澳门回归祖国称为“主权移交”“收回主权”，应表述为中国政府对香港、澳门“恢复行使主权”“政权交接”。不得将回归前的香港、澳门称为“殖民地”，可说“受殖民统治”。不得将香港、澳门视为或称为“次主权”地区。

46. 不得使用内地与港澳“融合”“一体化”或深港、珠澳“同城化”等词语，避免被解读为模糊“两制”界限、不符合“一国两制”方针政策。

47. 香港、澳门特别行政区的官方机构和制度安排，应按照基本法表述。如“香港特别行政区行政长官”不得说成“香港特别行政区政府行政长官”，“澳门特别行政区立法会”不得说成“澳门特别行政区政府立法会”；香港、澳门实行行政主导的政治体制，不得说成“三权分立”。

48. 对港澳反对派自我褒扬的用语和提法要谨慎引用。如不使用“雨伞运动”的说法，应称为“非法‘占中’”或“违法‘占中’”；不称“占中三子”，应称为“非法‘占中’发起人”，开展舆论斗争时可视情称为“占中三丑”；不称天主教香港教区退休主教陈日君等为“荣休主教”，应称为“前主教”。

49. 对 1949 年 10 月 1 日之后的台湾地区政权，应称之为“台湾当局”或“台湾方面”，不使用“中华民国”，也一律不使用“中华民国”纪年及旗、徽、歌。严禁用“中华民国总统(副总统)”称呼台湾地区正(副)领导人，可称为“台湾当局领导人(副领导人)”“台湾地区领导人(副领导人)”。对台湾“总统选举”，可称为“台湾地区领导人选举”，简称为“台湾大选”。

50. 不使用“台湾政府”一词。不直接使用台湾当局以所谓“国家”“中央”“全国”名义设立的官方机构名称，对台湾方面“一府”(“总统府”)、“五院”(“行政院”“立法院”“司法院”“考试院”

“监察院”)及其下属机构,如“内政部”“文化部”等,可变通处理。如对“总统府”,可称其为“台湾当局领导人幕僚机构”“台湾当局领导人办公室”;对“立法院”可称其为“台湾地区立法机构”;对“行政院”可称其为“台湾地区行政管理机构”;对“台湾当局行政院各部会”可称其为“台湾某某事务主管部门”“台湾某某事务主管机关”,如“文化部”可称其为“台湾文化事务主管部门”,“中央银行”可称其为“台湾地区货币政策主管机关”,“金管会”可称其为“台湾地区金融监管机构”,特殊情况下不得不直接称呼上述机构时,必须加引号,我广播电视媒体口播时则需加“所谓”一词。陆委会现可以直接使用,一般称其为“台湾方面陆委会”或“台湾陆委会”。

51. 不直接使用台湾当局以所谓“国家”“中央”“全国”名义设立的官方机构中官员的职务名称,可称其为“台湾知名人士”“台湾政界人士”或“××先生(女士)”。对“总统府秘书长”,可称其为“台湾当局领导人幕僚长”“台湾当局领导人办公室负责人”;对“行政院长”,可称其为“台湾地区行政管理机构负责人”;对“台湾各部会首长”,可称其为“台湾当局某某事务主管部门负责人”;对“立法委员”,可称其为“台湾地区民意代表”。台湾省、市级及以下(包括台北市、高雄市等“行政院直辖市”)的政府机构名称及官员职务,如省长、市长、县长、议长、议员、乡镇长、局长、处长等,可以直接称呼。

52. “总统府”“行政院”“国父纪念馆”等作为地名,在行文中使用时,可变通处理,可改为“台湾当局领导人办公场所”“台湾地区行政管理机构办公场所”“台北中山纪念馆”等。

53. “政府”一词可使用于省、市、县以下行政机构,如“台湾省政府”“台北市政府”,不用加引号,但台湾当局所设“福建省”

“连江县”除外。对台湾地区省、市、县行政、立法等机构,应避免使用“地方政府”“地方议会”的提法。

54. 涉及“台独”政党“台湾团结联盟”时,不得简称为“台联”,可简称“台联党”。“时代力量”因主张“台独”,需加引号处理。“福摩萨”“福尔摩莎”因具有殖民色彩,不得使用,如确需使用时,须加引号。

55. 对国民党、民进党、亲民党等党派机构和人员的职务,一般不加引号。中国国民党与中国共产党并列时可简称“国共两党”。对于国共两党交流,不使用“国共合作”、“第三次国共合作”等说法。对亲民党、新党不冠以“台湾”字眼。

56. 对台湾民间团体,一般不加引号,但对以民间名义出现而实有官方背景的团体,如台湾当局境外设置的所谓“经济文化代表处(办事处)”等应加引号;对具有反共性质的机构、组织(如“反共爱国同盟”“三民主义统一中国大同盟”)以及冠有“中华民国”字样的名称须回避,或采取变通的方式处理。

57. 对岛内带有“中国”“中华”字眼的民间团体及企事业单位,如台湾“中华航空”“中华电信”“中国美术学会”“中华道教文化团体联合会”“中华两岸婚姻协调促进会”等,可以在前面冠以“台湾”直接称呼,不用加引号。

58. 对以民间身份来访的台湾官方人士,一律称其民间身份。因执行某项两岸协议而来访的台湾官方人士,可称其为“两岸××协议台湾方面召集人”“台湾××事务主管部门负责人”。

59. 对台湾与我名称相同的大学和文化事业机构,如“清华大学”“故宫博物院”等,应在前面加上台湾、台北或所在地域,如“台湾清华大学”“台湾交通大学”“台北故宫博物院”,一般不使用“台北故宫”的说法。

60. 对台湾冠有“国立”字样的学校和机构，使用时均须去掉“国立”二字。如“国立台湾大学”，应称“台湾大学”；“××国小”“××国中”，应称“××小学”“××初中”。

61. 金门、马祖行政区划隶属福建省管理，因此不得称为台湾金门县、台湾连江县(马祖地区)，可直接称金门、马祖。从地理上讲，金门、马祖属于福建离岛，不得称为“台湾离岛”，可使用“外岛”的说法。

62. 对台湾当局及其所属机构的法规性文件与各式官方文书等，应加引号或变通处理。对台湾当局或其所属机构的“白皮书”，可用“小册子”“文件”一类的用语称之。

63. 不得将中华人民共和国法律自称为“大陆法律”。对台湾所谓“宪法”，应改为“台湾地区宪制性规定”，“修宪”“宪改”“新宪”等一律加引号。对台湾地区施行的“法律”改称为“台湾地区有关规定”。如果必须引用台湾当局颁布的“法律”时，应加引号并冠之“所谓”两字。不得使用“两岸法律”等具有对等含义的词语，可就涉及的有关内容和问题进行具体表述，如“海峡两岸律师事务”“两岸婚姻、继承问题”“两岸投资保护问题”等。

64. 两岸关系事务是中国内部事务，在处理涉台法律事务及有关报道中，一律不使用国际法上专门用语。如“护照”“文书认证、验证”“司法协助”“引渡”“偷渡”等，可采用“旅行证件”“两岸公证书使用”“文书查证”“司法合作”“司法互助”“遣返”“私渡”等用语。涉及台湾海峡海域时不得使用“海峡中线”一词，确需引用时应加引号。

65. 国际场合涉及我国时应称中国或中华人民共和国，不能自称“大陆”；涉及台湾时应称“中国台湾”，且不能把台湾和其他国家并列，确需并列时应标注“国家和地区”。

66. 对不属于只有主权国家才能参加的国际组织和民间性的国际经贸、文化、体育组织中的台湾团组机构，不能以“台湾”或“台北”称之，而应称其为“中国台北”“中国台湾”。若特殊情况下使用“中华台北”，需事先请示外交部和国台办。

67. 台湾地区在 WTO 中的名称为“台湾、澎湖、金门、马祖单独关税区”（简称“中国台北单独关税区”）。2008 年以来经我安排允许台湾参与的国际组织，如世界卫生大会、国际民航组织公约大会，可根据双方约定称台湾代表团为“中华台北”。

68. 海峡两岸交流活动应称“海峡两岸××活动”。台湾与港澳并列时应称“港澳台地区”或“台港澳地区”。对海峡两岸和港澳共同举办的交流活动，不得出现“中、港、台”“中、澳、台”“中、港、澳、台”之类的表述，应称为“海峡两岸暨香港”“海峡两岸暨澳门”“海峡两岸暨香港、澳门”。不使用“两岸三（四）地”的提法。

69. 台商在祖国大陆投资，不得称“中外合资”“中台合资”，可称“沪台合资”“桂台合资”等。对来投资的台商可称“台方”，不能称“外方”；与此相对应，我有关省、区、市，不能称“中方”，可称“闽方”“沪方”等。

70. 台湾是中国的一个省，但考虑到台湾同胞的心理感受，现在一般不称“台湾省”，多用“台湾地区”或“台湾”。

71. 具有“台独”性质的政治术语应加引号，如“台独”“台湾独立”“台湾地位未定”“台湾住民自决”“台湾主权独立”“去中国化”“法理台独”“太阳花学运”等。

72. 对台湾教育文化领域“去中国化”的政治术语，应结合上下文意思及语境区别处理。如“本土”“主体意识”等，如语意上指与祖国分离、对立的含义应加引号。

73. 荷兰、日本对台湾的侵占和殖民统治不得简称为“荷治”“日治”。不得将我中央历代政府对台湾的治理与荷兰、日本对台湾的侵占和殖民统治等同。

74. 涉及到台湾同胞不能称“全民”“公民”，可称“台湾民众”“台湾人民”“台湾同胞”。

75. 不涉及台湾时我不得自称中国为“大陆”，也不使用“中国大陆”的提法，只有相对于台湾方面时方可使用。如不得使用“大陆改革开放”“大陆流行歌曲排行榜”之类的提法，而应使用“我国（或中国）改革开放”“我国（或中国）流行歌曲排行榜”等提法。

76. 不得自称中华人民共和国政府为“大陆政府”，也不得在中央政府所属机构前冠以“大陆”，如“大陆国家文物局”，不要把全国统计数字称为“大陆统计数字”。涉及全国重要统计数字时，如未包括台湾统计数字，应在全国统计数字之后加括号注明“未包括台湾省”。

77. 一般不用“解放前（后）”或“新中国成立前（后）”提法，用“中华人民共和国成立前（后）”或“一九四九年前（后）”提法。

78. 中央领导同志涉台活动，要根据场合使用不同的称谓，如在政党交流中，多只使用党职。

79. 中台办的全称为“中共中央台湾工作办公室”，国台办的全称为“国务院台湾事务办公室”，可简称“中央台办（中台办）”“国务院台办（国台办）”，要注意其在不同场合的不同称谓和使用，如在两岸政党交流中，多用“中央台办（中台办）”。

80. “海峡两岸关系协会”简称为“海协会”，不加“大陆”；“台湾海峡交流基金会”可简称为“海基会”或“台湾海基会”。海协会领导人称“会长”，海基会领导人称“董事长”。两个机构可合并简称为“两会”或“两岸两会”。不称两会为“白手套”。

81. 国台办与台湾陆委会联系沟通机制，是双方两岸事务主管部门的对话平台，不得称为“官方接触”。这一机制，也不扩及两岸其他业务主管部门。

82. 对“九二共识”，不使用台湾方面“九二共识、一中各表”的说法。一个中国原则、一个中国政策、一个中国框架不加引号，“一国两制”加引号。

83. 台胞经日本、美国等国家往返大陆和台湾，不能称“经第三国回大陆”或“经第三国回台湾”，应称“经其他国家”或“经××国家回大陆(或台湾)”。

84. 不得将台湾民众日常使用的汉语方言闽南话称为“台语”，各类出版物、各类场所不得使用或出现“台语”字样，如对台湾歌星不能简单称为“台语”歌星，可称为“台湾闽南语”歌星，确实无法回避时应加引号。涉及台湾所谓“国语”无法回避时应加引号，涉及两岸语言交流时应使用“两岸汉语”，不称“两岸华语”。

85. 对台湾少数民族不称“原住民”，可统称为台湾少数民族或称具体的名称，如“阿美人”“泰雅人”。在国家正式文件中仍称高山族。

86. 对台湾方面所谓“小三通”一词，使用时须加引号，或称“福建沿海与金门、马祖地区直接往来”。

87. 对南沙群岛不得称为“斯普拉特利群岛”。

88. 钓鱼岛不得称为“尖阁群岛”。

89. 严禁将新疆称为“东突厥斯坦”，在涉及新疆分裂势力时，不使用“疆独”“维独”。

五、国际关系类

90. 有的国际组织的成员中，既包括一些国家也包括一些地区。在涉及此类国际组织时，不得使用“成员国”，而应使用“成员”或“成员方”，如不能使用“世界贸易组织成员国”“亚太经合组织成员国”，而应使用“世界贸易组织成员”“世界贸易组织成员方”“亚太经合组织成员(members)”“亚太经合组织成员经济体(member economies)”。应使用“亚太经合组织领导人非正式会议”，不应使用“亚太经合组织峰会”。台方在亚太经合组织中的英文称谓为Chinese Taipei，中文译法要慎用，我称“中国台北”，台方称“中华台北”，不得称“中国台湾”或“台湾”。

91. 不得使用“北朝鲜(英文North Korea)”来称呼“朝鲜民主主义人民共和国”，可直接使用简称“朝鲜”。英文应使用“the Democratic People's Republic of Korea”或使用缩写“DPRK”。

92. 不使用“穆斯林国家”或“穆斯林世界”，可用“伊斯兰国家”或“伊斯兰世界”。但充分尊重有关国家自己的界定，如印尼不将自己称为“伊斯兰国家”。

93. 在达尔富尔报道中不使用“阿拉伯民兵”，而应使用“民兵武装”或“部族武装”。

94. 在报道社会犯罪和武装冲突时，一般不要刻意突出犯罪嫌疑人和冲突参与者的肤色、种族和性别特征。比如，在报道中应回避“黑人歹徒”的提法，可直接使用“歹徒”

95. 不要将撒哈拉沙漠以南的地区称为“黑非洲”，而应称为“撒哈拉沙漠以南非洲”。

96. 公开报道不要使用“伊斯兰原教旨主义”“伊斯兰原教旨主义者”等说法，可用“宗教激进主义(激进派、激进组织)”替代。如回避不了而必须使用时，可使用“伊斯兰激进组织(成员)”，但不要用“激进伊斯兰组织(成员)”。

97. 在涉及阿拉伯和中东等的报道中，不要使用“十字军

(东征)"等说法。

98. 对国际战争中双方战斗人员死亡的报道，不使用"击毙""被击毙"等词汇，也不使用"牺牲"等词汇，可使用"打死"等词汇。

99. 不要将哈马斯称为恐怖组织或极端组织。

100. 一般情况下不使用"前苏联"，而使用"苏联"。

101. 应使用"乌克兰东部民间武装"不使用"乌克兰亲俄武装""乌克兰民兵武装""乌克兰分裂分子"等。

102. 不使用"一带一路"战略的提法，而使用"一带一路"倡议。

图书在版编目(CIP)数据

传播学视野下的新闻语言羡余现象研究/李杰著.
—上海:上海三联书店,2019.4
ISBN 978-7-5426-6642-0

Ⅰ.①传… Ⅱ.①李… Ⅲ.①新闻语言-研究
Ⅳ.210

中国版本图书馆 CIP 数据核字(2019)第 049663 号

传播学视野下的新闻语言羡余现象研究

策　　划 / 王爱军
著　　者 / 李　杰

责任编辑 / 杜　鹃
装帧设计 / 一本好书
监　　制 / 姚　军
责任校对 / 张大伟

出版发行 / 上海三联书店
(200030)中国上海市漕溪北路 331 号 A 座 6 楼
邮购电话 / 021-22895540
印　　刷 / 上海肖华印务有限公司

版　　次 / 2019 年 4 月第 1 版
印　　次 / 2019 年 4 月第 1 次印刷
开　　本 / 890×1240　1/32
字　　数 / 330 千字
印　　张 / 14.5
书　　号 / ISBN 978-7-5426-6642-0/G·1522
定　　价 / 49.00 元

敬启读者,如发现本书有印装质量问题,请与印刷厂联系 021-66012351